中西對話
汪琪 主編

從利瑪竇到海德格

跨文化脈絡下的中西哲學互動

沈清松 著

中西對話叢書序

清末民初的百年間西學東漸，中國的思想與學術在一場驚天動地的典範轉變後，逐漸陷入一個歷史學家余英時所謂的「雙重邊緣化」困境。在理論知識上忠實追隨西方，不僅使我們在國際學術版圖上淪為邊緣，研究對本土社會文化發展的貢獻也頗為有限。華人社會在人文社會科學研究上年復一年投入龐大人力與資源，但我們是否真正瞭解「全球化」與「本土化」的意義？在二十一世紀的今天，我們如何看待自己、看待西方、重建「主體性」，又如何在學術上與西方對話？

許多人急於提出「本土理論」，然而理論知識的產生必須由更根本處著手。無論是對西方論述的回應、由現代學術的觀點詮釋傳統、檢視中西思想交流，或直接面對本土學術議題，系列叢書的目的都在以一種較「本土化」視野更為寬廣的思維，來推展本土學術可長可久的發展。

導讀

劉千美（多倫多大學東亞系教授）

如果說二十一世紀的後現代，是越過西歐近現代主體宰制文化之後，處於跨文化、跨界域、多元雜糅、差異並置的世代，而且東方、西方似乎不再是差異對立的兩極，而是文化之間相互觀照、容受、吸納的普世共存的互為增補因素。那麼，回顧所來徑，近現代以來東西方思想家，如何經由差異傳統經典的相互迻譯、閱讀與詮釋，逐漸跨越文化差異的框架，形成東西方文化在認知體系、倫理價值、生命或宗教信念等方面的知性感性交錯互動、相互理解，是當代思想史研究不可忽略的一環。

《從利瑪竇到海德格》一書，便是一本有關中西文化在近代思想史的脈絡中，如何跨越文化差異進而彼此互動、交談、與相互豐富的論述著作。在這本書中，作者沈清松從跨文化的角度，解讀中西學者、思想家，自十六、十七世紀之交的歐洲和明末清初的中國之跨越文化差異的相遇以來，經由經典文本的翻譯與解讀，在相互往來的文化思想中，所隱含的導向後現代、全球化、跨文化的基本因素，包括朝向多元他者、傳輸文明的慷慨、相互外推等思想動力的正向能量。

概言之，本書作者沈清松透過從利瑪竇到海德格的中西文化交流的行動、事件與思想，在跨文化脈絡下來進行哲學思索的成果。他認為人是歷史性的，因此應該要透過歷史中發生的事件和思想，來進行哲學思索；而且，更由於哲學是起自文化，而眾生平等，文化也各有長短，必須以彼之長濟己之短，以彼之短來省思此文化的限度與可能，並要在跨文化脈絡下來思考，希望透過相互外推，達致相互豐富

因此，在跨文化歷史脈絡下，作者一方面解說十六世紀末以降，遠自西歐來華的耶穌會士包括羅明堅、利瑪竇、艾儒略等，如何本著傳揚宗教信仰的熱忱，和傳輸文明的慷慨，把當時西歐先進的科學技術，以及文藝復興所詮解的古典的倫理道德、藝術文學、哲學思想與基督宗教引入中國，開啓了中華文化走向近現代性的理論思維，為中西文化間的宗教交談提供理性的反省基礎，因而開啓中西文化深層交流的契機。另方面，他也闡述西方文化在走向東方之際，中國傳統思想經由旅華人士透過經典的翻譯與詮釋，回傳至西歐後，如何在西歐知識份子、學者、思想家之間引起對中華文化思想的回應、論述、接受、批判與超越，其影響從馬勒布朗雪、萊布尼茲、黑格爾對中國思想的想像、理解與批判，到馬丁布伯與海德格對中國思想尤其是道家思想的接受、詮釋、吸收與內化，並間接啓迪後現代思想家如德希達等的解構思想。可見，不僅近代文化的近現代性特質，成為後現代思想家不斷回顧、探討的議題之一；而且，儘管許多當代西方學者認為中國文化沒有哲學，然而，借鏡漢學思想的研究，仍是許多當代學者反思並超越承自希臘傳統的本體思想論述體系的途徑之一。只要思考當代思潮中有關去主體、非表象、講理而非理性等後現代議題，

便不難想像其中隱而未宣的東方思想，尤其是道家思想的因素。

不過，一如作者所指出，本書論述中西雙方思想的交流的意義，並不在於透過比較的方法，羅列兩種文化之間的同異，進而比評彼此的優劣，而是關切在今日文化跨界域、全球化的時代，在不同文明之間的交談下，跨文化哲學研究的含意、方法，與思想的可普化性問題。除了要在思想史的脈絡還原中西文化思想交流，自十六世紀明末相遇以來所發展的原初風景，更要釐清近代所著重的現代性思想的意義，以及跨文化研究所涉及的文本翻譯問題、主體與多元他者等概念。簡言之，本書涉及在中西文化思想交流論述的三項基本議題：跨文化研究的含義與方法，中華現代性的探討，以及近代思想史的重新思考。

在近代中西文化交流史中，雖然西學東漸、東學西傳是常見的說辭，但多半是指從西到東、或從東到西的單面向的文化傳播。尤其在二十世紀清末民初，倡導文化革新的知識份子，普遍從實用科學或經世之學的角度來評斷中西文化思想的價值，而且普遍認為西方強大而中國衰敝，在中西文化交流的研究上，基本上一直傾向以學習西方思想，尤其以西方近代啟蒙運動以來的思維體系所提倡的現代化，作為文化革新的借鏡典範。即使在哲學上，也是以近代西方哲學在研究法上優於中國思想的論述為主。二十世紀以來，雖然也大量翻譯、研究西方哲學家的著作，但選擇性地以近代西方思想邏輯、哲學用語來詮釋傳統經典、或論述傳統的中國思想的同時，也一併承受了西方現代性文化的思維框架：理性、主體、表象與宰制。其不幸的結果是：儒家思想被批判為父權宰制思想的結果，卻忽略儒家思想中強調盡己之性、盡物之性的盡性之道的開放思想。然而，儒家這種從自我走向萬物的開放思維，反而被西方學者吸納，內化為去主體的後現代思想特色之一。

事實上，近代西方文化的現代性的革新動力，也隱含在影響至今的平權思維裡，如政治上的民主運動，或文藝美學的現代主義思潮中的平權運動，例如十八世紀的席勒、或十九世紀的波特萊爾所論述的平民百姓的日常美感經驗。正是現代性的此種平權的思想動力，促使西方文化不斷走出宰制、走向世界、走向他者。我們也在利瑪竇在走向與中華文化交流的旅途中，看到這樣的平等之心。在第一講中，沈清松指出，利瑪竇為中國讀者寫下的第一本書《交友論》便是引介西方思想大哲，如亞理斯多德、西塞羅、奧古斯丁等，關於人與人之間的平等思想的著作。作者認為利瑪竇在《交友論》闡述的這種強調平等、友善相待的想法，在中西跨文化的過程中，含蘊著一個根本的轉移，意味著從帝國殖民的宰制、轉向文化之間平等的互動與交流。（第一講，頁38）。

此外，這種文化之間平等的互動與交流，尤其表現在經典互譯的文化活動上。在第二講〈中西互譯運動的開端〉中，沈清松說：「利瑪竇和耶穌會早期來華的會士們，了解到為了平等交流，應該把彼此最好的經典，拿出來翻譯，以促成深刻的相互了解。換言之，所謂交流不只是表面上的互動，而必須是在深層文化與高層理念上的相知。」（第二講，頁47）。就此而言，歐洲與中國之間跨越文化差異的相遇，因而不只限於十六世紀以來海路商隊日益頻繁的往來、所形成的物品、產品和商品的交換關係，以及隨之而來利益衝突與權力競爭的對立關係，而在於科學知識、道德價值、文藝創作、和宗教信念之理論思維的平等對話、交流與反省。而利瑪竇所開啓的這種的平等交流，仍是今天跨越文化差異的典範途徑。當時為促進文明對話、宗教交談而進行的翻譯與著述、在科學、哲學、倫理、宗教思想上，對現代的發展中華文化都有著不可磨滅的影響。只不過，不幸自長期以來，一般多以傳教策略的眼光視之，而忽略當時利瑪竇跨越文化差異，而在文化傳輸上顯示的慷慨與實踐。而這也是本書論述跨文化所著重反思的要點之一。

利瑪竇和後來的耶穌會士的翻譯工作是雙向的，他們不僅為中國讀者翻譯西方經典，也把中國的經典翻譯傳回西歐，尤其是孔門的思想和儒家的經典，如《四書》、《五經》，尤其是《易經》。翻譯雖然是跨文化的媒介之一，然而翻譯的同時不僅涉及不同語言之間的翻譯問題；更涉及閱讀的理解與詮釋的問題，包括翻譯者的閱讀與詮釋，和讀者對所閱讀譯本的理解。本書從第二講起，從思想史的角度，詳細討論以亞理斯多德為基礎的士林哲學在中國近代的發展包括中西學者的論述，尤其是夏大常（第三講、第五講）與德沛（第五講）的著作與論述。而這一部分卻在中國近代哲學史的論述中，包括馮友蘭、陳榮捷等人著作中被略過，成為空缺。第四講之後，作者鋪陳西方學者對中國思想的回應、爭論與批判，包括馬勒布朗雪在閱讀傳回西歐的中國思想的著作後寫下的《和中國哲學家的對話》對朱熹的批評（第四講），以及黑格爾如何按自己的思想體系想像中國處於非歷史與非自然的歷史前期的狀態（第六講）。第七講分別闡述馬丁布伯和海德格對於道家思想的容受、吸納與轉化。至此，東方已然成為思想創造動力的因素，而不再是與西方對立的變項，因而跨文化哲學的問題才剛開始。

關於跨文化哲學的研究，在沈清松的思想論述中，至少有三點是值得提及的，一是作為「多元他者」中的主體性思維，二是思想的「可普性」，三是以「相互外推」作為文明對話的方式。

首先，「多元他者」是沈清松針對現代性的主體思想與後現代的去主體、與他者的概念所提出的原創概念，相應於中國思想的「萬物」、「眾生」思想。他認為無論是去主體、或從主體到他者、或互為主體的思想，都仍然假設了主體之間的對立關係。多元他者的概念並不否定主體性，而是在在多元他者的關係中看待主體的開展，他說：「中國哲學無論儒、釋、道，講的都是多元他者，而不是抽象的、單純的他者。當前在全球化過程中，我們所遭遇到都是多元他者。」（引言，頁3）。

其次，對於跨文化之所以可能，他認為在於思想的可普性。他指出跨文化哲學在全球普世化的脈絡中，並不意味跨出差異取得文化普遍性，成為另一種霸權。他認為應該區分「普遍性」和「可普性」。在人文歷史發展過程中，哲學不可妄自宣稱擁有普遍共相或普遍性。他說：「我認為，無論是中國哲學或西方哲學，都是一種追求可普性、甚至邁向更高可普性的努力。」（結語，頁316）。

第三，「相互外推」源自沈清松在上世紀九〇年代於維也納推動建構實在論（

constructive realism）時期所提出的外推思想。他所謂的外推，指的是每一個文化主體都應該走出自我、朝向差異的多元他者開放，包括三個層次：語言的外推、實踐的外推、本體的外推。（引言，頁5－6）在全球化趨向的文明對話中，「從最低的相互承認到最佳化的相互豐富」（引言，頁4），所以他主張以相互外推作為跨文化哲學的方法的主要目的，也是本書的主要精神所在。

整體而言，這本書的意義，在於從跨文化的脈絡，對中西思想交流史的重新思考。尤其在各章節中，重新閱讀近代中西哲人的相關著作，審視中西思想家在不同的時間、事件與思想脈絡下，為穿越文化差異界線所從事的思考和論述。儘管這些著作文本，無論是何種原因，在近代思想史的閱讀中，曾經被曲解、被遺漏、被失落，然而，這些跨越文明差異的思想論述的相互豐富、相互增補的價值，卻不因此而減損。從跨文化脈絡來說，還原這些文本與思想在歷史中的現身，解讀其中隱含的哲學思想，因著文化差異而在語言概念上形成的爭論、批判與理解，為讀者勾勒近四百年來中西思想往來互動的圖像，重寫近代中西文化思想交流史，是《從利瑪竇到海德格》這本書根本的閱讀之道。

序

「用說話來寫書？」當汪琪教授和我提起這個主意時，我難免有點狐疑。主要的原因，是因為我習於在稿紙和電腦上寫作，現在若只是動口不動手，不知如何是好。尤其想到，文本與說話性質不同，應如何結合成書？然而，稍一動念，我就想到莊子〈大宗師〉曾說，「副墨之子聞之於洛誦之孫」，意思是說書寫的產物根源於口說。

於是乎，我就接受了汪教授的提議，開始了這樣一個只動口、不動手的寫作試驗。在我二〇一一年七月和二〇一一年十二月兩次返台期間，由汪教授安排政大博士生劉育兆到我住處，由我口述，由育兆錄音，然後鍵入，再由我修潤而成。於是，完成了這本口述的哲學書。應該謙虛地說，這只是一本探討自西方文藝復興以降，西方哲學與中國哲學的跨文化互動而已。而這一點，當然也有先行者如在東方的利瑪竇及其他耶穌會士，還有在西方的馬勒布朗雪、萊布尼茲和吳爾夫，尤其是萊布尼茲，他更是一位跨文化哲學大家。當然，此外也有限於當時的世界觀，如亞里斯多德、黑格爾等人所未曾想到的跨文化向度。甚至也有時代已至，然仍故步自封的海德格及其後的德希達、呂格爾等人，他們仍以希臘為唯一的哲學傳統。

所以，我的構想大體上是從跨文化哲學的觀點，紹介並評價耶穌會士如何引進亞里斯多德學說入中國，又如何介紹孔子與四書五經進入西歐，以及雙方此後在思想上、哲學上的互動與演進。內容大概是這樣子：

第一講是引言，分別處理「中」與「西」概念的歷史形成，與西方近代性興起之前的中、西互動，以及西方近代性的定性，和利瑪竇來華的歷史背景，並凸顯出利瑪竇設法擺脫西方文化殖民觀點，轉向友善平等交流的方向。

第二講，討論中西互譯運動，是以亞里斯多德發其端緒。本文將在耶穌會的教育章程中找到依據，並指出亞里斯多德在當時西學與中學脈絡中的地位，來評價亞里斯多德著作的譯介與改寫。本章並且要從科學、道德、乃至宗教層面，分別評述利瑪竇等人所引西學入中與中學入歐的貢獻。

第三講，將分別以亞里斯多德的《靈魂論》為例，分析西學在中譯過程中的改寫與翻譯。本文所選的，包含艾儒略的《性學觕述》，以及一般認為是亞里斯多德《靈魂論》中譯的畢方濟《靈言蠡勺》，最後並選論接受西學，又綜合中國哲學人性論的中國士人夏大常的《性說》，來論其影響與發展軌跡。

第四講，將討論中國經典西譯與西方近代哲學家的回應。由於經驗主義缺乏對其他文化的平等興趣，本章主要集中於理性主義者，從笛卡兒開始，到馬勒布朗雪的《一個基督徒哲學家與一位中國哲學家的對話》，到萊布尼茲和吳爾夫與西歐啟蒙運動的初興。

第五講，將集中討論清初中國士人對西學的回應與初融中西的嘗試。一方面選一位漢人士人夏大常，另一方面選一位最早進入天主教的滿族親王德沛，看他們表現在形而上、人性論以及實踐論的中西初融的狀況。此外，並且舉夏大常為例，分析其中國宗教學的論述。

第六講開始從歐洲人對中國的讚頌，返回以歐洲為主體對中國進行批判性的閱讀。主要討論黑格爾與馬克斯。黑格爾對中國哲學的看法，表現在「道」、《易經》的思想和語法，乃至其對歷史哲學和中國宗教的論斷。關於馬克斯，其哲學思想較少涉及中國，但他對於鴉片戰爭的中國遭遇甚表同情，甚至以之為堅持道德原則的半野蠻人，並認為從中終將興起自由、平等、博愛的中華共和國。

第七講已進入二十世紀，我將舉馬丁・布柏與馬丁・海德格為例，來說明中西哲學互動在二十世紀的新境。這兩位馬丁，一位主張「我與你」，願意學習中國的「道之教」，比較強調我標題所言「欲近」的部分。另一位，雖曾試圖了解並意譯部分《老子》文本，引起中國學界興奮喝采，然而，探到底他還是主張只有希臘一脈的哲學，而且他用自己的思想強解並利用老子。

第八講是結語。在此，我想針對跨文化哲學再做些探討，除了檢討德希達和呂格爾兩人仍以古希臘以降的西方哲學為唯一的哲學傳統，間或也對中國哲學做一些自省。跨文化哲學有一個假定，就是哲學是出自於文化；也因此不同的文化會有不同的哲學，或至少各個文化皆有能力發展出自己特色的哲學，也因此沒有哪一個傳統的哲學可以霸占哲學論壇；相反的，不同的文化傳統皆應明說自己的哲學，並透過相互外推，以便達到相互豐富。

以上是本書的梗概。本書的撰寫，我一方面感受到口語的好處，例如說，比較自由，論述起來較不受限制；也比較能順應聽眾，語法較為淺顯易懂。不過，另方面，實際的執行的情形仍然遠不如理想。口語總不如書寫那般周到，或因限於記憶，或因限於資料的運用，總難免有掛一漏萬的情形。加上我講的題材，並非記錄者所學或所長，所以難免在記錄時會有所差錯，以致必須費力修正。

總之，最後的結果，希望口語的優長都能保留，而那些困難之處，終究都能克服了。讀者可以看到，我在這本用口寫出來的書中，或許受到「從利瑪竇到海德格」書名的影響，利瑪竇和海德格兩部分較多，中間略微縮小，看似像個啞鈴一般。中間的部分有些討論較多，有些較少。至於我的重點則是放在跨文化視野，並且從此一角度來評價他們。我的目的是要在他們身上看出某種跨文化精神，以便劣者加以拋棄，優者加以保存和發揚，可以日後妥善進入全球化跨文化的時代。

沈清松序於多倫多大學

目次

導讀 III

序 XI

第一講 引言 1

一 從比較哲學轉向跨文化哲學 1

二「中」與「西」 7

三「西」概念的歷史形成與前現代的中、西互動 16

四 西方近代性的興起及其定性 25

五 利瑪竇來華開啟西學東漸的背景與釐清 34

六 從文化殖民到平等交流 37

第二講 中西互譯運動的開端：亞里斯多德著作的譯介與改寫 47

一 亞里斯多德：首位系統引進中國的西方大哲 48

二 耶穌會士選擇亞里斯多德的原因 51

三 明末中譯的亞里斯多德作品 57

四 近代中國哲學史不容忽視的大事 59

五 利瑪竇等人引進西學的貢獻與檢討 62

第三講

89 西學中譯選樣解析：從耶穌會士譯述亞里斯多德《靈魂論》到中國士人夏大常的《性說》
91 一 艾儒略的《性學觕述》
103 二 畢方濟的《靈言蠡勺》
114 三 中國士人夏大常的《性說》

第四講

123 中國經典西譯與西方近代哲學家的回應：理性主義者與啟蒙運動的初興
123 一 初期在華耶穌會士譯述中國典籍入歐
132 二 西方近代哲學對中國訊息的回應
135 三 理性主義者笛卡兒：入境隨俗與慷慨待人
138 四 馬勒布朗雪：孔子也在神內看見
144 五 基督徒哲學家和中國哲學家的對話
150 六 對於中國哲學的六點評述及其與朱熹哲學的比較和檢討
159 七 關於《和中國哲學家的對話》的小結
162 八 德國理性主義者萊布尼茲對中國的了解與嚮往
174 九 吳爾夫與西歐啟蒙運動的初興

第五講

180 **清初中國士人的回應與初融中西的嘗試**
180 一 清代漢、滿皆有融接中西的學者
183 二 形而上學的視野
187 三 人性論
189 四 實踐論
197 五 夏大常的中國宗教詮釋
213 六 靈肉二元與顏元、戴震的身體哲學之修正

第六講

219 **批判中國哲學：黑格爾與馬克斯**
219 一 從讚頌到批判
221 二 近代哲學集大成者黑格爾眼中的中國哲學
240 三 馬克斯：堅持道德原則的半野蠻人將興起中華共和國
245 四 結語

第七講

249 **欲近還遠：馬丁・布柏與馬丁・海德格**
250 一 馬丁・布柏：莊子故事與道之教

264 二 海德格與老子
267 三 濁與清
272 四 光與暗
278 五 本真與他異（外地風光）
283 六 有與無
293 七 科技與藝術的鬥爭
295 八 道與路
第八講
306 結語
322 中西人名引得

第一講
引言

一、從比較哲學轉向跨文化哲學

本書所關心的是中、西兩方文明自從西方現代性開始形成以來，彼此核心思想的互動、互譯和對談；我主要是從跨文化哲學（intercultural philosophy）的角度來探討，不同於過去所謂中西比較哲學，僅滿足於比較中、西哲學的同與異，然後再判斷何優、何劣。我認為處於今日全球化時代，我們不能再滿足於比較哲學。我要追問：到底是為了什麼而進行比較？

對我而言，之所以要進行比較，其實是為了進一步彼此互動、交談，甚至進一步達到相互豐富，而不只是為比較而比較。由此可見，某種跨文化互動的意圖，應優先於不同的文化／哲學／宗教比較研究。過去的比較研究，要不是在國家主義或國族主義（nationalism）的主導下，認為透過比較，可以顯出自己比別人優越，這其實已經有了自我中心的預設觀點；要不然，則是在殖民主義（colonialism）的主導下，不管是文化殖民或學術殖民，甚至產生了薩依德（Edward Said, 1935－2003）所謂「東方主義」（orientalism）。過去西方研究近東、中東、遠東，乃至中國的漢學，往往建構了一套讓對方藉以達成自我瞭解的學術眼鏡，讓對方戴著這套眼鏡來看自己，甚至瞭解自我。中國過去也曾遭受如此對待，而世界上許多國家也常在東方主義籠罩下，透過西方學者建構的觀點，不論是英國、歐陸或美國學術的框架，來進行自我瞭解，甚至以此為榮。例如：最近我在中國大陸曾遇到一些專研西方哲學的學者，只因為自己懂得外國語文，會講論西方哲學，便有意無意的睥睨專研中國哲學的同事，使我驚覺某種自作自受的新東方主義的陰影。其實，如此崇洋媚外的態度已經不再合適於今日。今日我們應透過跨文化互動，既以多元他者之優點豐富自己，也以自己之長處豐富多元他者。

從另一角度看，我們也不能再沉溺於過去那種殖民主義壓迫下的自戀式悲情，認為當今一切問題都是出自過去承受殖民壓迫的結果。無論如何，總是帶著多重悲情討論問題。如今中華人民已經站立腳跟，且世界已然進入全球化時代，我們應避免再度任憑別人甚或自己組構新東方主義眼鏡。如今，無論接受或進行學術殖民，都已不再是公正的學術行為。

由於前述國家主義與東方主義的殘餘影響所造成的陰影仍在，我們應該正式審視我們與多元他者的關係。我用「多元他者」（many others）這一概念來代替後現代主義所侈言的「他者」（the Other），尤其是法國後現代主義，像德勒茲（Gilles Deleuze, 1925 – 1995）、雷味納思（Emmanuel Levinas, 1906 – 1995）、德希達（Jacques Derrida, 1930 – 2004）這些人所強調的「他者」（L'autre, l'alterité）。對我而言，實際在人類生活中環繞著我們的，並不是一抽象的「他者」，而是實實在在的多元他者。所謂「他者」是哲學抽象的結果，而且多少隱含某種「自我」和「他者」之間的二元對立。這是「他者」概念無法避免的。我主張「多元他者」，這在中國哲學裡也有其根源。無論道家講的「萬物」、佛家講的「眾生」，或是儒家講「五倫」，甚至還可增加到第六倫、第七倫、甚或第八倫等等，無論如何，中國哲學無論儒、釋、道，講的都是多元他者，而不是抽象的、單純的他者。當前在全球化過程中，我們所遭遇到都是多元他者。

不過，若就「現代性」（modernity）的習取來講，我們必須知道，現代性的形成有其歷史參照點，那就是西方自從西歐文藝復興以後逐漸形成的近代世界。雖然我們現在用「現代性」（modernities）這一語詞已經是多數、多元意義的，而且世界各國因著不同的歷史和文化資源，都可以有不同的資源進入現代性。也因此，我要從正面、積極的觀點來提倡「中華現代性」[1]。但我們仍須以歐洲文藝復興乃至啟蒙運動以後逐漸形成的西方現代性為參考架構。因此，我雖然主張在全球化過程中進行與多元他者的互動，但事實上，大家仍面對著如何超越現代性困境的挑戰。這也是中國近兩百年歷史所遭受的挑戰，也就是現代性的衝擊、習取以及超越的大問題。中國在被納入西方現代性軌跡過程中，曾遭遇

1 參見沈清松主編，《中華現代性的探索：檢討與展望》，台北：政大出版社，二〇一三年。

到種種問題。就現代性的追求、困境和超越這條主線來講，西方的確是華人的「他者」，雖然我們與這一「他者」並不一定要成為「對立」的，反而應該是「對話」的。

加拿大哲學家查爾斯・泰勒（Charles Taylor）曾主張「互認的政治」（politics of recognition），他的這一概念類似從黑格爾（G. W. F. Hegel, 1770－1831）「主奴關係」轉來的「互認關係」（Anerkennung），也就是超越主人對奴隸的宰制，轉變為主體對主體的尊重。我認為泰勒本是研究黑格爾的，並由此發展出「互認的政治」概念，大體說來也只是「互為主體」（intersubjectivity）概念的延伸。然而，在我看來，「互為主體」概念仍然只是近代「主體性」（subjectivity）概念進一步的延伸，由「主體」轉為「互為主體」，也就是：你是主體，我也是主體，我們相互承認主體的地位。如此的互認，我認為僅只是一最低限度的要求，其實仍然不足。因為我觀察當前許多民族之間的關係，尤其某些國家針對其原住民，主政或當道的民族雖然可以承認你，不過仍然任憑你自己以主體的地位自生自滅；既不以我的文化豐富你，也不習取你的文化長處。例如，不習取原住民與自然相處的環保經驗，也不教導原住民適宜的現代性精粹。原住民本來在田野裡奔跑之時都是英雄，可是由於缺乏現代的知識與技能，在大都會裡不易適應，甚或淪為無業遊民。我要說的，是多元文化政策不能僅止於承認他們，還要設法豐富他們，也以他們的質樸精神和與大地的親和關係，豐富這日愈疏離的都市文明。

所以，我主張從最低要求的「相互承認」邁向最佳化（optimal）的「相互豐富」。在全球化過程中，這才是真正的最佳態度。我的意思是：希望能超越主體哲學的弊端，邁向多元他者但仍不必放棄主體。為甚麼不像後現代所提倡的，乾脆從「主體」轉向「他者」呢？因為對我而言，近代哲學最大的遺產之一就是對主體性的肯定與開發。我也不願自限於互為主體，只肯定自己的主體性也肯定別人的主體性而已，而是更要向多元他者開放，並追求相互豐富。的確，後現代主義揭示從「主體」轉向「他者」；我則更要由「他者」轉向「多元他者」。然而，在我的「多元他者」概念裡面，仍然有著主體和互為主體的地位，因為每一位多元的他者都仍是主體，也都應該以互為主體相待；然而，每一位主體都不該自我封限於己，相反的，卻都要能超越自我封限並慷慨走出，邁向多元他者；走出互為主體，朝向其他的陌生人開放。心中常存多元他者，進行外推，並在相互外推的過程中相互交談，甚至達至相互豐富。這是我主要的想法。

在此，涉及我所謂的外推策略，依順序可以分為三個步驟。第一步是要進行「語言的外推」，就是把自己的哲學與文化傳統中的論述或語言翻譯成其他哲學與文化傳統的論述或語言，或其他傳統所能夠了解的語言，看它是否能藉此獲得理解或因此反而變得荒謬。如果是可獲理解，這代表此一哲學與文化傳統有更大的可普化性；如果是後者，則必須對這傳統進行反省和自我批判，而沒有必要採取自衛或其他更激進的護教形式。當然，這其中總會有一些不能翻譯的殘餘或意義的硬核，但其中可共同分享的可理解性便足以證明它自身的可普化性。如果人們只能在自己的傳統中誇耀自家的哲學多麼有意義，就像一些國粹派哲學家所堅持和宣稱的那樣，這至多只證明了它自身的局限性，而不是它的優越性。

外推的第二步，是「實踐的外推」。藉此我們可以把某一種文化脈絡中的哲學理念或文化價值或表達方式，從其原先的文化脈絡或實踐組織中抽出，移入到另一文化或組織脈絡中，看看它在新的脈絡中是否仍然是可理解或可行，或是不能適應新的脈絡，反而變得無效。如果它仍然能起作用，這就意味著它有更多實踐的可能性，並在實踐上有更高的可普化性。否則，它就應該對自己的局限進行反省和自我批判。

外推的第三步，是「本體的外推」。藉此我們從一個微世界、文化世界或宗教世界出發，經由對於實在本身的直接接觸或經由終極實在的開顯的迂迴，進入到另一個微世界、文化世界、宗教世界。尤其當在該傳統中具有某種宗教向度之時，或者當人們進行宗教間的對話時，這一階段的外推就顯得特別重要。如果對話者本身沒有參與終極實在的體驗，宗教交談往往會流於膚淺表面。我們對於終極實在的體驗，如果確實是終極的，就該具有可普化性和可分享性，否則若只自我封閉地一味堅持自己的真理唯一，這至多只能是宗教排他主義的一個藉口而已。

哲學與宗教的交談，應該建立在相互外推的基礎上。詳言之，在A群體和B群體的交談中，在語言外推的層面上，A應該把他主張的命題或理念、價值、信仰系統轉換成B的語言或對於B來說能夠理解的語言。同時，B也應把自己主張的命題或理念、價值、信仰系統用A的語言表達或轉化成A能理解的語言。在實踐的外推層面，A應該把自己主張的命題、設定的真理、文化表達形式、價值、宗教信仰等從自己的社會、組織、實踐脈絡中抽出，將它重新放置於B的社會、組織、實踐脈絡中。同時，B也應該把自己的主張、設定的真理、文化表達形式、價值、宗教信仰等從自己的社會、組織、實踐的脈絡中抽出，並將它重置於A的社會、組織、實踐脈絡中。在本體外推的層面，A應致力於經由實在本身的迂迴，如對人、對某一社會群體、對自然或終極實在的親身體驗，進入B的微世界、文化世界或宗教世界。同時，B也應該努力經由實在本身的迂迴，進入A的微世界、文化世界或宗教世界。

在以上透過相互外推以達至相互豐富的基本想法下，我們可以進一步討論「中」與「西」的概念的歷史形成，也可以藉此貞定，他們為何在過去歷史中，未能達至理想狀態的互動關係。

二、「中」與「西」

現在我們來對「中」與「西」兩概念做一簡短的討論。中國人認為自己是「中」之國，在此，「中」的概念本身有地理的、心理的意義，也有形上的、宗教的意義。在地理上，中國人過去認為天圓地方，中國處其中心。其實，這是以自己身體之所在為中心的地理觀。等到後來利瑪竇（Matteo Ricci, 1552－1610）、艾儒略（Giulio Aleni, 1582－1649）等人引入世界坤輿地圖，於是才有機會破除這種以自己所居之處為中心的地理觀。一如艾儒略在《職方外紀》中指出：「地既圓形，無處非中。所謂東西南北之分，不過就人所居立名。」[2]其實，地理上的「中」，除了在特定的有限區域，各有其中心，譬如以現在的中國版圖為範圍，武漢大概比較位於中心吧；或者，更擴大來說，湖北、湖南地區會比較居中吧。然而，這也只是一種相對性的說法。若更換到歐洲或其他地區，武漢或兩湖便不再居中了。所以，「中」作為地理的概念，只有有限而相對的意義。

基本上，「中」更重要的是心理的、形上的和宗教的意義。有關心理的部分，早在《中庸》就已論及，主要表現心理與形上真實的關係，所謂「喜怒哀樂之未發謂之中，發而皆中節謂之和。」[3]此處的「未發之中」是超越心理學（transcendental psychology）所謂自我的核心所在；至於「發而皆中節謂之和」則是說自我表現為喜、怒、哀、樂等情緒狀態仍能合乎應有的分寸（在當時主要是依據「禮」的分寸），使能達致和諧狀態。可見，「中」與「和」不相分離。「中」是在顯發為可經驗到的心理狀態之前的、原初的、先驗的自我；「和」是各種情感發出來以後，由於合乎禮、守分寸，而能達致和諧的狀態。這是《中庸》所言深度心理學的基礎，或更好說，高度心理學的基礎。[4]

其實，在《中庸》之前，「中」的價值早已在政治上、道德上表現得非常重要，且也與心理有關。《尚書・洪範篇》提出洪範九疇，其間以第五疇的「皇極」為正中，倡言「**無偏無黨，王道蕩蕩；無黨無偏，王道平平。無反無側，王道正直**」[5]，意思就是說：政治原則要公正。關於《尚書‧洪範篇》這篇文獻是否是由商末箕子傳於周武王的，學界雖有爭論。不過，「中」的概念做為中國政治哲學的基本概念，應該出現甚早。不久前出土的〈清華簡〉裡的〈保訓篇〉，其中甚為強調「中」的原則，說是文王交代即將繼承王位的武王，要「求中」、「得中」、「砌中」、「歸中」。此外，《論語‧堯曰》上說：堯曰：「**咨！爾舜！天之曆數在爾躬，允執其中。四海困窮，天祿永終。**」也可為佐證。

此外，「中」的概念也有形而上層面的意義。其實，當《中庸》講到自我深刻的依據，論「中」又論「誠」之時，已經觸及形而上的實在。「中」的概念有其形上的、宗

---

2 艾儒略增譯，楊廷筠彙記，《職方外紀》，收入李之藻輯，《天學初函》，第三冊（台北：學生書局，1965），頁1312。

3 朱熹，《四書章句集註》，北京：中華書局，二〇〇五年複印本，頁18。

4 「深度心理學」一詞指稱佛洛依德心理分析追溯意識作用在無意識中的基礎，較屬心理考源學；然而對於心理的理想狀態或德行，較屬心理理想論，是以稱之為「高度心理學」較妥。

5 《尚書‧洪範篇》，見《斷句十三經經文》，台北：開明書局，一九六五，頁20。

教的意義。按照艾良德（Mircea Eliade, 1907－1986）6，每個民族都相信自己所居住的地方最接近神聖的領域，所以都是居「中」者。就像榮格（C. G. Jung, 1875－1961）說的，人的身體通過屋頂指向天，人、屋、天，是一體貫通的。此時，「中」具有形上的或終極實在的意義。就此意義言，「中」作為神聖之所在或終極實在之所在，是每個民族都有的概念。殷人有殷人的中，周人有周人的中，其實古代中國周邊各民族也都各有其中，都各有其信仰，認為自己所在的地方就是中，漢族也是如此相信。我想，多元之中應該可以從艾良德的論點推論出來。

不過，到了秦、漢，「中」的概念被建制的帝國佔據了、挪用了，使中的概念變成一元的：只有我是中，其餘都是附庸，必須來向我朝貢。這個想法是把多元意義的「中」、形而上的和宗教意義的「中」，據為己有。中國自秦漢以後歷代如此，宋、元、明、清時期依然如此。雖然說歷代都提倡王道精神，不去侵犯別人，也不去殖民異域，不像西歐各國在獲取現代性之後進行帝國主義殖民；話雖如此，中國仍是以己為中。這可以從中國外交史上對待番邦、外國的態度，要求朝貢與跪拜；對於自己的國民，則限制出國。例如唐朝時，玄奘出國赴印度取經，並沒有獲得官方許可，在官方看來是非法的。玄奘取經返國獲得官方隆重歡迎，那是因為唐太宗的宗教政策相當開放，而且尊重佛教。到了明朝，實施海禁，為了防止倭寇侵患，封海閉關，限制國人出國。出國者必須登記，若不按照同一班船回來，就永遠不准返國。換言之，以王道為藉口，既不想殖民別人，但也不讓自己的人民出國。長期在這種「中」的政治與思想引導下，對外國人、外邦人、陌生人，難免形成根深柢固的偏見。

儒家思想作為中國人的基本思想體系之一，究竟對於「中」的被帝國挪用有否幫助或超越之方？孔子曾「欲居九夷」[7]，還說「言忠信，行篤敬，雖蠻貊之邦行矣。言不忠信，行不篤敬，雖州里行乎哉！」[8]可見，孔子本人並不排斥出國，甚至想要到蠻貊之邦居住，相信人如果言行合理，有禮有義，則到哪個國家都可以行得通。這想法假定了人性是有可普性的，也因此夷狄若進其文化可變為華夏，華夏若失其文化也會變為夷狄。雖然孔子在講到管仲時曾說「微管仲，吾其被髮左衽矣」，似乎顯示他多少還有華人文化中心

---

6 M. Eliade, *Images and Symbols: Studies in Religious Symbolism*, trans. P. Mairet, London: Harvill Press 1961; M. Eliade, *A History of Religious Ideas*, vol. I, *From the Stone Age to the Eleusinian Mysteries*, trans. W. Trask, Chicago, IL: University of Chicago Press, 1978.

7 見《論語・子罕第九》：「子欲居九夷。或曰：『陋，如之何？』子曰：『君子居之，何陋之有？』」。見朱熹《四書章句集注》，頁113。

8 《論語・衛靈公第十五》，見朱熹，《四書章句集注》，頁162。

主義，但他並不反對走入陌生人的環境。不過，孔子周遊列國，雖然遊走於差異的地方習俗之間，仍是在春秋諸夏之內，並沒有真正走向外邦人的經驗，故不知他見到外邦人時會怎麼樣，也因此他對多元他者的論述也不清楚。

不過，其後《禮記》說：「禮聞來學，不聞往教。」[9] 也就是說，我這裡是中心，學生若要學禮，要來我處跟我學；沒有聽說過老師出去找學生教的。在這樣的論述中，師道的尊嚴是獲得了尊重，但問題是它無助於打破「中」的挪用，這種教師中心論反而有助於大一統的想法，要夷狄來學華夏，然而對於多元他者則沒有顯示原初慷慨，也不進行外推。歷代以來，有佛僧走出印度，到世界各地傳佛教，更在東漢初年來到中國，以至發展到了隋唐時期形成了光輝燦爛的中國大乘佛學。道家方面，傳說老子也出關了，只不過出了關之後往何處，作何事，並無史料交代。《史記》僅云「不知所終」。西晉王浮所造《老子化胡經》是為了與佛教比高下，說佛教是在老子出關之後化為佛陀，教導胡人的結果。這是宗教意識形態爭吵的作品，哲學意義不大。其實，歷代以來，中國佛教中多有克服千辛萬苦，外出求經之士，像朱士行、玄奘、法顯、義淨等人，前前後後不斷為了求法、求經而踏過千山萬水，甚至遠赴天竺。

但在儒家方面，或許受到「禮聞來學，不聞往教」觀念的影響，在歷史上並沒有顯示出國教導儒學的熱誠，至少沒有這方面的歷史紀錄。一直要到明代的朱舜水（1600－1682），才赴日本傳播儒學。更後來，到了二十世紀中葉以後，像陳榮捷、柯雄文、杜維明、成中英、傅偉勳、秦家懿、劉述先、唐力權、乃至晚近出國講學的華人學者，包含我個人在內，其中固然皆心存慷慨外推的胸懷，實際上也是因應全球化衝擊之下造成的世界性移民、人口迅速移動所產生的結果。傳統上，儒家採取保守心態，是不出國教導外人的；儒家並未主動改善中國中心的情結以及「中」概念的政治挪用。

在二十世紀，最早關心中華民族花果飄零的當代新儒家唐君毅先生，仍然認為中國人要保持《中庸》的「中」，並把中庸與中之道與「中國性」，也就是中國人的本質，連結起來思考，認為中國人做人要做得像中國人的樣子。唐君毅是當代第一位華人思想家注意到華人飄散現象（Chinese diasporas）的儒家學者。在世界各國人口迅速移動中，唐君毅講中華民族的花果飄零，討論華人及其文化的飄散問題，認為這是一大悲劇。我覺得唐君毅用「花果飄零」一詞來翻譯 diaspora，比任何其他翻譯都還要漂亮、雅致。不過「飄零」一詞不易擔任術語之用，所以，有時不如講「飄散」或「海外飄散」。然而，唐君毅提出一個很深刻的概念，認為華人雖處於飄散的情境，但要懂得「靈根自植」。究竟華人的靈根要植在哪裡呢？他認為，就是要植於華人的「中國性」，也就是中庸之道，尊師重道、

9《禮記・曲禮上》，見《斷句十三經經文》，頁1。

孝順父母等等這些價值，對自己的文化心存「敬」意。

不過，唐君毅仍有一種文化上的中國中心主義。例如，台灣的故宮運送館藏國寶出國展覽，唐君毅就做出嚴厲批評。他說，外國人要看中國國寶，應該自己來看，為什麼中國人要送出國去給外國人看？他認為這是一種「奴隸意識」。他也批評，說「你要看，自己來，豈有遠涉重洋，送陳品鑑之理？」[10] 此外，當華人年輕學者得到外國學位，就比得到國內學位的資深學者薪水高，唐君毅也為此感到忿忿不平。他也建議中國人在海外見面，彼此要講國語，除非在非常不得已的情況下，不要講英語，也不要加入外國國籍。觀其心意，其實都是為了表示對中華文化的「敬」意。從二十世紀五、六〇年代的歷史處境看來，唐君毅這種對時代悲劇的回應，很可以理解。

不過，唐君毅仍然把飄散海外的華人當成「僑胞」，還不是真正的「飄散華人」（Chinese diasporas）或一般所言「海外華人」。須知，過去「僑胞」一詞是政治術語，指華人雖然出國，甚至取得外國國籍，依然不減其對原有國內向心，仍然回僑鄉投資，仍然支持原有國家建設，仍是本國國民。然而，這種政治論述對海外飄散華人曾經造成很多難題，例如，雖然印尼或馬來西亞的飄散華人都已經入了印尼籍或馬來西亞籍，然而，當地人還是會認為，你們既然是華僑，就會偷偷地替中國做事，所以你們不是真正的印尼人、馬來西亞人。加上華人善於經營生意，比當地人會賺錢。於是，每當發生排華暴動，華人便會遭遇不幸，被虐待、毆打、殺害，華人公司、住所被砸毀、搶劫等等。從「華僑」

概念，轉為「海外華人」或「飄散華人」，實有其必要。

看來，唐君毅先生雖然沒有政治上的中國中心主義，但他仍然有文化上的中華中心主義，心中仍存「禮聞來學，不聞往教」的想法，才會在國外展出文物的事情上喊說：你要看中華民國國寶、故宮遺物，你就得自己花錢旅行來華參觀，不能叫我送去國外給你觀賞。這仍然是一種「禮聞來學，不聞往教」的表述方式。這就失去了文物國外巡迴展出的慷慨外推、文化交流的意義。不僅唐君毅如此，大部分的新儒家雖有思想的慷慨，講學論思，但都較少關心慷慨外推。像牟宗三先生也是很典型的文化的中華中心主義，他雖然習取西方邏輯與康德哲學來與中國哲學商量，然而其意在整理中國哲學，而不是為了進行語言外推、實踐外推與本體外推，使那些有著文化差異的外國人也可以了解，用以豐富多元他者。比較起來，唐君毅雖然悲天憫人地顧念華人與中華文化花果飄零的問題，但其基本思想仍是文化的中華中心主義。

針對於此，我提倡對於多元他者的主動慷慨，以我之高明與中庸豐富你，以你之清晰與明判豐富我，於是達致相互豐富。我主張從唐君毅先生所講的「靈根自植」的模式，

---

10 唐君毅，《論中華民族之花果飄零》，台北：三民書局，一九七四年，頁34－35。

發展出「相互豐富」的互動模式。華人不必再像以前一樣，到世界各地以只求靈根自植，得到精神慰藉，然卻仍以中華文化為中心自囿，根本沒有誠心去好好了解別人的文化。換個角度，今後海外華人不應僅滿足於靈根自植的模式，而應該以之為基礎，發展出與多元他者相互豐富、充量和諧的互動模式。以上有關「中」的部分，先講到此。至於「西」的概念呢？

三、「西」概念的歷史形成與前現代的中、西互動

當我們討論中、西哲學與文化時，所謂「西」在今天指的是歐陸、英美，然而，必須注意的是，「西」的概念在中國也有其長遠的形成史。中國古代將周邊民族稱為西戎、東夷、北蠻等，這些語詞都是以我為「中」，將其他周邊地區視為野蠻，如孟子說「今也南蠻鴃舌之人，非先王之道」[11]。至於《尚書‧禹貢》記載西域的山川、玉石與百姓；《逸周書‧王會解》描寫西方奇獸；《山海經》中的《西山經》、《海外西經》、《海內西經》等記載西域奇異國度、山川、人民、草木、礦產、禽獸、魚蟲、神仙，以上多以西方為神奇怪異之域。我前面提到，秦漢之時，帝國概念的「中」開始形成，當時中國把周邊視為奇珍異獸的異域或必須來中土朝貢的附庸。自從西漢張騫通西域，東漢班超投筆

從戎以來，中國對西域多少有所了解，或通好之，或征服之，或招降而向中土納貢之。所引進的奇珍異物與衣著甚至影響漢宮乃至漢人的生活，並鋪陳之於文學的描寫。東漢班超派遣甘英到達安息，當時就很有機會渡過地中海到達大秦。班固所作《漢書·西域傳》，范曄所作《後漢書·西域傳》，都對西域有更多敘述。但西域之所以為「西」，在起初總是降級式的概念。其實，把差異視為珍奇，是出自人的好奇本性；至於把差異視同野蠻，在今天看來就含有歧視之意。這可能是因為在當時的帝國心態把「中」概念挪為己用，於是產生這樣的情況。

在《西域記》裡，「大秦」一詞主要是指羅馬。漢朝由於絲路開通，中國的絲綢透過絲路傳到大秦，為羅馬貴族所喜愛。不過，「大秦」一詞到了唐代的《大秦景教流行中國碑》的文本中，其實指的是景教所來自的敘利亞。可見，「大秦」一詞雖有歧異，但無論如何，這一語詞都是指著西方。一般而言，商人貿易比較有平等精神；外交使節來華所求的也多是兩國平等交往；至於僧侶或教士則會認為有更優越的教義或更珍貴的訊息要傳給對方。在絲路開通以後，有很多宗教的僧侶尋著絲路而來。來華商隊往往就有外交人

11《孟子·滕文公篇》，見朱熹《四書章句集注》，頁261。

員，也有教士，一起結伴，克服重重險阻，遠赴中國。有些人身兼商人、教士、外交使節，多重身分。如此一來，也產生了今天所講的「絲路上的宗教」（religions of the silk road），其中有摩尼教、景教、祆教，甚至佛教，他們的僧侶都由於宗教的理由，特別有熱忱，在絲路上來回奔走。

關於基督宗教來華，是不是以景教的阿羅本（Alopen）於公元六三五年到達長安為最早，仍有疑問。有人考證，晚近出土一個大十字架，或許屬公元三世紀之物，比景教還要早。可以猜想，絲路既然開通，基督宗教就有可能傳過來，而且當時西方正處巨變，造成一些基督徒四處逃竄。西方基督宗教的傳播也是很複雜的歷史。耶穌誕生時三王來朝，其中就有波斯人。後來，聖神降臨之時，按照《宗徒大事錄》記載，當時在現場就有波斯人以及其他地方的人，他們雖然來自不同的地方、講不同的語言，然而都因著聖神降臨而聽懂了同樣的話。按照舊約，人類因驕傲而建造霸巴爾塔（Babel Tower），突然間因為語言不通而彼此相衝突，因齟齬而分散；然而，到了新約《宗徒大事錄》記載，聖神降臨（Pentecost）時，宗徒們只用一種語言說話，所有其他的語言團體都聽懂了。這也是今天全球化過程中，大家追求的境界。總之，波斯人、敘利亞人很早就接受了基督宗教，在教徒四散之際來到中國。有些學者認為有些漢墓雕刻中有痕跡，為此絲路上的宗教或許可以推前更早。

公元六三五年，阿羅本攜帶景教經典來中國，唐太宗命宰相房玄齡派宮廷衛隊迎接於西郊，安置於宮廷翻譯經典，其結果為《序聽迷詩所經》（其意為耶穌默西亞經〔The Book of Jesus－Messiah〕），當時中國人可能以為是佛家經典。翻經之後，皇帝親自接見，准其流傳，成為正式的宗教。如碑文所說：

貞觀十有二年秋七月。詔曰道無常名。聖無常體。隨方設教。密濟群生。大秦國大德阿羅本。遠將經像來獻上京。詳其教旨。玄妙無為。觀其元宗。生成立要。詞無繁說。理有忘筌。濟物利人。宜行天下。所司即於京義寧坊造大秦寺。一所度僧二十一人。……旋令有司，將帝寫真，轉模寺壁。天姿汎彩。英朗景門。聖跡騰祥。永輝法界。12

由此可知，唐太宗雄才大略，基本上採取多元宗教文化政策。由於當時許多外商、使節、西域人都在華活動，唐朝也任用許多西域人，像後來的安祿山也是西域人，李白也是。

12《大秦景教流行中國碑》引文，見翁紹軍，《漢語景教文典詮釋》（香港：漢語基督教文化研究所，一九九五），頁43－81。又見左伯好郎，《景教碑文研究》（東京：大空社，一九九六），頁135－173。

在當時多元文化狀況下，唐太宗把景教當作來華多元宗教之一，以安頓外國人的心靈。他把波斯寺改成大秦寺（也就是景教寺），賞賜阿羅本二十一人擔任教士，並在寺門畫上唐太宗的寫真像，讓人們一進來先要對唐太宗表示尊敬，然後才進教堂朝拜。這顯示唐太宗之所以合法化景教，有其政治考量。在《序聽迷詩所經》翻譯不雅的地方，也沒有去指正。可見太宗是將景教當作外國教處置，當時與祆教、摩尼教合稱「三夷教」，也就是三個外國教之意。

《大秦景教流行中國碑》後面簽的名都還是敘利亞文。須知，敘利亞景教在舉行禮拜儀式的時候，都是使用敘利亞文，這就像天主教在梵諦岡第二次大公會以前都使用拉丁文一樣，為此不容易本土化。由此可見唐太宗將景教保留為「夷教」的企圖。據該碑文所說，到了唐高宗時，「法流十道，國富元休，寺滿百城，家殷景福」[13]，可見唐朝各道都已流行景教，一直要到武宗滅佛，一併把三夷教禁了，才中斷其在華活動。在武宗滅佛以後，有一部分景教徒扮成道教徒，依附道教而生存，因此產生了與道教混合的情形。呂洞賓很可能就是其中一位。據我推測，呂洞賓應該是《大秦景教流行中國碑》書寫者呂秀巖的後代。

值得注意的是，在景教中文經典中已經表現出中西思想的互動。基督宗教是西方的根本精神之一，然在進入中土之後，前期多與佛教互動，經文中多使用佛教語詞；後期則多與道教互動，使用道教語詞。早期經典像《一神論》，可以說是中文經典裡第一篇使用到西方式，或更精確說亞里斯多德式的因果關係論證，來證明一神存在的文獻。然而，《序聽迷詩所經》和《一神論》[14]中也用了許多佛教語詞，例如：把三位一體的天主或上帝說成「佛」或「諸佛」，把教士稱為「僧」，將耶穌的衣服稱為「袈裟」；講「精神」，則稱「神識是五陰所作」；把身體說成「五蘊身」，將「四大」稱為「四色」等。至於後期的經典，像《志玄安樂經》、《宣元至本經》聽起來像是道教的經典，其中用的「道」、「妙道」、「奧道」、「靈府」、「無」等，幾乎與道家、道教無法區辨。[15]

可見，在前現代歷史過程中，西方來中國並不只是為了做生意買賣或外交往還，此外更還有深層的文化與宗教內涵。但這些深層思想為何無法在中國生根？除了因為唐代宗教政策將其定位三夷教之一；而且在實踐方面，景教保留甚多敘利亞禮儀與行為方式之外，

13 同註12。

14《序聽迷詩所經》，見翁紹軍，《漢語景教文典詮釋》（香港：漢語基督教文化研究所，一九九五），頁85－109；《一神論》，見前揭翁紹軍書。

15《宣元至本經》見翁紹軍，《漢語景教文典詮釋》（香港：漢語基督教文化研究所，一九九五），頁159－167。

若從我的語言外推理論來評價，景教進來以後的確在語言和論述上仍有大問題。景教的確進行了外推工作，但其語言外推過猶不及。

在不及之處，則是語詞不雅馴，傳之不遠。例如：把「耶穌」翻成「移鼠」，試想：中國人怎會相信一隻移動的老鼠呢？把「若望」翻作「若昏」，試想：你自己都昏了，怎麼能教人相信？又，將「瑪利亞」翻作「末豔」，是那最不漂亮的，這怎麼能吸引人？這些都是外推不足之處的例子。阿羅本初來乍到，不懂中文，又關在皇宮禁闕翻譯，無法與外界接觸，皇帝派秘書幫忙他翻譯所講之經為中文，而且親自看過，且對那些不雅的語詞毫無改正就讓它通過，難免讓人猜想，唐太宗的用意就是讓景教保留其夷教地位。

在過渡方面，景教先是用佛教的語言，其後了解到唐代皇室因為尊李耳為祖先而另眼看待道教，於是開始使用道教語言。既然關涉到景教教義的重要語詞都是用佛、道術語翻譯，很容易造成混淆，失去基督宗教的本意。這是外推過度的結果。

以上說明了，景教雖是西方基督宗教的一支，但其來華並未積極改變中國對於西方的概念。反倒是印度來的佛教，改變了中國自先秦以來的「西方」概念。佛教於東漢之初來到中國，於隋唐之際極其鼎盛，八宗並建。於是，「西」的概念逐漸從「西戎」、「西域」轉為佛所來自的西方天竺國。因為佛教的關係，「西方」的概念獲得極大的轉變，本來是降級的用法，現在轉變為升級的用法：「西方」就是完美的、極樂世界的源頭——「西方極樂世界」。在今天稱為南亞的，包含印度、印尼、馬來西亞等地，在當時中國人的認知來說，也都屬於西方。

一直到了一五八二年利瑪竇抵達澳門，一五八三年移至廣東肇慶，當時歐洲文藝復興已趨成熟，正轉進近代世界，正是近代世界也就是西方近代性（modernity）形成與擴張的階段。利瑪竇自稱為來自「泰西」，換言之，既然印度是西，於是就把歐洲稱為「泰西」了。其後由於西方近代性的成熟與擴張，「西方」逐漸從印度移往歐洲。利瑪竇作《山海輿地全圖》，後來在李之藻協助下重刻，改名《坤輿萬國全圖》，讓中國士人認識了中國之外還有其他各國。之後，艾儒略作《職方外紀》，將世界地圖分東、西兩半球，介紹五大洲，也使中國士人認識了一個嶄新的世界圖像。艾儒略雖然指出「地球既圓，無處非中」，然而中國士人仍自居為中，不過已經知道了在中國之外，有多元他者諸國存在。

利瑪竇自我介紹，是來自歐羅巴，他在很多地方自稱為歐羅巴人，中國士人有時稱以「歐羅巴國」，甚至有人誤認為泰西有歐羅巴國，可見仍有許多誤解。那些支持、喜歡利瑪竇的人，大部分都稱他來自歐羅巴，以避免發生政治上的不正確；至於那些反對、不喜歡利瑪竇的人，則都說他自稱來自「泰西」或「大西」，是為了來對付大明帝國。利瑪竇的敵對者，如沈榷等人，說利瑪竇自稱來自泰西或大西，是捏造出來的，用以對付大明。對於明朝政府官員來講，過去「西洋」就是指現在印度、南洋各國，既然歐洲是處於西洋再過去的遠方，為了避免政治上的不正確，於是將歐洲稱為「大西洋」可也。利瑪竇等人曾被詢問，「佛是來自西方，你們自大西而來，應該見過佛吧？」須知利瑪竇等人來華，由於中國尚未開設教區，當時是歸印度主教兼管，所以先到印度臥亞（Goa）報到，然後再輾轉抵澳門，再進入中國。「西」的概念雖已隨著佛教而轉成佛所來自的天竺，但自從利瑪竇等人帶來西方科技、哲學與宗教，影響中國士人，於是西方概念的指涉，逐漸有所轉變，逐漸轉移到歐洲。

由於歐洲現代性發展日愈強大，四處殖民，雄霸世局，於是挪用了「西方」一詞。後來耶穌會士因為禮儀之爭被驅逐出境，中斷了很久。一直到十九世紀鴉片戰爭之後，基督教重新入華，彼時也正是美國國力增長，將西方現代性力量擴至高峰。相反的，歐洲文明在一次大戰暴露出其困弊。世界強國由歐陸轉為美國。美國變成「西方」一詞的代表。今天的中國知識分子，一想到西方，第一個想到的，就是美國。

簡言之，「西方」這一概念在中國歷經長遠的歷史構成，從西戎、西域轉到佛所來自的西方極樂世界，再轉到泰西歐洲，最後轉到今天的美國。「西」的概念經歷了從古代、前現代、現代到後現代的變動。其中與今天整個世局與文化前景最有關係的，就是對於西方現代性的學習、困境及其克服。雖然西方自二十世紀七〇年代也產生了後現代思潮，對於西方現代性的弊端多所批判、質疑與否定，然而，目前世上有許多國家都還在走向現代化，學習獲取現代性。像中國雖有學者研究後現代，但廣大的中國地區仍處在前現代的階段，其中呈現的思潮拼拼湊湊的，也可說是後現代的狀況。許多非西方的地區文化也是如此。西方現代性呈現困難，有必要尋找出路；加上全球化的過程，必須運用哲學智慧來深入探討。其中最需要思考的是：中西思想在現代性形成後如何互動、對談、相互豐富。以下接著要探討什麼是現代性。

四、西方近代性的興起及其定性

「現代」或「近代」（modern, modernus）一詞出現甚早，公元五世紀便用以稱呼成為國教以後的基督教信徒，以有別於外教人；然而，該詞到了十七、八世紀法國古典與現代之爭（Querelle des anciens et des modernes）才廣為使用。至於「現代性」（modernity）一詞作為對現代世界根本特質的反省概念，其實是在「後現代」的批判與反思之下才興起的。我把「後現代」定義為現代性的困境或弊端的批判、質疑，甚至否定；其中的「後」不是用以指涉時序性的先後，而是精神上的超越之意。可見，雖然「現代」是指稱著一個長期形成與展現的時代精神與現象，尤其是指西方自文藝復興之後，經歷啟蒙運動、工業革命、第二次工業革命等所開展出來的現代世界。但是，「現代性」概念本身則是經由反省才產生的，甚至含有批判的意味。在現代世界熱鬧進行之時，人們並沒有自覺地反省現代之所以為現代究屬何物；一直要到它出現弊端，造成困境，才開始另尋出路，想超克現代性的困境，方有這個概念提出。

在二次世界大戰之後，由於各地方擺脫殖民，出現後殖民主義，各國自己的文化傳統重新受到重視。由於各自不同的歷史文化特色，應該可以發展出屬己的、不同模式的現代性，也因此，「現代性」這個概念變成是多數的、多元性的，在英文可以用 modernities 來表達。晚近多倫多大學在我擔任東亞學系主任期間，與亞洲研究所（Asian Institute）合聘一位教授，其職位就稱為「亞洲多元現代性（Asian modernities）研究」。雖然在殖民主義過時後，加上科技發展與資本主義擴張促成全球化，構成了新的經濟或文化殖民，必須謹慎對應，但基本上大家逐漸有了共識，都主張多元的現代性。

然而，就歷史上來說，歐美發生的西方現代性是在歷史上發生、發展並出現困境的歷史事實，所以大家對於現代性的理解，還是要以西方現代性作為參照點。為此，也有人主張現代性的計畫尚未完成，哈伯瑪斯（Jürgen Habermas）就如此認為，且主張要讓它繼續完成，不能輕言後現代。不過，若是現代性還繼續延伸，到底到什麼地步才算完成，也是個疑問。哈伯瑪斯主張經由媒體傳播與批判思維，進行二度啟蒙。其實，哈伯瑪斯對於啟蒙的了解仍有困難與疑問，啟蒙運動在今天受到了後現代思想家們的質疑和否定，不是沒有道理的。哈伯瑪斯不能把這些後現代的質疑和否定者當作新保守主義者，就可以避過對啟蒙的質疑。更何況，啟蒙也有其跨文化交往的歷史痕跡。正如本書將會討論的，西方啟蒙運動的初期，是受了中國思想的啟發，換言之，啟蒙運動的興起就是中西跨文化互動的結果。只不過，後來西方啟蒙運動的歷史變化，造成工具理性猖獗、宰制他人他物，而中華文化則趨於式微，創造力萎縮，無力對抗西方的現代性。

既然西方現代性仍是多元現代性的歷史參照點，應如何給西方現代性定性？哲學思考應該理出它的根本特性，以便了解現代性為何吸引人類，給了人類新的繁榮機會，而又終究出現弊端與困境。照我看來，西方現代性具有主體性、表象性、理性與宰制性等四種特性。

第一，主體性：歐洲自從文藝復興開始形成現代性以降，從中世紀以宗教性的、深刻的終極實在上帝為整體存在的核心，轉向以人為主體。文藝復興本身是人的再生（rebirth of man），也是古典的再生（rebirth of classics）。如今大家常只記得古典的再生，強調文藝復興時期柏拉圖、亞里斯多德等經典，與藝術中的希臘、羅馬神話題材重現於當時文壇、藝壇，而忽視當時人的再生，從此視人為主體。在文藝復興時期的藝術作品、著作、生活風俗中，可以看到人的覺醒，開始以人為主體。近代哲學把在文藝復興裡已經生活了的意義概念化說出，那就是近代哲學之父笛卡兒（René Descartes, 1596－1650）的名言「**我思，故我在。**」（Cogito, ergo sum.）笛卡兒這話說出了自文藝復興以來西方現代性形成期已經生活出來的哲理。「我思，故我在。」是以人為思想的主體。其後的思想家更加上以人為美感的主體、道德的主體、甚至法律權利的主體、政治權力的主體。總之，以人自己的思想、行為、美感與道德價值、權利與創作的主體。人的主體性經過康德（Immanuel Kant, 1724－1804）三分為認知、道德與美感和人生目的的主體，到了黑格爾則把這三分主體再度串合起來，成為人的意識朝向絕對精神發展的歷程。然無論所強調主體的構成與命運如何不同，他們的主張都屬於主體性的哲學。不論是以個人為主體（如自由主義），或以群體為主體（如社會主義），都是對於主體哲學的不同詮釋，然近代性強調人的主體性，則是其根本特性。

第二，表象文化：人的理性，或說，人的頭腦要認識世界萬物，並不能進入世界實在的事物自身之中，只能對這個世界的事物產生感覺、印象、概念，並且把概念與概念聯繫起來，產生命題，進而提出理論，並想辦法透過完備的理論建構來控制世界。所以，基本上人的頭腦中存在著的是表象。這些印象、概念、命題、理論或理論體系，都是表象（representation）。表象有兩層意思，一是「代表」之意，就知識論來說，人所建構的知識，只是實在界的代表，而人透過這些代表來認識並控制世界。表象第二層意義是「表演」，如同戲劇上的表演之意。像牛頓的質量不滅、有作用必有反作用、重力原理等，這些原理既是人在頭腦中建構的代表自然世界的圖像，同時藉之也就可以看出整個宇宙的運行如何上演。換言之，他們以簡練或縮影的方式，上演了自然現象的運行。

「表象」之意不僅限於知識。在政治上，也有民意代表。近代世界產生的政黨政治和代議政治，皆屬表象文化的一環。原先，政黨（party）的意思是代表民意。還有，像洛克（John Locke, 1632－1704）的《政府二論》（*Two treatises of government*）提倡代議政治，其意也在於代表和表演。因為在實際的政治決策過程中，不可能叫全體人民都來參加政治決策，為此才選出民意代表為之。可見，政黨政治與議會政治的本意，原是為了代表民意，不像後來政黨往往只為了自己的利益，變成選舉機器；而議員們或立法委員們，也各自爭奪利益以為己，並不代表民意，已經失去原先「代表」的意義。其實，無論政黨或議員，一方面要「代表」人民的意思，且他們在議會上立法與裁決，也是濃縮地「上演」了將來實際政治的狀況。

同樣，在藝術方面，近代世界的藝術也是表象藝術。對照之下，中世紀或希臘、羅馬或更早的埃及藝術，都是生活周遭之物，例如：在馬路上、公園裡、政府大廈、教堂裡的雕像，本來都是生活中的一部分。自從現代性興起，開始出現了博物館，至於像繪畫這樣的藝術則是將實物實景畫在畫布上，放在博物館裡展覽，於是藝術變成了表象的呈現，屬於表象文化的一部分。在文學裡，例如：小說，它摹寫場景與人物，首先呈現三度空間的場景，然後敘述故事主人公與其他人物怎麼出場與下場，如此串成整套故事，就像在上演戲劇一樣，也是一種「代表」與「演出」的動態表象建構。戲劇也是如此，是以表象的方式來表演。在此一線索下，我們就可以明白，法國的阿爾舵（Antonin Artaud, 1896－1948）在一九三五年左右講論與推出的殘酷劇場（Théâtre de la cruauté），就是為了反叛表象劇場（Théâtre de la représentation）。阿爾舵認為生活就是戲劇，表演就是動作，不是為了表象，也因此他用殘酷劇場來反抗表象文化，以生命中的行動對抗表象建構。

此外，道德實踐也與表象有關。霍布斯（Thomas Hobbes, 1588－1679）曾在《巨獸論》（*Leviathan*）中表示，人的自由在於可以自由意志去操控自己所建構的表象。例如說，我可以在思想裡設想某一表象，也可以不去想它，我若可以如此操縱表象，那我就自由了。可見，連與道德實踐本質上相關的自由的意義，都與建構、操縱表象有關了。

從以上的論述看來，近代世界的認知、政治、藝術與道德，都是建立在表象上，呈現了現代性的表象文化。在此，我想指出：表象文化要比哈伯瑪斯所說的專業分工更為優先。哈伯瑪斯認為現代性的理性化歷程在於走向有規律的控制，而這開始於一種專業分殊的過程，也就是科學、藝術和規範三者的分立。他說，「此種對於文化傳統的專業處理突顯了文化這三個面向的每一面向的內在結構。於是出現了認知工具、道德實踐結構與美感表現的理性結構，每一個都在專業人員的控制之下。」[16] 三者逐漸獲取它們的自主性，各自按照本身規則來進行。然而，我要指出，表象要比這三個分工更為基礎。理性之所以能進而如此三分，是因為先前表象文化的形成。因為理性能力就建立於表象的形成、組合與運作之上。無論知識、理論、原理的建立，或道德的判斷，或美感與藝術，都是如此。

第三，**理性化**：認識到人有合理的思考、判斷及行為的能力，是可信賴的，這能力成為人探討世界、認識世界、對待世界，促成人類進步的根本依據，不必、也不能訴諸上帝做為理據。西方啟蒙運動初期受到中國儒家體現的人文的整全理性精神的感召，不必訴諸超絕的上帝，就可以把自己修養好、把國家治理好。啟蒙運動後期的轉折，是把理性窄化成科學與技術的理性，並且用自然科學和技術的進步來衡量人道德的進步。這其實是已經窄狹化了的結果，以致當代德國哲學家高達美（Hans－Georg Gadamer, 1900－2002）批評說，啟蒙運動把理性褊狹化，是理性本身的貧乏化，使得原本豐富的理性生活內涵被忽視掉了，這是啟蒙運動的內在困難。但無論如何，對理性的信任，認為人人有理性的大作用，不必訴諸其他權威，這就是康德所說的「敢於思想」（sapere aude）。康德在其他所有著作都非常嚴肅，唯獨在〈對何謂啟蒙問題的回答〉一文卻表現了他的幽默。他說：軍人叫人趕快執行命令，稅務叫人趕快付錢，教士都叫人趕快相信，但卻沒有人叫你要「敢於思想」（sapere aude），後者才是啟蒙精神。康德說出了啟蒙精神在於敢於獨立思想，是啟蒙進一步的重要轉折。但這已經是啟蒙的第三層。

也就是說，啟蒙運動的第一層初期是在儒家的整全理性的啟發下產生的對人類理性的信任。轉到第二層，則是以自然科學理性為一切進步的衡量標準。最後，轉到康德的理性批判，已然是第三層轉折了。無論如何，對於理性的重視都是很重要的。難怪韋伯（Max Weber, 1864－1920）要說：現代化就是理性化。不過，到底什麼是理性呢？到底什麼是現代

16 J. Habermas, Modernity-An Incomplete Project, in H. Foster (ed.), *The Anti-Aesthetics, Essay on Postmodern Culture*, Washington: Bay Press, 1983, p.9.

性所突顯的理性？

顯然，理性必須合乎邏輯，不能觸犯矛盾，說理必須內在一致。這是理性的第一層意義。但這只是合乎形式邏輯而已。後來，黑格爾進一步指出，邏輯不只是形式邏輯，還有辯證邏輯。形式邏輯雖適用於自然科學，但並不足以處理人的精神發展。針對第二層的啟蒙，須加以批判，如康德以尋求其可能性條件為批判，黑格爾則以棄劣揚優為批判。但是，哲學若僅限於批判科技所產生的弊端，也無力回天；反而，科技大潮發展的結果，工具理性過度膨脹，價值理性逐漸萎縮。理性的第二層意義，就是工具理性和價值理性的分辨。現代性發展的結果是：人專只從工具的有效性來看待一樣東西、一件事、一個行動是否是合理，如果它有效達到你現前規定的目的，就是合理性的，不然就是非理性的。如此一來，往往忘懷生命值得奉獻的價值理想，於是價值理性就萎縮了。

若從後現代的批判來看，整體說來，現代性的理性還具有第三層意義，就是理性產生大敘事（grand recit, grand narrative）的大作用，可以搬出一大套理由或故事，來證成自己的所有活動，此即李歐塔（Jean-François Lyotard, 1924－1998）所講「大敘事」之意。李歐塔指出，現代性指的就是理性總是推出一些大敘事來證成人生目的、科學與人的一切活動，像啟蒙運動所謂「理性主體的解放」，黑格爾所謂「人的精神成長一直發展到絕對精神」，馬克斯（Karl Heinrich Marx, 1818－1883）所謂「勞動人民的全體解放」，或狄爾泰（Wilhelm Dilthey, 1833－1911）所講「生命意義的詮釋」……等，照李歐塔的話說，「把參照這些以使自己正當化的科學稱為現代的。」[17]然而，究竟人能不能證成這些涵天蓋地的大敘事，不無疑問。「理性」的這層意義是後現代所批評的。總之，「理性」的意義，原先只表示人合理思考、判斷與行為的能力；其後則有工具理性與價值理性的消長盛衰；最後則有後現代所批評的大敘事。

第四，宰制性：由於主體運用理性建構表象，用來控制事物與人們，於是形成了宰制性。就像洛克所說的，人要認識自然才能控制自然，叫它服從，這話表現了知識和權力相結合。晚近傅柯（Michel Foucault, 1926 – 1984）所指出的知識與權力的關係，也是在同一條思考線上的議題。簡言之，理性建構表象，以便於意志控制世界，包含自然和其他人。由於理性的進展，尤其工具理性促成的進步，更使得先進的國家宰制落後的國家。歐洲列強國由於發展現代性，國力不斷擴充，逐漸產生殖民主義，像葡萄牙、西班牙、荷蘭、英國和法國為此在海上爭霸，四處殖民，而且隨之以意識形態的證成，使自己的殖民擴充與宰制合理化，其共同的口號是去「文明化萬邦」（to civilize other peoples/aller civilizer les gens），以為

17 J. F. Lyotard, *La Condition Postmoderne*, Paris: Edition de Minuit, 1979, p.7.

這些外方地區都是無人之地，野蠻地區，必須用基督宗教去教導他們文明化一般。

西方宰制性擴充的結果，就是列強四處爭奪殖民地。大家通常推崇現代性的理性與主體性，但或許沒有覺察到主體性會過度膨脹，理性因此萎縮，而且西方人會運用窄狹的工具理性建構並控制表象，進而宰制他人、他物、他國。這是現代性產生弊端的結果。列強甚至為了爭奪殖民地，兵戎海上，以殖民地為戰場，蹂躪當地百姓，號稱是帶文明給萬邦，而完全無視於自己的暴力和野蠻。

總之，西方的現代性是主體性、理性、表象性和宰制性的綜合體。以下要講從利瑪竇來華，帶來西方科學、哲學與宗教，啟動了中西文化深層的互動，正值十六世紀末期，是歐洲科學運動發皇，主體性、理性和表象性的發展，開始進行宰制性擴充，四處殖民之時。換言之，當時歐洲正由重商主義發展出殖民擴充，現代性弊端雖然還沒完全暴露，但已經出現許多問題。以下要講十六世紀末耶穌會士來華，啟動了中西互動的歷史大潮。首先讓我釐清一些觀念。

五、利瑪竇來華開啟西學東漸的背景與釐清

前面提到，歐洲列強因著現代性的擴張，四處殖民，做起帝國主義的勾當。此處「帝

國」（empire）概念指的是殖民時期的帝國，如日不落的大英帝國，法國殖民非洲，西班牙殖民南美、菲律賓，荷蘭人殖民印尼，甚至延伸殖民到台灣……等等。這些國家帝國主義彼此在海上爭霸，雖然彼此定有條約，例如：葡、西兩國定有薩拉戈薩（Saragossa）條約，但時而也因著各自的利益而相互交換，但仍彼此爭奪各地資源，擴充商業腹地。事實上，這也是後來逐漸發展為全球化的歷史環節之一。發現新大陸、探索新文明，也是始於此時的歷史動力。

然而，這樣的帝國（empire）不同於今天在全球化過程中形成的empire，後者也有人譯為「帝國」，其實應該譯為「全球統治」或「全球治理」，是一種超越國家的全球機制。**[18]**相反的，前述殖民時期是以國家為主體的帝國，試圖宰制其他地區並挪用其資源。今天的情況是，在全球化脈絡中推展著一種跨越國家的治理機制。其中，究竟誰是主體，

---

18 Michael Hardt&Antonio Negri, *Empire*, Cambridge: Harvard University Press, 2000, 478pp. + xvii 沈清松，〈評麥可哈特（Michael Hardt）、涅格利（Antonio Negri）著《全球統治》（*Empire*, Cambridge: Harvard University Press, 2000, 478pages + xvii）〉，《哲學與文化》，31卷6期，頁109－112。

還是個問題。過去有人說現代化就是美國化，現在又有人說全球化就是美國化，等等，套來套去，沒什麼意義。值得注意的是，在全球化過程中進行統治的是某種能自行擴充的普化機制或組織，不一定是某個國家可以操縱的。

另外有個觀念也要釐清。有些學者講利瑪竇來華，都說是為了傳教，所以把他們所引進的知識與思想，都說成是為了傳教的目的，例如引進《幾何原本》、天文學、數學、哲學、科學，翻譯亞里斯多德，融合古典儒學，都是為了傳教。我覺得這太簡化了問題，粗糙地看了歷史。從國際政治的觀點來講，義大利、葡萄牙、西班牙等國它們在殖民過程中也利用傳教士，因為他們以「**給萬民文明化**」（aller civilizer les gens）為藉口，而他們的文明就是基督宗教。

但是，必須弄清楚，傳教士們千辛萬苦、長途跋涉，在動機上，也是為了把自己的信仰與其中含有的真理傳給他人。事實上，其中也富於走出自己熟悉的領域，將自己最好的東西與陌生人分享的原初慷慨。為此，雖說動機不可見，動機論（intentionalism）容易留於主觀猜測，然若非要論動機，也不能僅以殖民主義或傳教的動機全盤抹殺傳教士們來華促成文明交流的貢獻。固然他們也有傳教的動機，但所謂傳教也是一種對於自己所尋找到的真理的確信之表現，更也是一種富於慷慨情懷的表現，所以他們才不辭辛苦，一路上雖也死傷了不少人，但仍願意冒險犯難來與陌生人分享。

其次，事情要從結果論（consequentialism）來看，傳教士不辭千辛萬苦來華，帶來了西方的科學、哲學與基督宗教，其結果是起動了中西文明交流的歷史大潮。中國固有的儒家，並不主動傳輸思想給別人，但利瑪竇這些人則主動帶來西方科學、技術、倫理思想、哲學和基督宗教，都是西方文明的精華，如此啟動中西交往的善端，這在前現代時期不幸未能實現，但在現代性興起之後，終於能如願以償。顯然，如果沒有強而有力的現代性及其科技（如航海科技）為支柱，是做不到的。在近代歷史的力量下，那些善心善意、原初慷慨才得到實現，於是啟動了中西文化交流，其結果可謂對中國的進步與中西的交流貢獻至鉅。就哲學上言，源起並不能解釋結構，動機也不可化約結果。利瑪竇等人來華，其源起或與歐洲列強現代性的擴張與殖民有關，但這不足以解釋西方思想與科學在中國文化中激起的結構性轉化；他們的動機雖然與傳教有關，但中西文明互動的歷史大潮因此啟動，不能用傳教一語概括否定。

六、從文化殖民到平等交流

在列強殖民過程中，總難免會有些傳教士配合政府的殖民政策。不過，大部分來華傳教士都是出自傳教的熱忱與文明交流的慷慨。比利瑪竇稍早來華的羅明堅（Michele Ruggieri, 1543－1607），很早認識到中國文化的偉大，決不能視為野蠻之地，不能用「給萬民文明化」

作藉口。他著有《天主聖教實錄》，開始融接儒家思想與基督信仰。他在傳教策略上採取文化適應的方式。他曾與利瑪竇合著第一本葡萄牙語與漢語字典。一般將羅明堅視為第一位西方漢學家。

其後，利瑪竇的第一本著作是《交友論》（*De Amicitia*），其中引述許多西方作者，如亞里斯多德（Aristotle, 384－322 BC）、普魯塔克（Plutark, ca. 46－120）、塞內卡（Seneca, ca. 4 BC－AD 65）、西塞羅（Cicero, 106－43 BC）、奧古斯丁（Augustinus, 354－430）、安波羅修（Sanctus Ambrosius, ca. 340－397）對於朋友的說法，例如說「朋友宛如自我的另外一半」。這其中的思想，是朋友以友情和平等相待。正如亞里斯多德《尼可馬各倫理學》所言，朋友是從私（家庭）到公（政治）的最重要中介，且朋友彼此是平等而友善的。在利瑪竇從此引進的觀念中，「人人平等」是重要的內容之一。確實，這一平等而友善相待的想法含蘊著一個根本的典範轉移。原先由近代性產生的帝國宰制對其殖民地而言是不平等的，但現在利瑪竇由於心靈的敏銳、道德的操守和宗教的熱忱，他要從平等而友善的角度，來與中國文化交往，而不是從帝國主義者對待南亞各國那樣文明對野蠻的暴力宰制。這是在互動模式上的基本改變，在今天仍可以有重要的啟發。

我必須指出，《交友論》是在當時中國社會風氣啟發之下撰寫的。利瑪竇在序言中憶及，湖南建安王曾在宴會中移席而來，握利瑪竇的手，問說：你們西方人對友誼有何看法？這一友誼的邀請，促使他把手邊所攜西方人書中對於友誼的論述，加上他的想法，編成了

《交友論》。利瑪竇在此提出了「友誼」，也就是平等而友善的交往做為新的中西文化交往典範，以彼之長，補己之短。利瑪竇在《交友論》中說得很好：「交友之旨無他，在彼善長於我，則我效習之；我善長於彼，則我教化之。是學而即教，教而即學，兩者互資矣。」[19]利瑪竇這種平等友善互資論，頗接近我提倡的「相互豐富」的主張。

其實，晚明社會風氣開放，逐漸重視五倫中的友倫。尤其是當時的陽明學左派，時常舉行講會，就像今天的演講會一般，有演講、有討論，男男女女都來參加，在講會裡彼此以朋友相待，友倫最為重要。大家知道，雖然晚明政治力薄弱，不過社會力釋放出來，創造力蓬勃，無論散文、小說、家具、休閒生活……都活活潑潑。國力雖不足以抵抗歐洲列強，但由於羅明堅和利瑪竇的慧眼，發現了中國文化的偉大，後來更由於他們引進中國智慧於歐洲，甚至啟發了歐洲的啟蒙運動。利瑪竇在其札記中說，中國是個哲人的國度，或至少說是由哲學家領導統治的國度。所以他不是從文化殖民的角度，而是以朋友的平等關係，要與中國文化交流。

19 利瑪竇，《交友論》，收入李之藻輯，《天學初函》（一），台北：學生書局，一九七二，頁212－213。

為此，中國學界不能一竿子打落船，指責傳教士一切都只為了傳教，全部否定他們的功勞，甚至說他們所帶來的只是中世紀的科學，亞里斯多德、托勒密的世界觀，是以地球為中心的世界觀，而不是後來哥白尼（Nicolaus Copernicus, 1473－1543）以太陽為中心的世界觀，並據此批評傳教士不安好心。羅明堅、利瑪竇等人來華，排場不像景教來華時那樣的高規格，由宰相親迎、安置皇宮。相反的，利瑪竇必須奮鬥了好多年，曾配合佛教穿僧服，又曾配合道士穿道服，發現都沒人理睬，最後終於穿了儒服，四處交往，介紹西學，努力了好多年才得以上京被皇上接見。

單舉修正曆法的例子來講，須知萬曆年間皇帝之所以會願意接見帶來西學的傳教士，是因為當時急切需要修正曆法。舊曆法用了兩、三百年，已經出現問題。須知，中國百姓日常生活都是按照曆法辦事，如果曆法出現問題，政權會受到不信任，因為政權的合法性來源之一，在於制定準確的曆法。總之，中國朝廷需要修正曆法。

然而，若從修正曆法的角度來看，無論是以太陽為中心或是以地球為中心，計算起來在曆法上的結果並無差別。這裡順便提及科學史以及科學與宗教互動上十分有名的伽利略（Galileo Galilei, 1564－1642）案例。一般認為，既然天主教教廷曾對伽利略進行宗教裁判，那麼耶穌會應該也反對當時伽利略的新科學。其實，當時耶穌會非常同情伽利略。伽利略本人之所以有機會進入羅馬學術院，是因為利瑪竇的老師克拉維歐（Christopher Clavius, 1538－1612）的引進。利瑪竇深受老師的影響，在利瑪竇著作中稱 Clavius 為丁先生（拉丁文

clavius 一詞的意思是釘子）。從歷史上看來，伽利略的案子是十分複雜的。伽利略本人有不少重要天文發現，利瑪竇及其他會士也都非常推崇他。利瑪竇本人曾推薦伽利略來修正中國曆法，認為伽利略是完成此一任務的最佳人選。傳教士的中文著作中曾介紹伽利略，如陽瑪諾（Emmanuel Diaz, 1574－1659）的《天問略》（1615）、湯若望（Johann Adam Schall von Bell, 1591－1666）的《遠鏡說》（1626），都介紹了伽利略（當時譯名為「伽利勒阿」）用望遠鏡觀測到的一些嶄新天文發現，書中曾畫出他的望遠鏡，可見對其科學發現很有好感。

然而，對於教廷而言，必須整體考慮信仰與科學關係。伽利略透過數學的計算和望遠鏡的觀察，證明了地球不是中心，這大不同於天主教自一千五百年來接受的宇宙圖像，一下子很難調整。所以，當時負責此案的貝拉民樞機（Cardinal Bellarmine, 1542－1621）向伽利略說，你可不可以把你的科學發現當作是「方法」，而不要當作就是「真理」？然而，伽利略卻回答，真理就是真理，不是方法。

其實，在今天來看，在我們的太陽系之外還有其他無以數計的太陽系，宇宙浩瀚無窮，我們這小小的太陽系是不是宇宙中心都是個大問題，更不要說以這個太陽為中心了。為此，伽利略若把他的天文發現當作方法，在今天更屬合情合理，但在當時他非堅持是真理不可。然而，教廷既然決定不因其望遠鏡所見與數學演算結果而改變宇宙觀，認為那只能當成方法，不能當成真理。為此，伽利略遭到宗教裁判。在這種情況下，耶穌會在中國只介紹亞里斯多德、托勒密的宇宙觀，而沒有介紹伽利略以太陽為中心的新宇宙觀；只介紹他的星象和天文發現，而不更換整套舊宇宙觀。

在今天，從現象學的生活世界觀來講，明明在科學上我們知道在太陽系中是以太陽為中心，可是在生活裡面，太陽還是由西邊下山，而在生活世界裡我們依然欣賞與感傷夕陽西下。我認為，當時耶穌會士們曾熱忱引進伽利略的科學發現，可見他們盡量運用理性方法在可能範圍內引進知識，而不是故意隱瞞，只引進中世紀的宇宙觀。在學術研究上尚未顧及整體，未慎思公斷，就貶低耶穌會引進西方科學的努力，說都是為了傳教，所引進者都是中世紀的老東西，而忽略他們所引進的新東西。這在學術上是不公平的。

利瑪竇在一五九六年出版第一本著作《交友論》，提出西方人朋友相待之道。然就如在古希臘，蘇格拉底（Socrates）的哲學是朋友之間的對話，但為了真理，彼此是「有敵意的朋友」，彼此相互批判。同樣的，利瑪竇之後又撰《天主實義》，基本上對宋明理學、朱熹的宇宙觀，佛教和道家的思想都有批判的反思。他認為朱熹所講的「理」，只是一種事物彼此間的關係，而在亞里斯多德邏輯的十大範疇裡，「關係」範疇屬於偶性（accidentia），不是實體（substantia）；但若要論及世界的創造，一定要實體才能創造。他從此一角度批評朱熹，認為朱熹的「理」雖是原理性的關係，但仍只是關係的一種，不是實體，不能創造萬物。理既不能創造，便不能以「理」為終極實在。

對於道家，他也是這樣批評的。道家的「無」既然是無物，怎麼能創造萬物呢？可見利瑪竇所理解的，是形器層面（ontic）的「無」，也就是無物臨在，沒東西；既然沒東西，怎麼能創造呢？因此也不能作為終極實在。其實，這是針對王弼解老，把老子的「道」解為「本無」，許多王弼的追隨者也如此解釋。其實，老子的道可以說是生生不息的存在活動本身，道開顯出無和有兩大存有學環結（ontological moments），而不只是無，而且就無而言，也不只是形器的無。按同樣的道理，他也把佛教的「空」理解為形器的空，而沒有認清佛家的「空」是指「緣起性空」、「無所執著」和「名不當實，實不當名」等意。有此誤解，利瑪竇也認為「空」不能創造萬物，不能視為終極實在。所以，無論「空」、「無」、「理」，都不能成為終極實在，也都不能創造萬物，成為宇宙的真正主宰。

利瑪竇的著作，是在十六世紀末十七世紀初陸續出版，利瑪竇對佛教、道教和儒家的批判，也引起了對方的批判，無論從佛教、儒家、甚至道家，都出現了不少「破邪」、「辟邪」的論述，批判天主教義的著作。若在學術上，這也可以有真理愈辯愈明，或釐清雙方教義的功能。可惜因為彼此文化和論述的隔閡，或按照我的術語來說，缺少了更恰當的語言外推、實踐外推和本體外推，因而產生不少誤會，在當時未能產生更積極、正面的結果。其實，就學術而言，無論中、西，雖各有友誼，但仍會各自據理力爭。朋友也是可以相互批判的，一如德勒茲所謂為了真理而有「友誼兼敵意」的對話。不過，針對天主教的「破邪」、「辟邪」論述，敵對更多於友誼。總之，中國士人大都欣賞利瑪竇及其耶穌會同人們的科學知識，也佩服，或至少暗地裡欽佩他們的道德操守，但是，對於他們的宗教或是不能接受，或是爭論甚多。

其實，早在利瑪竇之前，從西班牙到了菲律賓的道明會士高母羨（Juan Cobo, 1547－1591），已經開始了中西互譯的工作。第一本由他翻譯成外文（西班牙文）的中文著作是《明心寶鑑》，基本上屬《幼學瓊林》這類的青少年讀物。更有意思的是，高母羨也與在菲律賓的華人士人接觸，並在他們協助下，撰寫了《辯正教真傳實錄》。這本書中文原版是用很俊秀的中文書法撰寫，於一五九二年出版，比利瑪竇的著作都早，然不幸其歷史意義往往被忽略，為此我特別在此提出來說說。高母羨的《辯正教真傳實錄》對於周敦頤和朱熹所言無極、太極、理等概念，有比利瑪竇更積極、更正面的友誼態度。周敦頤《太極圖說》講無極而太極，太極動而生萬物，基本上把無極、太極當作終極實在。朱熹接受周敦頤影響，說「太極」就是「理」。《辯正教真傳實錄》裡論及無極、太極，有時也用「理」字，採取比較親近的態度，而不是利瑪竇批判的態度。「無極」一詞是出自老子「復歸於無極」。周敦頤的《太極圖說》是受到道士陳摶影響，其中是有道家影響之跡。然而，朱熹自有他的解釋：所謂「無極」就是無窮極、無限之意，因為是無限所以可為太極，而「理」就是「太極」。高母羨的理解是，之所以稱為「無極」，是因為能超越；之所以稱為「太極」，因為是最偉大的終極實在。可見高母羨採取了更為肯定的、親近的對話方式。在這方面，他的格義策略要比利瑪竇的更柔和。

《辯正教真傳實錄》這一文獻被菲律賓聖多瑪斯大學視為鎮校之寶。道明會於一六一一年在馬尼拉建立聖多瑪斯大學，高母羨的著作是道明會在東方文明互動的最早作品。此外，高母羨還寫了《論基督徒教義》（*Doctrina Christiana*），本來是聖奧古斯丁著作之一的書名。[20] 高母羨用同樣書名，講的是天主教義，基本上類似於要理問答，非常淺近。這些著作可謂菲律賓聖多瑪斯大學的立校文本。聖多瑪斯大學設立於一六一一年，迄今已超過四百年，是亞洲最早設立的大學。我曾被邀請參加該校四百周年校慶，並在「聖多瑪斯思想與亞洲文化國際學術研討會」中給予主題演講。當時我也向聽眾們指出高母羨這本著作的重要性，雖然這一著作文字有某些部分腐損不清，必須校正後重新出版，而且它的西班牙和英文譯本把「無極」、「太極」、「理」等都譯成Dios（西），God（英），太過單一化，失去了其中細膩的哲學、歷史與文化上的意義與差別，所涉老子、周敦頤、朱熹等的思想背景，以及高母羨對差異文化的親近態度，都看不出來了。

如今處於後殖民時代，高母羨的事蹟與思想更顯得意義非凡。不但是說，菲律賓的文化迄今在某種意義下還沒完全擺脫原來西班牙殖民的痕跡，而且在今天全球化與後殖民時

20 聖奧古斯丁《論基督徒教義》（*De Doctrina Christiana*）一書，討論如何詮釋《聖經》，我認為其中最早提出符號論與象徵論，是詮釋學史上的重要著作。

代的脈絡來看，更令人覺得非常有意思。作為一個西班牙人，高母羨來到菲律賓，用中文和拉丁文寫作。由於他的博學與精明，西班牙政府仰仗他，派他為首位西班牙大使，到日本參與解決有關英國和西班牙殖民糾紛的會議。會議結束之後，他在返航菲律賓的船上生病了，於是上到台灣岸上來休息，不幸死在台灣。可見，對台灣來講也很有意義。

今天，從全球化與後殖民時代重新思考高母羨的國際關聯性、文明交談的友誼性、對異文化的尊重，及其格義的藝術等等，都深富於文明互動與後殖民時代的意義。同樣是採取友誼的文化交往，但高母羨親近性的友誼與利瑪竇批判性的友誼，還是有差別。由於道明會也是台灣天主教開教的先鋒，在台灣史和台灣教會史上也有其意義。從以上看來，高母羨模式很值得今天重新注意。

簡言之，利瑪竇和高母羨都是採取友誼平等的文化交流立場，這為爾後的跨文化交流立下了楷模，可做為本章的結論。但是，利瑪竇與其夥伴在中國採取的是在友誼中進行針砭的策略，選擇友善先秦儒家，而批判宋明儒學與道教、佛教，但可惜他對於道家的「無」和佛家的「空」沒有深刻的了解，以致產生誤會甚至引起辟邪、破邪浪潮。相反的，高母羨則採取了親近的策略，吸收宋明儒學與道家於其論述之中，豐富了自己，也豐富了對方。或許，這兩者適當的辯證，才能捉摸出一條動態的中庸之道。

第二講

中西互譯運動的開端：亞里斯多德著作的譯介與改寫

雖然說，我在前章提到，高母羨用西班牙語翻譯的《明心寶鑑》是翻成西方語文的第一本中文著作，然其較屬《幼學瓊林》類的青少年讀物，尚非啟迪中西哲人對話的哲學論述；其《辯正教真傳實錄》雖比利瑪竇《天主實義》為早，且在與中國哲學互動上另富深義，然而，兩者都是出自高母羨在菲律賓的活動與出版品。在中國本土進行的中西哲學互譯互動，應始自在華的利瑪竇與其他耶穌會士。

利瑪竇（Matteo Ricci, 1552－1610）和耶穌會早期來華的會士們，了解到為了平等交流，應該把彼此最好的經典，拿出來翻譯，以促成深刻的相互了解。換言之，所謂交流不只是表面上的互動，而必須是在深層文化與高層理念上的相知。所以，利瑪竇與早期來華耶穌會士帶到中國的，有西方的科學、技術、倫理道德、藝術、文學、宗教……等等著作，總體說來包含了西方文化各方面，但他們也清楚認識到其中必須有理論基礎。也因此，他們在譯介西方經典方面，有系統地譯介了亞里斯多德（Aristotle, 384－322 BC）。中西文化交流史上第一位被系統引進中國的西方思想家正是亞里斯多德；正如隨後會講到，第一位被譯介到歐洲的中國哲人是孔子，隨後還有其他先秦儒家經典。換言之，就中西首度交流過程中引進歐洲的漢學而言，所謂東學西漸，雖也包含了中國文化各方面，但更核心的當屬中國經典的譯介，初期也都是由利瑪竇和其他耶穌會士為之。為此，他們一方面翻譯亞里斯多德給中國，另方面也把《四書》、《易經》等譯介至歐洲。可以說，當時擔任中、西互譯的接引者，是這些耶穌會士。

一、亞里斯多德：首位系統引進中國的西方大哲

西譯為中，是西學東漸的一個重要因素。把西方經典翻譯為中文，也有中國士人的協助，例如徐光啟、李之藻、楊廷筠等，這三位被稱為早期天主教在華的三大支柱。此外，也還有許多其他中國士人的參與。至於進行中譯、西譯、中西互譯的主要理由，是前面說過的耶穌會的文化適應政策，以及友誼平等的交流原則。在此原則下有一基本觀念：要讓中、西方聖賢的思想彼此相遇。這在今天來講是意義深遠的。耶穌會士們想在經典的交流中促成雙方聖賢的對談，這一點可以從艾儒略（Giulio Aleni, 1582－1649）在《西學凡》這本廣泛介紹西方學術概論的書中所說，得到印證。他說，「旅人九萬里遠來，願將以前諸

論與同志繙以華言。試假十數年之功，當可次第譯出……使東海西海群聖之學，一脈融通。」[1]

也就是說，耶穌會這些人冒險九萬里遠道而來，發願要把《西學凡》書中先前提到（主要是亞里斯多德）的重要經典，用十幾年的功夫，翻譯為華語，使得東、西方聖賢的學問可以相互融通。這樣的想法在今天依然非常有意義。本講主要是想討論這「東海、西海群聖之學一脈融通」的意義與評價。在西賢的部分，主要是選擇了亞里斯多德，這也是早期來華耶穌會士的選擇。在西歐中世紀有一種論點，認為亞里斯多德是耶穌的先行者。對於耶穌會士們來說，亞里斯多德的哲學系統，可以從人學導往天學。

在我所讀過的耶穌會士著作中，在引介亞里斯多德生平時，都會選擇一些中國士人會感動的故事。例如：在介紹亞里斯多德時，說他是帝王師，是亞歷山大大帝（Alexander the Great, 356 – 323 BC）的老師，而且亞歷山大大帝曾親口說：「我為天下主，不足為榮。惟一得亞里斯多德而師之，以是為榮耳。」[2] 藉此顯示帝王對這位大哲推崇之意。耶穌會士了解

---

1 艾儒略，《西學凡》，收入李之藻輯，《天學初函》，台北：學生書局，一九六五，頁59。

2 同註1，頁59。

到，在中國，像孔子是歷代帝王推崇的萬世師表，亞里斯多德這個故事也可以相呼應。

然而，亞里斯多德的成就並不是天生天成的，而是他經由努力達至的。所以，在一篇改寫自亞里斯多德〈論睡眠〉（*De Somnia*）的〈睡答〉中[3]，曾介紹亞里斯多德睡眠的方式，說亞里斯多德睡覺時，手持一顆銅球，下面放一個銅鑼；當他睡著時，手一鬆，銅球掉落到銅鑼上，敲出鑼響，於是他就醒來了，繼續用功。〈睡答〉在講完亞里斯多德這個故事以後，隨即述及蘇秦錐刺股的故事。可見，類比言之，像亞里斯多德這樣一位大哲，也有像中國「髮懸梁，錐刺股」的精神，如此激勵自己用功。這一故事樹立了亞里斯多德勤奮用功的典範。

耶穌會士也將這勤奮用功的亞里斯多德，塑造成窮盡人學以探天學的表率。在《名理探》這本書對於亞里斯多德《論範疇》（*De Categoria*）改寫的書中，寫到中世紀流傳有關亞里斯多德晚年的一個故事。亞里斯多德老年時退休到歐伯亞（Euboea）的查爾西斯（Charcis），在那裡，歐伯亞海的海潮每天漲、退七次，令亞里斯多德總是想不通。他不斷思考，不顧疲倦，經年探索，到最後生病了。臨終前，亞里斯多德向造物者祈禱說：「萬物的第一根源，請你悲憫我，告訴我這項真理。」[4]《名理探》講這故事所欲傳達的意思，是人類單靠自己獲取的知識有限，為此必須從人學轉往天學。天學的主旨是認識創造萬物的造物者，祂知道宇宙一切奧秘。所以，亞里斯多德所祈求的，是由人學轉往天學；也就是在這意義之下，亞里斯多德被視為人學與天學的中介。如此我們便可了解，為什麼亞里斯多德會在中世紀被當作耶穌的先行者了。

二、耶穌會士選擇亞里斯多德的原因

大家或許要問：耶穌會士為什麼要選擇亞里斯多德做為第一位系統引進的西方哲學家？除了前述理由之外，還有三項重要原因。

第一，按照耶穌會的教育文獻（Monumenta paedagogica Societatis Jesu）記載，其中的教學規程（Rationem studiorum）十分強調亞里斯多德的學習。耶穌會在世界各地辦了許多學校，

---

3 參見畢方濟著，〈睡答〉，收入《耶穌會羅馬檔案館明清天主教文獻》，台北：利氏學社，二〇〇二，第六冊，頁414–415。

4 傅汎際（Franciscus Furtado）、李之藻譯，《名理探》，北京公教大學輔仁社，一九二六。台北市：臺灣商務，民54。同樣故事亦見於艾儒略，《性學觕述》，收入《耶穌會羅馬檔案館明清天主教文獻》，第六冊，頁371。

都遵循該會一定的教育方針與教育規程。我在二十世紀九〇年代曾經拜訪從菲律賓碧岳遷回台北輔仁大學的神學院圖書館，內藏耶穌會歷年的教育規程；我翻查過一五八六年度那一本，[5]其中計有六十三頁提到亞里斯多德的名字。可見，亞里斯多德在文藝復興時期因著「經典的再生」而受到重視的一斑。加上耶穌會在學術上承接了亞里斯多德與聖多瑪斯（St. Thomas Aquinas, 1225－1274）一貫相承的傳統，為此教學亞里斯多德體系比較合乎耶穌會的要求。在文藝復興時代，歐洲總共有四種亞里斯多德全集與評註本出版，其中最體系性的評註，是出自耶穌會在葡萄牙的科英布拉學院（Coimbra College），由耶穌會學者們根據聖多瑪斯的思想，對亞里斯多德每本著作都做了詳細的評註，我讀到的該套叢書是在科隆（Koln）出版。耶穌會一五八六年的教育規程明確規定：「**對於亞里斯多德的教學必須按照以下順序：邏輯學、自然哲學、道德哲學、形上學**。」[6]

實際上，中文本的翻譯或改寫基本上就是按照這一順序。例如，亞里斯多德的《論範疇》（*De Categoria*），中譯本作《名理探》，其實是亞里斯多德邏輯學的一部分；此外，我記得看過一份法文書目還提到《論詮釋》（*De Interpretatione*）的中譯本，但我從未見過該書，可能沒有刻版付印。進一步，是物理學的著作，如亞里斯多德的《論天體》（*De Caelo*），中譯為《寰有詮》；至於《靈魂論》（*De Anima*），中文本有《靈言蠡勺》，此外《性學觕述》的內容也多屬之。對於亞里斯多德而言，《靈魂論》是屬於自然哲學，因為其中處理了植物的生魂、動物的覺魂、人的靈魂等，而人在自然中屬最高。可是，到了聖多瑪斯的評註中，《靈魂論》變成了人學的一部分，主要是因為聖多瑪斯認為靈魂屬人，而其餘各魂皆為了預備靈魂的出現並綜合於靈魂。這在觀點與分類上有了很大的改變，我們後來再討論。

關於亞里斯多德的倫理學著作，尤其是《尼可馬古倫理學》（*Ethica Nicomachea*），雖未有全譯本或改寫本，不過，在明末之時，也有王豐肅（又名高一志，Alfonso Vagnoni, 1566－1640）改寫的《修身西學》。至於亞里斯多德的《形上學》，或許太難了，要不然就是當時的修士還用不到，所以沒有譯出。總之，這些中譯本大體上是按照耶穌會教育規程所訂的順序來進行的。耶穌會本身有其教育制度，而且總是遵循本會的教育規程來辦事。對此，研究

---

5 *Monnumenta paedagogica Societatis Jesu: quae primam Rationem studiorum anno 1586 editam, praecessere*, ediderunt Caecilius Gomez Rodeles, Marianus Lecina, Fridericus Cervos, Vincentius Agusti, Aloisius Ortiz, e Societate Jesu presbyteri（Matriti: Typis Augustini Avrial, 1901）.

6 "In logica, et philosophia naturali et morali, et metaphysica doctrinam Aristotelis profiteri oportebit." *Monnumenta paedagogica Societatis Jesu: quae primam Rationem studiorum anno 1586 editam, praecessere*, ediderunt Caecilius Gomez Rodeles, Marianus Lecina, Fridericus Cervos, Vincentius Agusti, Aloisius Ortiz, e Societate Jesu presbyteri (Matriti: Typis Augustini Avrial, 1901), p.461.

者往往沒有注意到。

第二，是因為耶穌會士們認為亞里斯多德提供了一個從自然、到人、到天主，從理論，到實踐，到創作的一套有系統的學問，可以聯繫理論與實踐、個人與群體，人學和天學。亞里斯多德哲學在理論上包含了物理學和形上學。他的知識論雖然說到抽象作用有三層：物理的抽象、數學的抽象和形上的抽象，但是他對於數學的論述甚少，主要集中在物理學和形上學。物理學部分，包含了一般自然哲學（自然觀、時間、空間、運動……等），天文，氣象，博物（包含植物與動物），魂論等，主要關心的是運動變化與生命體，連睡眠這樣的生理現象都有所討論。亞里斯多德的著作等於是整個西方一直到中世紀最主要的自然科學依據。耶穌會士特別凸顯其自然與天象的討論，以這方面的翻譯顯示他們了解自然，了解天體運行，可以處理大清朝廷在天文、曆法方面的問題與需求，然在自己不足的地方，例如曆法的修正，則曾推薦伽利略。當時刻卜勒（Johannes Kepler, 1571－1630）也認為只有伽利略可以幫中國修正曆法，因而也推薦伽利略。可惜，當時伽利略正忙著應付宗教裁判，煩困不堪，怎麼會有心情來華做這件事呢。反倒是刻卜勒回應了在華耶穌會士們所詢問的天文學問題，並對他們多所協助。[7]

此外，亞里斯多德的實踐哲學研究做人做事，包含兩個方面：行動本身的價值，包含了倫理學與政治學；倫理學處理個人的德行與幸福；政治學先講家庭經濟，再論政權的類型與城邦的幸福。至於創作事物，包含了對技術（techne）的討論，尤其是修辭學、詩學與戲劇。亞里斯多德的第一哲學是形上學，討論存有者做為存有者（to on e on, being qua being），其主要的結構是「存有者・實體・神學」，因為在所有存有者中最核心的是實體，而所有實體中的最高實體、第一實體是神，神是「思想思想其自身」（noesis noeseos），是全面自覺的思想與最高的善。如此一來，亞里斯多德用人的理性從大自然一直探討到神，從人學一直到天學，有其一套自然神學。總之，亞里斯多德提供了一把可以打開自然、人與天，乃至文化各部門的鑰匙，被視為是最有系統的思想，可以取來和中國交流，補東方思想之不足。這是選擇亞里斯多德的第二個原因。

第三，耶穌會士需要一套進行教育與文化對談的經典材料，尤其是提供在修道院中培養修士所需教材，或者提供教友學者們的參考，透過這些經典了解天主教的宇宙觀與世界觀。例如當時的徐光啟、李之藻、楊廷筠，他們都因為讀了這些書，因而有一套論理依據來釐清己見或與別教論辯。可見，無論面對中國士人教友及其友人的需要，或培養中國修士的

7 Pasquale M. D'Elia, S.J., *Galileo in China, Relation through the Roman College between Galileo and the Jesuit Scientist-Missionaries* (1610 – 1640), translated by Rufus Suter and Mathew Sciascia, (Cambridge: Harvard University Press, 1960), pp.17 – 59.

需要，都要有一套參考書籍。對此，亞里斯多德的著作是最適合的，也因此成為首譯上選。

舉例而言，《名理探》這本書其實是對亞里斯多德《論範疇》的改寫，其中討論十大範疇，包含實體（substance）與其他九種附性（accidents）。如果以桌子為實體，它的數量、性質、關係、習慣、時間、處所、方向、主動、被動等，這些都屬於附性。這是亞里斯多德形式邏輯上的基本區分。按照本維尼斯特（Emile Benveniste, 1902－1976）的研究指出，這十大範疇根源於希臘語言所使用的名詞、動詞、形容詞、副詞等等。在邏輯學上，人的思考與判斷，是由主詞、謂詞、加上繫辭，形成語句，再進行推論，為此必須先確定其在範疇上是屬於實體或附性。所有的附性皆必須依附於實體，只有實體才能夠行動。推諸形上學，只有實體才能創造萬物，如果連實體都不是，只是附性，如何能創造萬物？換言之，討論實體和附性，有助於當時士人或修士根據邏輯推論進行區別與論辯。比方說，朱熹的「理」基本上是一種關係，而關係是屬於附性；既然只是附性，就不能創造萬物。利瑪竇對朱熹的批評是；作為關係的「理」，作為抽象的「理」，是屬於「關係範疇」，而不是實體，如何能創造萬物？所以，理不是造物者。根據這點，教育訓練與宗教論辯就有了一定的依據。用於宗教論辯，譬如佛教的「空」或道家的「無」，既然都不是實體，如何能創造萬物？也因此不是造物主。可見，亞里斯多德著作的譯介，對於那些與耶穌會友善的中國士人，和耶穌會所要培養的修士，為了讓他們有論證上的依據或作為教育訓練用的教材，因而編譯亞里斯多德是有必要的。

三、明末中譯的亞里斯多德作品

以上三點說明了為什麼耶穌會士選擇了亞里斯多德做為「西海聖人」代表。那麼，亞里斯多德有哪些作品被翻譯為中文呢？我以前還是大學生時，拜讀了方豪先生的《李之藻研究》，他說早在明末時期就有四種亞里斯多德著作被翻譯成中文，其中邏輯學的《名理探》是亞里斯多德的《論範疇》；自然哲學的《論天體》譯為《寰有詮》；至於《靈言蠡勺》就是譯自亞里斯多德的《靈魂論》；最後，《修身西學》則是亞里斯多德的倫理學等。當時我還年輕，對此感到非常興奮，居然這麼早就有亞里斯多德作品譯為中文！

後來，我有機會在加拿大多倫多大學費雪善本書圖書館（Thomas Fisher Rare Book Library），拜讀了科英布拉學院版的亞里斯多德評註，應該就是當年耶穌會士們攜至中國的版本，把它們拿來和中文本一一對照，才發現其實這些中文本並不是翻譯，更好該說是適應中國情況的改寫本。中文本在很多情況下有所縮簡和改寫，甚至在文本中舉的是中國的例子。顯然，他們並非亞里斯多德原著的中譯。單就科英布拉學院版原文來說，都是天主教耶穌會學者詳細研究以後所做的詮釋，這些書中都附有希臘原文，再用拉丁文評論，態度非常嚴謹，評註非常詳盡。

在中文本方面，《名理探》、《寰有詮》、《靈言蠡勺》和《修身西學》事實上也沒有直說自己是翻譯。所以，我開始對方豪先生的說法有點不同意見，認為需要更精準地表達。仔細對照看來，他們確實是改寫，而非翻譯。比如說《名理探》首五卷目錄前有「遠西耶穌會士傅泛際譯義」、「西湖存園寄叟李之藻達辭」的字樣，講明了傅泛際做的是根據拉丁文本來意譯，而李之藻做的則是達辭。同樣的，《寰有詮》也是他們兩位如此合作的結果。《靈言蠡勺》書前註明由畢方濟（Francesco Sambiasi, 1582－1649）口授、徐光啟筆錄，也是根據科英布拉學院亞里斯多德《論靈魂評註》來改寫，而且是一本更自由的改寫。至於說王豐肅（又名高一志，Alphonsus Vagnoni, 1566－1640）的《修身西學》，基本上是改寫自聖多瑪斯詮釋的亞里斯多德《尼可馬古倫理學》的一部分，此外王豐肅還有《齊家西學》、《治國西學》等。我讀過《齊家西學》，但未見過《治國西學》。王豐肅還有別名，原因是他曾被官府驅逐出境，暫往澳門，然後換個名字，勇敢再度入華，也因此又名高一志。

除了這四本，還必須加上〈睡答〉，是有關於睡眠議題的問與答，是畢方濟對亞里斯多德〈論睡眠〉（*De Somnia*）相關內容的改寫，其中涉及心理學和生理學的部分，類似的內容也在被稱為西來孔子的艾儒略的《性學觕述》裡討論。《性學觕述》有一部分是出自艾儒略的撰述，可有一部分也近於翻譯，甚至比《靈言蠡勺》更忠實於亞里斯多德《靈魂論》。該書封面署名「西極艾思及先生譯著」，在自序之後則署名「耶穌會士艾儒略」。另外，高一志撰的《空際格致》主要是論天體現象、自然現象，包含對於亞里斯多德的〈論生與滅〉（*De generatione et corruptione*）內容的討論；《空際格致》第二冊也有不少亞里斯多德氣象學的內容。顯然，耶穌會士們極力表現他們對於大自然和天文的知識，可以討論自然現象與天體運行，也因此有資格幫忙中國把曆法修好。

以上大體上有關亞里斯多德著作翻譯的實際情形，我在下一講會以《靈魂論》的翻譯和改寫為例，來看亞里斯多德思想在中國的移植、改寫與適應中國的情況，其間有怎樣的選擇？對早期中國士人天主教徒有何影響？至於其中的文化交流、互動與對談，我會選中國士人夏大常寫的理論著作《性說》為例，來談當時中國士人如何接受亞里斯多德的理論。基本上，夏大常是把靈魂論轉成人性論，因為中國哲人關心的是人性論，而西方則是關心靈魂論，其間的轉折本身就很有哲學上的意義。

四、近代中國哲學史不容忽視的大事

按我的看法，此一時期對於西方哲學的系統譯介與消化，應該是近代中國哲學史上的一件大事，尤其在今天這個全球化時代，中外交流頻繁，重新省思，當年中西哲學與文化交流的開端，確是一件意義重大、對中國思想影響深遠的大事。但是，中國哲學史家無論是胡適之、馮友蘭、陳榮捷等，對待這個時期的中西互譯與哲學討論，卻都甚少著墨，或多所誤解。一直到今天，對於中西互動的中庸之道，中國知識分子都不知道該怎麼走才好。

要不然就以抄襲或轉述西方思想為樂事，要不然就一味強調自己的文化傳統有多好。其實，中西互動的線索早就隱伏在那四百年前的中西互譯與哲學交流之中，值得反省，化隱為顯，並從中擷取教訓。

然而，迄今的中國哲學史家都還沒有盡到責任，在撰寫中國哲學史時對這部分歷史往往闕如，或者沒有公平的對待。其實，無論是對於耶穌會士如何將西方哲學與文化引進中國，以及中國士人如何以中國方式來消化，皆是跨文化哲學與中國哲學史上有關中西互動的重要成果，卻往往被說成是為了傳教，因而輕輕一筆帶過，引起很多誤會，或者乾脆不講，以至於我們沒有辦法持平了解今天的處境，沒辦法站在前人的肩膀上繼續前進。這點敦促我們必須重新檢討當時亞里斯多德著作的引進與改寫，而中國士人又如何去消化、選擇、作出回應。這應該要有一個公平的說法，不需要頌揚，只需公平的對待。

檢討今天的情況，依我的了解，哲學界有些人只專治西方哲學，根本在腦筋裡面沒有中國哲學；至於研究中國哲學的學者，往往認為無論如何中哲都比西哲優越，等等。這類偏頗的態度沒法開展出一個廣闊的、未來的中國哲學視野。我們在今天，也可以用「有沒有跨文化與哲學眼光」作為準繩之一，去衡量當時的士人有沒有這樣的眼光，看看明末清初的思想家、哲學家們有沒有意識到西學的引進帶來了一個新的趨勢與文化大潮，甚至涉及現代性的引進。我在前面曾講過，明末國家控制力鬆散，但社會力開放，社會創造力興起。然而，從明末到清初，哲學家究竟有沒有覺察新形勢的遠見？

舉例來講，在我看來，像方以智（1611－1671）結交湯若望、畢方濟等人，又將自己的兒子方中通送去師從波蘭人穆尼閣（Jan Mikołaj Smogulecki, 1610－1656）學習數學，其後方中通著有《數度衍》。方以智自己也研考西學，認為西方人優長於「質測」，然而，照他的判斷，西學在「通機」方面，也就是所謂形而上的體認，不如中國人。但無論如何，他是向西學開放的，他寫的《物理小識》、《東西均》，包含了將中學、西學辯證綜合之意。從四百年來的大潮流來看，我推崇方以智的眼光，雖然他對西學的認識仍有所不足。當然，當時傳教士引進來的西學也有所不足，可公正評論，取其優長，補其不足。

另一個不同的案例：王夫之是明末清初儒學最重要的大思想家，我個人也非常佩服，他的全書十六巨冊，洋洋灑灑。在面對當時由明入清的中華文化危機，王夫之以其危機詮釋學重建儒學，真是很了不起。然而，王夫之對於當時西方傳教士帶來的現代性先聲，完全沒有覺察，甚至有很多未經研讀細思就作的批評。再說明末的劉蕺山。牟宗三說到宋明儒學第三系時，特別肯定劉蕺山的成就。劉蕺山對於王陽明的批評和發揮，我是同意的。譬如王陽明說：「無善無惡心之體；有善有惡意之動。」劉蕺山指出：如果「體」本身是無善無惡的，或者「體」本身基本上是純善的，那麼「意」也應該是善的，怎麼會「意之動」就有善有惡了呢？我個人覺得，劉蕺山這點對心學的反省，很了不起。然而，劉蕺山以此純善發用之意，為何會在儒學的實踐上表現得心胸狹窄？他曾上書建議，應該把那些西方傳教士砍頭，處以極刑。我覺得在這一點上，他一點仁心、仁德都沒了，更不要說對陌生人、對外邦人要有外推的慷慨、同情的領會。到最後，明朝覆沒，劉蕺山只有自殺以報君王。在我看來，這是文化自我封閉的心態，而且在這種封閉心態中，有一種武斷的、對他人的不仁之心，實際上違背了儒家的仁心。

可見，若從對西潮的開放、注意現代性的先聲、對人性與歷史的覺識來說，我覺得方以智要比王夫之、劉蕺山來得有眼光，心胸遠大多了，也比較能尊重外邦人的差異性，見到非我族類的文明中仍有智慧。王夫之雖然博學深思，不但振興儒學，還寫了有關道家（如《莊子通》、《莊子解》）與佛教（如唯識學）方面的著作，都是很好的作品，但其貢獻只限於經營本國傳統，對於多元的他者與陌生人的思想沒有理解，反而排斥，且只有武斷論斥，而沒有去簡別其中帶來什麼樣的正面訊息。至於劉蕺山，他的《人譜》的確有見解，反思也有深度，但仍是侷限一隅，沒有對他者開放，不尊重外邦人，也不簡別西學帶來的重要訊息，對新興的事物不加以體會，更不要說對多元他者的尊重與慷慨外推了。

五、利瑪竇等人引進西學的貢獻與檢討

以下我要討論利瑪竇等人引進西學的貢獻及其檢討。前面所論僅止於他們對亞里斯多德的譯介，但除了經典互譯的一面，還有在整體思想文化上的貢獻。以下我分別從三方面

來說。第一，是在科學與技術上的貢獻；第二，是在道德學、倫理學上的貢獻；第三，是在宗教對話方面的貢獻。

1. 第一層面：科學與技術

首先，就科學與技術來講，的確，耶穌會士們並沒有帶來伽利略以太陽為中心的新宇宙觀，不過，這並不影響他們對於整個中國科學、技術的根本精神，並在技術應用上帶來新貌。事實上，利瑪竇等人所帶來的宇宙觀，仍然是地球中心的宇宙觀。不過，正如我已經指出的，就今天來講，雖說我們的太陽系是以太陽為中心，但今日的宇宙觀已經超越伽利略之外，看到並不只有我們這個太陽系，而且在銀河系中不知道還有多少太陽系，有不知道多少發光發熱的恆星；而在銀河系以外，還有其他無數星系，更何況整體宇宙還不斷的在擴張之中。所以，伽利略的太陽中心說已經被相對化了。他所講的，是「方法」沒錯，然而還不是「真理」。為了平正衡量，我要略微比較、檢討一下傳統中國科學和西方近代科學精神。

正如李約瑟（Joseph Needham, 1900 – 1995）所言，在十五世紀以前，中國在科技上領先於西方。當然我們也可以探討古埃及、墨西哥或其他地區另有一些神秘的星象學或技術的傳說，我在此不做探討。不過，就整體而言，西方在近代性興起之後發展出近代科學，而利瑪竇他們正處於近代性發展的開端。他們繼承了中世紀的宇宙觀；他們的信仰也是掛搭於古代與中世紀的宇宙觀上。當時他們也不強加分辨信仰與科學，雖說他們明白地討論理性（哲學）與信仰（神學）的區分，然也致力於兩者的調和。我們也知道，天主教教會終究會接受理性的發展。例如，在伽利略案之後，天主教教會也接受了伽利略的太陽中心說。再後來，對於達爾文（Charles Darwin, 1809－1882）的進化論，雖然也曾經抵抗了一陣子，但最後仍接受整體宇宙的演進，如耶穌會士德日進（Teillard de Chardin, 1881－1955）的宇宙進化思想所展示。最後說來，科學與信仰總仍可分，信仰應該只管信仰，科學的歸於科學。更何況科學昌明之後，人心解除魔咒卻墮入意義貧乏之的「單面向」，心靈反倒更企求值得活、值得奉獻的理由。同樣的道理也用在科學觀的基本改變上。其實，宗教不必去太操心科學對於信仰是贊成或反對，只要專注於人心靈所需的信仰就好。

話雖然如此，生活在由文藝復興轉向現代性興起的利瑪竇及其後的耶穌會士們，他們在華活動的年代，跨越了由人文運動到科學運動，再到啟蒙運動這一發展過程。對於中國，他們已經引進了許多與近代科學相符合的概念。簡言之，雖然其宇宙觀仍屬地球中心說，但他們的方法學和科學知識已經進入現代性。在這方面，我們必須比較一下傳統中國科學和西方近代科學。

i 與傳統中國科學與技術的比較（一）：理性層面

我們可以從三個層面來比較近代西方科學與傳統中國科學的異同，看看利瑪竇等人帶來的科學與技術，到底對傳統中國科學與技術有什麼樣的貢獻。第一，就理性的層面來講，近代科學基本上是用邏輯與數學的語言來形構並提出理論，用以解釋或預測自然現象。就這點而言，利瑪竇和徐光啟所合譯的《幾何原本》，可以說是一本在理性面進行理論性思考的重要著作。[8] 利瑪竇在為《幾何原本》所寫的序言〈譯幾何原本引〉中表示，幾何之所以能用來量距離、定曆法、造儀器、土木營建、製造機巧、審物畫像、製作地圖等等，為從政者、農人、醫者、商賈、兵家等等所用，主要是在於它首先是做為一切知識的演繹邏輯。他說，「題論之首先標界說，次設公論，題論所據；次乃具題，題有本解，有作法，有推論，先之所徵，必後之所恃。」「以前題為據，層層印證，重重開發，則義如列眉。」[9] 這一想法深刻地針砭了中國科學的實用傾向。中國人的數學十分發達，但都是用來丈量土地、計算銀兩、計算天象、訂定律呂……等等。相反的，利瑪竇指出科學不只是實用，反而一

8 徐光啟在〈刻幾何原本序〉中略論利瑪竇的學問，歸結為三點：「顧惟先生之學，略有三種：大者修身事天；小者格物窮理；物理之一端，別為象數。一一皆精實典要，洞無可疑。」

9 朱維錚主編，《利瑪竇中文著譯集》，香港：香港城市大學，二〇〇一，頁347。

切實用皆應該有其理論依據，在根本上歸諸於邏輯・數學的演繹推理體系。

利瑪竇所譯《幾何原本》，是他的老師丁先生集解並增訂的歐幾里得（Euclid, 330－275 BC）幾何書。[10]利瑪竇在序言中講得很清楚：科學應是一個演繹推理的體系。基本上，幾何學的理性依據是來自三段論證的演繹推理，從已知推未知，是一套數學・邏輯的語言結構，雖然尚未論及今日所謂符號邏輯或代數演算。利瑪竇清楚講出，科學應是數學和邏輯的推理體系，而不是經驗的記載與歸納，也不能僅關注在實用的旨趣上。

比較起來，傳統中國科學雖然也有理論，但這些理論主要是由默觀玄想而得，或由哲思想像而得，或觀察事物、觀天測地與長久經驗累積後而得的洞察。簡言之，是來自直觀或經驗概括的論點。但這樣的論點並不是西方近代科學意義下的理論，因為它並不是用邏輯・數學語言論述出來的。中國語言不注意顯化語法中所隱含的邏輯結構，一直要到一八九八年，才有了一本以馬建忠掛名，實為與乃兄馬相伯合著的《馬氏文通》出版，這是第一本參照拉丁語法和中國傳統小學勾勒中文文法的專書。前此，中國文人並未重視中文的語法結構，進而抉發出其中的邏輯。須知，希臘的邏輯學是根據希臘的語言，從其中顯豁出自身的理性結構，並發展出邏輯推理的方法。相比之下，中國士人很少反省自己語言中的文法與理性結構，也因此未能發展出中文的邏輯推理法則。即使先秦有名家的論辯，但他們重點是放在語意，關心名實問題，以及社會與世界的秩序，而不留意於語法。比較起來，西方邏輯推理和其語法與思想的動態結構有密切關係。

利瑪竇指出，幾何作為邏輯推理的理論科學，比只講求實用更具基礎性，這點對於中國科學的發展來講，應具有很重要的意義。只不過當時中國大多數的學者並沒有體會及此。當然，也有少數人了解，例如，《四庫全書總目子部天文算法類題要》關於《幾何原本》說：「其書每卷有界說，有公論，有設題。界說者，先取所用名目解說之。公論者，舉其不可疑之理。設題則據所欲言之理，次第設之，先其易者，次其難者，由淺而深，由簡而繁，推之至於無以復加而後已。……以是弁冕西術。不為過矣。」11 可知該提要的撰述者對於《幾何原本》的論述邏輯，的確有所了解，然只將之定位於算法，而未及於整體科學精神；而且只視之為西學特徵，並未指出與中國思想有何干係。也因此，這一將科學視為演繹推理體系的想法，對當時學術界、思想界的衝擊也不大。

然僅就算學而言，利瑪竇與徐光啟合譯的《幾何原本》確實對中國學界貢獻良多，為此當利瑪竇死後，與他生前相善的大臣們上書皇帝，為他爭取一塊墓地。明神宗破例准奏，

10 利瑪竇老師原名克拉維烏斯（Clavius），由於拉丁文意為「釘子」，所以利瑪竇雅稱為「丁先生」。歐幾里得的幾何學計十三卷，經丁先生增補兩卷，共十五卷。

11 徐宗澤編，《明清耶穌會士譯著題要》，北京：中華書局，一九八九年，卷六，頁257。

親賜葬地和安葬祀費，賜葬於北京西郊，現在位於北京市委黨校校園內。當時相國葉文忠曾說：「姑無論其他事，即譯《幾何原本》一書，便宜賜葬地矣。」[12] 由此可見，當時知識分子確實對《幾何原本》非常受用。據當代中國數學史家的研究，利瑪竇引進的既有歐幾里得幾何學，而且也有非歐幾何學。也難怪哈佛大學教授、世界名數學家丘成桐說：利瑪竇來華最初落腳的肇慶，是中國現代數學的起源地。可惜，當時中國人學習利瑪竇所引進的幾何學，看的是實用的角度，而沒看到理論的結構，這點非常可惜。話雖如此，這層意義已經存在了，這一以科學為演繹推理體系的基本概念已經進入中華，只是尚未為中國士人廣泛注意，沒能產生中國科學思想結構的改變。

ii 與傳統中國科學與技術的比較（二）：經驗層面

第二點，除了我剛才講的理性面，科學還有其經驗面。就經驗面言，近代科學是用嚴謹的歸納法和系統的實驗來收集經驗資料。傳統的中國科學雖然有仰觀俯察，也有作實驗，例如煉丹術這類素樸化學（proto chemical）的實驗，但是並沒有用系統的方式、嚴謹的歸納法來進行。利瑪竇這些人引進的歸納法和實驗精神，對於中國科學的發展甚有意義。他們引進了許多先進的儀器和技術，例如星盤、望遠鏡、日晷、三稜鏡、天球儀、地球儀、鐘錶、砂漏、地圖等等，其中多有助於提升觀察的準確性。就以鐘錶言，在計時上有其精準性。

方豪在《中國天主教史人物傳》第一冊利瑪竇傳中提及，馬相伯年幼時曾見，上海鐘錶業者奉利瑪竇為祖師，有利公塑像，每月朔望受鐘錶業者膜拜。此外，讀《徐霞客遊記》，其中有用到親身考察與歸納法來處理自然現象、農業方法等，應該也是受到耶穌會士們引進的科學方法的影響。後來清朝的乾嘉學派，也用西學方法來研究聲韻、文字、訓詁、考據等。胡適之先生曾指出，乾嘉學派在科學方面受到西學的影響，在經驗材料方面較有系統的運用實驗和歸納，也因此在文字、音韵、訓詁、考據等等方面有嚴格的科學發現與成果。

我提及這些，只是為了表明，在系統的經驗收集方面，中國士人本來就有自己的方法與傳統，再加上耶穌會士們引進的西學方法更為系統，所以能舊學翻新。這完全不像理論方面，礙於四千多年來的學風，缺乏邏輯數學語言的理論論述；數學的語言僅在實用上卓越，用於描述和整理經驗資料。當然，西方數學與方法學雖由於中華科學傳統制約，暫無助於中國在理論上的突破，但它們在經驗的系統描述、分類與歸納上，還是成果斐然。在

12 艾儒略，〈大西利先生行跡〉，鍾鳴旦、杜鼎克編，《明清天主教文獻》，第十二冊，台北：利氏學社，二〇〇二，頁221－222。

數學的實用上，中國歷代數學本就發達，可與西方對比而不失色，比方勾股弦定理、九章算數……等等，都有很高的成就，但都是重實用而輕理論，把數學用來整理經驗而不用來建構理論，這是最大的區別。西方的邏輯和語言結構，是用來表述、論述理論；但是中國的數學則是用來描述經驗，例如：有多少錢、多少地、多大方圓、多少銀兩……從描述經驗的角度來使用數學。單就經驗面而言，利瑪竇等人引進的技術和方法促進了中國科學在經驗層面的精確性和系統性，這是毫無疑問的。

iii 與傳統中國科學與技術的比較（三）：科學哲學與知識論

第三，近代科學還有一重要精神，就是重視經驗與理論之間的相符與對應關係，而這是近代科學哲學思考的重點所在。自笛卡兒（René Descartes, 1596－1650）和洛克（John Locke, 1632－1704）開始，無論理性主義或經驗主義，都留意經驗與理論兩者的關係。理性主義比較重視理性、理論、數學這一邊；經驗主義則更重視經驗、資料、實驗那一邊；但兩者都重視理論與經驗關係的反省。這是科學哲學和知識論的任務，也是西方近代科學發展非常重要的因素。總之，知識論與哲學的思索對於促進科學的進展有密切的關係。

就這點來講，到了二十世紀的科學哲學，邏輯實證論（logical positivism）認為經驗可以用來檢證或支持理論為真（verification）；而波柏（Karl Popper, 1902－1994）則認為經驗只能用來否證理論為偽（falsification）而不能檢證為真；或者，像賴醉葉（Jean Ladrière, 1921－2007）用比喻說的，經驗有若理論海上的燈塔一般，一閃一爍讓研究者的理論通過或不通過；在學術大海裡，某些理論可以通過，某些理論不可以通過，端視實際經驗的呈現與否。如此說來，也許整體學術活動，無論知識與科學，都是理論在漆黑海上的航行，經驗宛如燈塔般一閃一爍，指示你能否通過。這種想法，帶給人類科學知識更深層的意義。但是，這些都需要哲學的檢討與反省，使我們在科學上繼續航行推進。

就此而言，中國哲學一直缺乏科學哲學這一塊。至於利瑪竇他們，在引進西學的時候，笛卡兒和洛克等人都還沒出現，他們都出生在利瑪竇來華之後。在十六世紀末，十七世紀初，經驗主義和理性主義的著作都還沒有大行其道，彼時歐洲正從人文運動文藝復興轉向科學運動。所以他們那時只能引進亞里斯多德和聖多瑪斯的抽象理論、本質理論和語言哲學，這些雖也是一種知識論的反省，但不足以檢討科學理論與經驗資料的關係。

所以，關於第三點，就運用科學哲學與知識論來促進科學進步而言，尤其在檢覈經驗與理論之間的關係上，利瑪竇他們引進的西學，在這方面的貢獻不大。雖說單就亞里斯多德與聖多瑪斯的抽象論、對邏輯的思考、理論與實在的關係等，儘管多多少少都有涉及到，但畢竟這不是他們發展的重點。就此而言，仍然有所缺陷。

不過，整體而言，就科學與技術層面而言，傳教士特別在數學、天文、地理、曆法、儀器與火砲等方面貢獻最大。後來傳教士也持續發展之，並且結合中國學問與哲學。例如，白晉（Joachim Bouvet, 1656－1730）於一六九〇年與張誠（Jean-François Gerbillon, 1654－1707）系統地向康熙講授幾何學和算術。康熙皇帝喜歡數學，也喜歡和白晉討論《易經》，所以在康熙王朝產生了《易經》熱，加上白晉將《易經》翻譯、介紹到歐洲，不但對中國有影響，而且對西方也有影響。我在下面講到中國經典譯述傳入西方之時，再順便來討論。

總之，就科學的理性面言，數學語言與理論思維，雖然在此時仍隱伏未發，但已經埋下了它重要性的種子。至於科學的經驗面，有管制、有系統的經驗收集與歸納，早期在華耶穌會士在這方面對中國科學有明顯的影響。但就科學哲學的思考，如何從哲學批判與知識論的反省，來促進科學的進步？就這點來說，利瑪竇等人雖略有言及，但這並不是他們的貢獻重點所在，可以說影響微乎其微。

2. 第二層面：道德和倫理學

前面講完科學與技術面，現在討論第二層面，是關於道德和倫理學。其實這和人性論頗有關係，不過由於我隨後會專門討論西方的靈魂論與中國的人性論的互動，所以我在此暫不論之，只專談道德學和倫理學。就此而言，像利瑪竇這樣的傳教士，在進入中國之後，由於他們都是學養極佳、品德高超的人，而中國人的道德意識一向敏銳，也因此他們的道德修養定會受到中國士人的佩服。即使反對他們的人，也不會否定他們的道德。中國人本是道德的民族，對於有德之人，即使立場不同有所爭執，內心多少還是會暗自佩服對方的人品。

關於倫理學論述，在利瑪竇的著作裡，如《交友論》、《畸人十篇》、《二十五言》、《天主實義》等，以及龐迪我（Didace de Pantoja, 1571－1618）的《七克》，談的都是如何克服慾望以陶成德行。因為明末當時的社會力釋放，挾泥沙俱下，雖然一方面社會文化創造力豐富，另方面則有如孟子所說「人欲橫流」，個人道德與社會倫理不易維繫。龐迪我撰《七克》，論述如何克服七種慾望以陶成德行，也就是說，人要克服驕傲、慳吝、迷色、嫉妒、憤怒、貪饕、懶惰等七種慾望，至於德行則是在於克服這些慾望，轉成謙卑、慷慨、貞潔、欣賞、忍耐、知足、勤勞等美德。這樣子的想法比較接近後來的德國哲學家康德，後者同樣也主張克服慾望，服從良心中的道德法則或義務，並以此為德行。對於這種以克制慾望為德行的想法，我稱之為「壓抑性的德行觀」。

基本上，利瑪竇、龐迪我以及其他明末清初的耶穌會士，大抵都是持壓抑性的德行觀。他們比康德（Immanuel Kant, 1724－1804）要早一個多世紀，因為康德哲學是要到十八世紀末葉才提出其道德哲學，基本上也是主張壓抑性的德行觀。我用「壓抑性的德行觀」來對比於孔、孟或亞里斯多德的「創造性的德行觀」，後者認為「德行」是在於自身本有能力的卓越化。人本有一些善根或向善的良好能力，如有惻隱之心，有不忍人之心，將之發展，使之卓越化，便成為「仁」德；有認知能力，將之發展，使之卓越化，便成為「智」德。

依同理，仁、義、禮、智皆可成德。亞里斯多德也是如此，對他來說，德行就是卓越；智慧、勇敢、節制、和正義，都是人本有良好能力的卓越化。

不過，比較起來，先秦儒家的德行觀也有不同於亞里斯多德之處。先秦儒家除了講本有良好能力的卓越化，還講關係的和諧化，更視之為德行。人致力於與父母關係和諧，是為孝；弟致力於與兄關係和諧，是為悌；此外，恭、寬、信、敏、惠等等，這些德行也都是關係性的德行，是在各種關係中取得和諧。也因此，對於儒家言，關係的和諧化更是一種德行。總之，在先秦儒家裡面，德行包含了能力的卓越化和關係的和諧化，兩者都是創造性的、動態性的，並不主張壓抑慾望，亦非以壓抑慾望就可以達至德行。

利瑪竇這些人雖然嚮往先秦儒家，但他們之所以嚮往，是因為其中有對天的敬仰，至於他們對於先秦儒家創造性的德行觀，並沒有深切的體會，反而是從壓抑的德行觀來理解「克己復禮」之意。這也和他們對於人類學和人性論的看法有關係。照他們看來，人有靈魂，有肉體，是靈、肉二元的對立關係。肉體是慾望的來源、是罪惡的淵藪；靈魂則是善的，心中嚮往天主。然而，人要親近天主，就必須克制肉體慾望，陶成美德。這是一種二元論的人性論。他們認為：此世只是暫時的過旅，真正的人生目的是在天堂。為此，必須否定此世的慾望，陶成德行，致力於永恆的生命。這樣的倫理生活有二元論的意味，也是一種窒慾主義，要人努力克制慾望，才可陶練品德。

利瑪竇這些人來華，著儒服，行儒禮，說儒言，為什麼人們就會那麼尊敬他們？理由不在於表面膚淺之處。這不但與他們的品德高超有關，另方面也與當時的中國倫理思潮有關。其實，這種二元論的倫理思想和壓抑性的德行觀，基本上和朱熹的「**去人欲，存天理**」十分接近；與佛家主張要「去三毒」（貪、嗔、癡），恢復三善根，也頗類似。再者，與道教清心寡慾、恬淡無私的想法也是頗接近的。即使利瑪竇等人與宋明儒學、佛教、道教彼此有批評、相爭論，但中國各教，只要是有德之人，心中總會暗自相互景仰。孔子早說過「**德不孤，必有鄰**」。基本上，傳教士們的道德倫理思想能在中國土地上受到歡迎與散佈，那些有德的中國人，即使反對他們，心中仍會贊成他們的道德修養和倫理思想；至於猛烈批評者，也多是批評其神學與形上學。可見，他們的倫理思想之所以能夠在中國受到歡迎，很大的原因是因為宋明儒學、佛教、道教等已經在中國文化的土壤裡為他們預備了友善的環境。這點是不能否認的。所以，我同意法國漢學家謝和耐（Jacques Gernet）的說法：「**利氏把佛教及和尚們當做主要敵人，但其實當時的道德與利氏的教導最為相合者，正是來自佛教。**」[13] 謝和耐只提到佛教，其時當時的儒家與道家也都與利瑪竇一致，持壓抑性的德行觀。

換言之，以上這些宗教在挽救世風上，其道德論述頗為類似，這恐怕也是時局使然吧！

13 Gernet, J., *Chine et christianisme, Action et réaction*, Paris: Gallimard, 1982, p. 94.

在西方文藝復興時期，由於從中世紀的禁錮中獲得解放，也是人欲橫流。這從當時繪畫、文學、民風中的尋歡縱慾可以見之。在明末的中國，也是這樣。雖然說由於明末社會解放、人欲橫流，各教只能從道德上要求節慾以成德，透過壓抑慾望來約束人心。到了清初，社會逐漸被新的政權納入控制，也要求克己復禮，節制慾望，以便政權容易控制民間活力。道德的約束與政治的控制，雖屬兩種不同的控制，但是其目的都是在控制慾望，其結果就是禁慾性、壓抑性的德行觀，遠超過創造性的德行觀。這樣一來，也失去了原始儒家的創造性，與先秦儒家以追求能力的卓越化與關係的和諧化為德行，有所不同。

3. 第三層面：宗教互動

最後，第三層次是關於宗教的互動與交流。耶穌會引進的是淵遠流長的基督宗教，當時主要是天主教。一般而言，基督宗教與其前身，也就是《舊約》裡的猶太傳統，合稱猶太—基督傳統（Judeo-Christian tradition），是瞭解西方文化的根本精神所在。這一宗教傳統含藏著豐富的精神資源，可資了解西方文化的深層。就西方文化而言，無論你贊成或反對基督宗教，你都必須先要瞭解基督宗教。這是西方文化的基本構成要素。即使到了十九世紀，尼采（Friedrich W. Nietzsche, 1844－1900）反對基督宗教，反對教士，反對基督教道德，然而，他也是先生活其中，才能出乎其外。尼采以他的批判方式深刻的瞭解基督宗教，他之所以能反、會反，也是與他對基督宗教的瞭解有關。總之，無論是你要贊成或要反對、要批判基督宗教，你都必須先瞭解基督宗教。

所以，基督宗教的引進中國，其實是在深層的地步給予中國人一個認識西方文化的機會。然而，在明末清初傳教士引進中國的西學當中，恰恰好是宗教這部分遭到中國士人的抵抗最多。除了一些有領悟的知識分子，像徐光啟、楊廷筠、李之藻等，能有所體會，能夠了解以外，其他佛教、道教、甚至儒家的知識分子多數反對，也因此產生了衝突、出現教案，乃至最後產生了禮儀之爭，導致天主教士被驅逐出境。所以，在中西互動、對談的過程當中，中西文化的衝突是來自最深層意義核心的宗教信仰部分，這是跨文化相互瞭解最為緩慢，也是最為困難的部分。我現在講到的是此時中、西文化雙方交談的根本困境，也是相互誤解、批評，乃至衝突的來源。

這一宗教衝突的根本原因，是因為利瑪竇等人引進的是一崇拜上帝或天主的基督教會。天主教誠然是一外國教，但這並不是根本問題；佛教也曾經被中國人視為外國教、夷教或淫祀，但終究被中國人接受並發展之，成為堂堂的中國三教之一。其實，根本原因和基督宗教在華進行外推的困境有關。

首先，在語言的外推上，很難把這一神論的信仰用適當的中文語詞表達。例如，對於這三位一體的神，在語詞方面到底是使用哪個語詞好？用《詩經》、《尚書》中使用的「上帝」？或其後耶穌會士訂定的「天主」？從其最初的文獻可以看到，耶穌會內部也開會討論，做過論辯。在日本，也曾用「天道」、「天尊」、「天主」等語詞，但方濟・沙勿略（Francis Xavier, 1506－1552）最後仍決定使用音譯原則，譯為「陡斯」，這是拉丁文Deus一詞的音譯。在中國，由於羅明堅、利瑪竇等人對中國經典的熟悉，也深知在中國「文采不彰，其行不遠」，所以，他們雖也用過「陡斯」一詞，但他們也深知，該詞於音雖勉強類似，但於義則並不雅馴。若用中國經典中的「天」或「上帝」，則會導致與多神論糾纏的問題，因為中國的「天」或「上帝」都仍與四方、山川、河流諸神同在且密切相關，是多神論的脈絡。此外，他們也擔心如此採用「天」與「上帝」，好像是說中國人不經啟示便早已認識了宇宙的創造者，但卻又主張多神論。基於謹慎，耶穌會士曾經多次論辯，也開過幾次會議，最後在一六二八年的嘉定會議中，決定禁用「天」與「上帝」等詞，而承認利瑪竇採用的「天主」一詞，雖然這一詞仍有不少問題，他們也清楚認知到。

以「天主」一詞為例，當時耶穌會士們對佛教瞭解不夠，不知道佛教也有神名「天主」。天主教自己雖可自立名相，但在佛教裡另有天主，源自印度教，雖是一天之主，但也只是佛的侍從或徒弟，換言之，只是一個較佛為低的神。如此一來，在與佛教互動中便會矮了一截。

在哲學上，對於「天主」存在的證明，當時利瑪竇是運用聖多瑪斯的五路證明（Five Ways，拉丁文Quinque viæ），加上一些他認為較切近中國心靈的論證。五路證明的前三個，基本上都屬於因果論證；第四個是等級論證，說的是所有美善都有等級，從美善，到更美善，到最美善，那也就是天主。最後，第五路是目的論論證或設計者論證：看到宇宙萬物如此有次序，應該是出自一偉大的設計者，按照目的來設計的。這五路證明，對於中國人來講，太過抽象。中國人按照宋明理學所認為，人可以從內心「對越在天」，來感應於終極實在，[14]也就是從道德體驗出發，超越到對於天的感應。對此，利瑪竇也有所覺察，所以他在《天主實義》中，在提出五路證明之前，先討論了道德論證。可惜，這點到了後來，沒有再獲得發揮，等於是略而未詳，沒能詳加論證，或深入發展，來與中國哲學由內在而超越的思路相互交談。

如此引進的天主或上帝，可以說是邏輯推理或因果推理出來的理性的神，加上利瑪竇又引進幾何，這樣的天主，好像一位大幾何神，就如同一幅中世紀的聖像畫（Icon）所示（如下圖），上帝的手旋轉著一個大圓規，規畫、設計出整個世界來。其實，在同一時期的伽利略（Galileo Galilei, 1564－1642）的想法也類似於此，認為「自然是用數學寫的，懂數學的才能讀它。」利瑪竇如此引進的上帝觀，就如同以上帝是一個最偉大的幾何心靈，祂創造世界的方式，宛如運用一大圓規，用幾何來創造世界。

14 原出於《詩・周頌・清廟》：「濟濟多士，秉文之德；對越在天，駿奔走在廟。」然而，在本文中指的是由內在的道德而超越至天之意。

相似於此，我曾拜訪過法國南部阿爾比的聖賽西利大教堂（Cathédrale Sainte-Cécile d'Albi），該大教堂始建於十三世紀，其壁上有甚多巨幅繪畫，其中有一區塊畫著方形、圓形等這些基本幾何圖形，似乎是在表達上帝的思維是以普遍的幾何圖形、原初的三角形、圓形、圓錐形等來思考的。類似的想法也出現在二十世紀畫家如馬蒂斯（Henri Matisse, 1869－1954）與一些抽象畫家，認為事物是由更基本的三角形、圓形、圓錐形等構成的。其實，這類想法只是更早的同一條思路，認為幾何圖形是事物最基本的形狀，其餘形狀都是由之構成；所有的色彩都化約為幾個基本顏色，其他都是其彼此的組合而已。可見，這種想法有更早的根源，並不是伽利略以後才有。不過，無論如何，把上帝想像成一位理性的大規劃者，或由因果關係推論出來的，這點並不能感動中國人的心。

此外，利瑪竇追隨聖多瑪斯，視上帝為最高實體，是第一實體，是純粹的精神，這對於中國人的吸引力不大；雖然這對西方學術而言，有其重要意義。這一從亞里斯多德的實體形上學發展出來的上帝觀，曾在中世紀賦予了宇宙秩序以一理性的最後基礎。這暗示近代科學發展的根本精神來自中世紀的根源，因為宇宙所以可以讓人不斷探討而認識其法則，對整個宇宙給出一個徹底的解釋，除了宇宙中含藏理性結構之外，應該還有一個最終根源，其本身就是理性的。但是，這樣的想法對於當時中國士人的心態，與中國人由內心的道德感動出發，由內在而超越，並不相應。另一方面，上帝是實體，是第一實體，如同利瑪竇他們所論證的，是因為只有實體才能夠創造萬物，這種實體觀使早期來華耶穌會士們無法深入了解儒、釋、道不執著於實體的思想與信仰，以至實體的上帝觀與中華傳統哲學格格不入，甚至衝突。

所以，以今天來看，亞里斯多德的實體觀，是當時中西文化交流的一個關鍵性的阻礙。因為亞里斯多德的實體觀，影響了古希臘和中世紀的科學思想，一直到近代的牛頓物理學，甚至牛頓物理學之後，十八、十九世紀的科學思想都還受到亞里斯多德實體觀的影響。可以說，西方人一直到十九世紀的文化傳統就是接受亞里斯多德的實體觀而形成的，雖然說在二十世紀也出現了類似懷德海（Alfred N. Whitehead, 1861 – 1947）非實體的形而上學。

然而，中國人卻一直採取非實體，或者不執泥於實體的形上學。對於亞里斯多德而言，終極實在是「思想思想其自身」（noesis noeseos）的純粹實體，也就是全面自覺的思想實體。但對於中國人而言，朱熹的「理」是非實體的；老子的「道」也不是有位格的實體；佛家的「空」或「一心」也不是實體；儒家的「天」也是非實體的，或許會思、會想、會體察民意、同情老百姓的痛苦，但並不代表祂一定是個有位格的實體神。以上都是非位格的終極實在，中國人在設想終極實在的時候往往不願將它定位為實體。

海德格（Martin Heidegger, 1889－1976）曾說：西方的形上學是「存有・神・學」（onto-theo-logy）。簡言之，因為所有存有者的基礎都在於「存有」，這是存有學的主題；而所有存有都是來自第一存有者，也就是神；形上學是對此兩者加以言說，因而奠立為「學」之地位。這就是形上學的「存有・神・學」構成之大意。在我看來，亞里斯多德的哲學還可以再加一點，他的形上學是「存有・實體・神・學」。亞里斯多德在《形上學・第四書》中提出「存有者」（to on）這概念，進而解釋存有者有多重涵義，並進一步指出這多重意義的核心在於「實體」（ousia）。如此一來，就把對存有者的討論轉到實體，並在第五書以後的各書中討論。他進一步論證，在實體之中有第一實體，也就是最高實體，於是他在第十二書中討論「思想思想其自身」（noesis noeseos），也就是神。所以亞里斯多德的形上學其實是由「存有・實體・神・學」構成的，而不只是海德格所說的「存有・神・學」。大體上，我們可以說，聖多瑪斯的形上學、耶穌會科英布拉評註家們的形上學、乃至利瑪竇及其同伴們的形上學，都是某種「存有・實體・神・學」。

「實體」與「無」

在這種「存有・實體・神・學」的思想架構下，利瑪竇及其他耶穌會士很難體會道家或佛教所講的「無」或「空」的概念。首先比較「實體」與道家的「無」。簡單說起來，第一，在《老子》形上學、存有論裡面，「無」與「有」是「道」開顯的兩個環節。按照我的閱讀，「道」先開顯為奧妙無盡的可能性，稱之為「無」；在所有可能性裡面只有一小部分實現為「有」。所以，奧妙無窮的可能性優先於有物。在形上學上面，無限奧妙的可能性不能以實體視之。可惜，利瑪竇等人沒有了解到這一點。

第二，「無」也代表內心的自由，如老子曰「故常無，欲以觀其妙」，「有之以為利，無之以為用」，其中的「無」，意為內心的自由，不被「有」所限制。對照起來，「有」是實現，是充實，是實在。故曰「有之以觀其徼」，常有之、實現之，才可以看出的實現的痕跡與限制。唯有透過「常無，以觀其妙」，看到奧妙的可能性，內心才會自由。這兩者是互動的，並不是說重無輕有，它只說人一生中常要作「有」的行動，以感到生命的充實和界限；但在其中也常要觀想「無」的可能性，使內心得到自由。可見，「無」是有關於奧妙的可能性和內心的自由，然而利瑪竇及其他耶穌會士在實體形上學的架構下看不見這一點，只看到最低的形器層面。

在第三層面，也就是形器層面的有與無，在或不在，呈現或不呈現。就此而言，利瑪竇等人要問：不呈現、不在、非實體的東西怎能成為萬物的原因呢？由於這層認定與詮釋，在中、西交談的時候，就發生了困難。其實，基督宗教這一方也可以反思，所謂上帝「無中生有」（creatio ex nihilo），到底那「無」是什麼意思？是在「空無一物」的「無」中創造？還是在奧妙的可能性中創造。這也是值得在形而上學層面上再加以反省的。

「實體」與「空」

其次，有關佛家的「空」。在佛教裡面，「空」一詞雖然有很多意義，基本上也可歸結為三層意思。第一層意思，是形上層面的「空」，意指「緣起性空」，所有萬物的存在都不是由於以自己為原因，使自己存在的；每一物的存在都是因為相互依賴的因果，「有此所以有彼，有彼所以有此」，是一種依他起的、依賴緣起、相互依存的，所以各物皆沒有自性，稱之為「空」。換言之，每一物都沒有自己的實體，沒有實在性。對比起來，在亞里斯多德來說，「實體」就是自立體，自立體就是其他附性所依賴的底基。附性雖變化，但實體依舊在。但就緣起性空而言，沒有一樣東西可作為底基，無物能依賴自己而存在，這一點與亞里斯多德不同。再者，物之所以沒有實在性，主要都是由於與其他物互為因果，相互依賴，因而興滅，所以在此不講直線的因果關係；不像西方哲學從亞里斯多德到近代哲學所講的「在時間裡前件對後件的決定」，而是講互為因果、相互依賴的關係。所以「緣起性空」並不是說「空無一物」，而是講緣起性空；講「緣起」而不講「實體」；講相互依賴而不講直線因果。

「空」的第二層，是心理層面、精神層面的意義，也就是「不執著」的意思。如《金剛經》所言「應無所住，而生其心」，也就是說心不應有所執著，不執著於喜怒哀樂這些心理現象，執之作「我」，也不執著於一個先驗的「我」。沒有我執，沒有法執，毫無所執。即使有所成就，也不執著於自己的成就，例如，不執著於自己是一個大思想家、或自己的文化有多優越；甚至連「空」這一概念都不應執著。連「空」都要「空」掉，因為你一旦執著於「空」，那就是「頑空」了。由於不執著，所以給出了徹底的精神自由，這一精神自由要比道家的「無」還要徹底，因為它連「空」都不執著。體會這一精神的自由對於了解佛教非常重要。「緣起性空」和無執的自由都是「空」的要旨，但是利瑪竇他們並未體會及此，以至沒法與佛教深入交談。

「空」的第三個意義，是語言層面上的「空」，是說人所使用的所有語言，包括「身體」、「桌子」、「杯子」……等等話語，都是人建構的，在實在的世界中沒有真正的對應物。就語言哲學而言，是說所有的語言都沒有固定的指涉（reference），都只是人的「語言的建構」（linguistic construction），就連「身體也是出自人的語言建構」，名不當實，實不當名。

其實，對我來說，人的身體的出現，要更早於語言的建構。可以說，人打身體開始，就有一指向意義的動力，並且逐步形成各種表象來表達意義，直到能用說的和寫的語言來表達。總之，對我來說，身體的意義動力先於語言的建構。我這一看法不同於佛教，也不同於當時耶穌會的語言觀。由於與主題無關，在此我不多贅言。

大體說來，在語言層面，佛教的「空」義也是充滿了語言哲學上深刻的意思。當時耶穌會的語言，則是出自亞里斯多德實在論的抽象說，認為人的主動理智先光照事物而抽象出其「形式」，再交由被動理智形成「概念」，再由說、寫表達成為「語言」。這樣的語言觀不同於佛教「空」義的語言觀。不過，這並不是耶穌會與佛教論辯的焦點。也因此，我就點到為止。

總之，當時的耶穌會士們並沒有了解到佛教「空」的真義與深意，而佛教也未能體驗到耶穌會士對於天主的深刻的宗教經驗。換言之，他們論辯概念者多，交換經驗者少。於是，無論交談或批評就不易深入，反而招致更多彼此的批評和反對，於是彼此往往捉住對方膚淺、表面的東西來相互批評，造成更多的誤會。

換言之，西方的「第一實體」和道家的「無」和佛教的「空」，都是在宗教層面對於終極真實及在各自的信仰中最為關鍵的概念。在宗教交談之時，天主的實體性與佛教之空和道家之無，無法達成相互了解。其實，在天主教來講，天主也有「隱藏的上帝」（Hidden God）的一面，因為人懂得的上帝並不就是上帝本身，舉凡人所有的言說、論述，無論科學、神學、哲學想要去論述祂，也都不能夠窮盡，正如羅明堅在《天主事情章之二》中特別說明的，「凡物之有形聲者，吾得以形聲而名言之。若天主尊大，無形無聲，無始無終，非人物之可比，誠難以盡言也。」又說：「天主誠非言語之所能盡，吾直解其略耳。」換言之，隱藏的上帝，上帝本身在人的建構之外無限後退，這一層意思其實與「空」和「無」所要表達之意，可以相互溝通。此外，三位一體的神學表明了天主既是實體，又是關係，而且是愛的關係。天主既是自由的，又是有關係的。這與中國哲學對於「自由」與「關係」的重視也可相互交談。可惜這些議題當時並沒有引發交談，反而由於相互誤會，產生嚴厲的相互批評，沒法達到相互的豐富。如果能在本體層面進行外推，透過自己對終極真實的體會，接下來也許能夠進入對方的思想。

也就是說，當時耶穌會士如果多談一些自己對終極真實的體驗，少談那些抽象的天主存在證明；不但引進亞里斯多德和聖多瑪斯的理性論，也引進拉丁教父、希臘教父，或像艾卡特大師（Meister Eckhart, 1260－1328）等人的密契論，一定可以獲得同樣關心終極真實的儒釋道各教的共鳴。換言之，如果當時耶穌會士，除了引進西方科學與理性論以濟補中華文化的不足之外，而且更能與中國士人分享他們對終極真實的體驗與感懷，他們對隱藏的天主的體會、宗教奧秘的體會，還有基督宗教所講的自由與關係的想法等等，進一步邀請彼此來相互體會，再發為相互可懂、設身處地為對方著想的言論，或許天主教能和道家、佛家有更為深入的交流。

總之，在明末首先譯介並引進亞里斯多德，有好也有壞。好的是，在邏輯與科學方面有很大的貢獻；不好的是，無法碰觸到中國士人的心底。我有時會想，如果當時引進的是希臘教父或拉丁教父，他們的文采好，關心人內心的體驗，而且心懷對奧妙的驚異，有密契論的深度，或許更能親近中國的思想家。或許，當時應該在這方面多從事翻譯工作。可惜當時耶穌會士為了表現他們的思想體系與教育體系的科學性、邏輯性與理性，而這已經觸及文藝復興時期的近代性精神，因而作出了理性的選擇，以致在內心體驗、心懷奧妙與密契論深度方面，沒有多加發揮，殊甚可惜。

第三講

西學中譯選樣解析：從耶穌會士譯述亞里斯多德《靈魂論》到中國士人夏大常的《性說》

以下我將以亞里斯多德的《靈魂論》（*De Anima*）的譯介與轉化為例，來解析其在移植、翻譯、改寫的過程中，所涉及的情境化、脈絡化與相應的改變。可以注意到，在翻譯與外推的過程中，亞里斯多德的思想如何被改寫，轉為耶穌會士所認為適合中國文化脈絡的模樣。在這之前，我要先講一講，他們為什麼要選擇亞里斯多德的《靈魂論》來加以譯介和改寫。

亞里斯多德的《靈魂論》可以說是西方心理學與人性論影響最大的一本著作。有些中國學者問：為什麼耶穌會士當時要選擇譯介《靈魂論》？張西平的答案是他們要「講靈魂之學以合晚明心學」。換言之，是因為當時中國流行的是心學，耶穌會士為了與心學配合，所以翻譯了亞里斯多德的《靈魂論》。[1] 其實，這只是一種想當然耳的答案。我前面已經講過，當時耶穌會的教育規程中對於亞里斯多德哲學的教學，規定了一定的進程，從邏輯學開始，然後是自然哲學；在自然哲學裡最高的是靈魂論；然後再轉往倫理學。這是有一定程序的，他們自有教學上的道理，並不是為了配合心學。如果說當時正好遇上心學，這並不是他們計畫中之事。事實上，必須明白，耶穌會士們對於宋明心學或理學，認為都是孔子儒學的墮落。他們贊取古代儒學而批判宋明儒學。為此，他們不會專為配合心學來譯介靈魂論。他們不是為了適應當時心學當道的學術界，這隱含著說他們的態度是為了配合當道以利傳教，顯得他們像是見人說人話，見鬼說鬼話。其實，耶穌會本身就有一定的教育規章，更何況亞里斯多德的《靈魂論》在西方學界、在天主教學界，都是非常重要的典籍。

早在十一世紀時，無論是基督徒，或猶太人，或阿拉伯人，他們都已經在仔細研究亞里斯多德。尤其在當時的翻譯運動中，亞里斯多德作品的翻譯是使整個西方學術重新復興的重要因素。十一世紀時，在西班牙托雷多（Toledo）城裡，猶太、天主教和阿拉伯三方面的學者，常聚集在一起研究亞里斯多德，翻譯並討論他的《靈魂論》。可見，西方這三個一神論宗教傳統最重要的人性論依據，正是亞里斯多德的《靈魂論》，而這三個宗教一起分享了這本書的思想資源。在歷史上，大家往往批評阿拉伯人征服西歐時的殘酷，但要知道，阿拉伯人當時的學術研究很有深度，且有其傳統；而且回教與其他兩個宗教傳統，在學術上相互了解、相互溝通、相互合作，特別在對於亞里斯多德的《靈魂論》的共同研究上顯示出來。在西方思想史上，正因為阿拉伯人先把亞里斯多德的希臘原文翻譯為阿拉伯文，再從阿拉伯文譯回拉丁文，促成了翻譯運動，這才產生了十二、三世紀西歐輝煌的思想運動。

一、艾儒略的《性學觕述》

前面說到，當時耶穌會士之所以會選亞里斯多德《靈魂論》，一方面是因為它在西方學界的重要性；另方面也是因為該書納入了教育規程，居亞里斯多德自然哲學頂峰，乃人學要旨；而且他們也認為中國人對《靈魂論》會比較感到親切。早期來華耶穌會士的著作，有兩本涉及亞里斯多德《靈魂論》，其一是艾儒略的《性學觕述》，於一六二三年出版，署名西極艾思及先生儒略「譯注」，由此可見，他有翻譯也有注疏[2]。第二本是《靈

1 張西平，〈明清間西方靈魂論的輸入及其意義〉，《哲學研究》，二〇〇三年第十二期，頁28－29。

2 不過在以下各卷卷首，又署名「西海後學艾儒略著」。按，艾儒略，字思及，所以是同一人。但「譯注」與「著」之間，並不完全一致。其實該書有譯、有著、有改寫、有編著。

言蠡勺》，在一六二四年出版，是由畢方濟口述，李之藻達詞，在我看來是減縮式的改寫。

可以說，《性學觕述》並不停留於亞里斯多德的《靈魂論》，而且艾儒略知道，中國重視人性論。在中國哲學裡沒有靈魂論，卻有很明確的人性論。所以艾儒略命名該書為《性學觕述》。不過，我也注意到，該書第七卷、第八卷這最後兩卷的頁眉書名印為《靈性觕述》，此時可謂露出本來面目了，可見其本意是想要講論靈魂，因為「靈性」兩字是用來稱呼人的靈魂的[3]。

在此有兩層轉折須加以注意。第一，亞里斯多德的《靈魂論》本來在亞里斯多德哲學系統中是屬於自然哲學，他在自然哲學裡討論植物、動物、人。亞里斯多德喜好研究自然物，也曾在別的書中研究解剖，討論動物的各部分。對他而言，魂是「生命的形式」，在植物裡有生魂，藉之植物可以進行營養；動物有覺魂，藉之動物可以進行感覺運動；到了人的生命，則有靈魂，可以進行認知和意欲。這三魂都是生命的形式，而生命是屬於自然哲學的研究範圍，以人的靈魂為最高。但在聖多瑪斯註解亞里斯多德《靈魂論》時，將它由自然哲學轉為主要討論人的靈魂，以人學為中心，認為其他生魂、覺魂都是對於靈魂的預備，而且，由於更高形式的魂會綜攝其下各魂的功能，所以，靈魂也會統攝較低的營養、感覺等功能。所以，這第一個轉折是由自然哲學的靈魂論轉成人學的靈魂論。

第二個轉折是由聖多瑪斯人學的靈魂論，轉成了中國人習慣討論的人性論。比較起來，《靈言蠡勺》是亞里斯多德《靈魂論》的改寫本，所以盡量保留「靈言」（De Anima）的原意。但是，到了《性學觕述》就有呼應中國哲學人性論的意思了。至於夏大常的《性說》，則說的就是人性論，但其實仍在討論人的靈魂。由聖多瑪斯人學的靈魂論到配合中國哲學的人性論，這是第二層轉折。

以下按出版順序，分別就《性學觕述》和《靈言蠡勺》這兩本書來看它們在翻譯或改寫過程中所考慮問題的轉變，也留意它們對於中國士人的影響。最後，我會討論夏大常的《性說》，看他如何一方面繼承了中國傳統的人性論，另方面又如何吸收西洋的靈魂論，提出他自己的性說。

首先，先講艾儒略的《性學觕述》，它可以說是中文第一本有系統介紹亞里斯多德《靈魂論》的著作。一翻開書，我們就可看到它對「魂」（anima）的定義，其實比《靈言蠡勺》，更忠實於亞里斯多德對「魂」的定義。《性學觕述》說：魂是有生命之物的形式，在西方稱為anima或魂，它是有生命之物的本性所在。有三種魂，一是生魂（vegetable soul），二是覺魂（sensible soul），三是靈魂（spiritual soul）。[4] 從這個定義可以看出，艾儒略

3 按，從《性學觕述》第六卷開始，已經開始論述靈性。

4 艾儒略《性學觕述》，《耶穌會羅馬檔案館明清天主教文獻》，第六冊，台北：台北利氏學社，二〇〇二，頁103－104。

是完全依照亞里斯多德來了解魂，不像聖多瑪斯在《靈魂論》的評註集中在人魂身上。但是，基本上，聖多瑪斯是為了讓西方讀者認識靈魂做準備；而艾儒略則是為了讓中國人了解人的靈魂作準備。所以，在目的上是一致的。

關於靈魂的想法，早期的耶穌會士，包含艾儒略在內，都努力尋找在中國哲學裡的靈魂論依據。其實，中國有很長遠的人性論興趣和傳統，但並沒有靈魂論的傳統。從孔子、孟子到荀子，都有對人性論的討論。在佛教裡，道生、道安這些人講「眾生皆有佛性」，從此中國佛教便有佛性論，至於人人皆可成佛的依據，就在於人有佛性。在道教方面，本來老子一向不用「性」這個字，可能他認為儒家的「天命之謂性」，已經把「性」給人化了，不再是萬物之性，也因此用壞了；其實，萬物都各有其「德」，是以老子談「德」不談「性」，原來「性」一詞已經被儒家挪用到只講人性了，所以老子避免用之。後來道教在佛教佛性論的啟發下，也提出了「道性論」。

在中國傳統裡，即使當佛教傳入的早期，為了論證成佛的可能性，曾討論有沒有魂的問題。對此，范縝曾提出「神滅論」來批評佛教，認為人的神與形相結合而存在（按：有點類似亞里斯多德形式與質料相結合那樣），所以當人的神（魂）與形（身體）一旦分開，人死如燈滅，就不再存在了。反過來看，可見來華佛教早期還是有靈魂不朽的想法，認為如此才可以成佛。後來才了解到，成佛的可能性不在於靈魂，而在於有佛性。

大體上，儒釋道三家，無論是主張人性（儒）、佛性（釋）、道性（道），都是企求人性可以完美的講法，也因此，亞里斯多德《靈魂論》進入中國以後，必須經歷論述的轉折。艾儒略將亞里斯多德的《靈魂論》改為《性學觕述》，雖然目的還是為了介紹人的靈魂，但在論述的表面則必須採取人性論。《性學觕述》雖有如此改變，事實上仍是用中國的人性論之名來襲取亞里斯多德和天主教的《靈魂論》，因為其目的基本上還是為了介紹《靈魂論》。

閱讀艾儒略的《性學觕述》時，首先可以注意三個重點。第一，這是一本用中文來教導亞里斯多德《靈魂論》的書，主要的根據是天主教的詮釋，不過它要比後來的《靈言蠡勺》更忠實於亞里斯多德，而且在哲學上的程度較高，意義較大。第二，艾儒略《性學觕述》的主旨，是為了向中國知識分子講論天主教有關靈魂的教義，以及靈魂與上帝的關係。第三，艾儒略的《性學觕述》，是想就亞里斯多德和聖多瑪斯及其他天主教哲學家對於人的精神能力的看法，來與中國思想和文化，尤其是其中的人性論，相互對話。

所以，雖說在《性學觕述》中充滿了士林哲學的語言和天主教思想，也頗願意與中國哲學對話，但艾儒略基本上還是非常忠實於亞里斯多德的《靈魂論》。該書可以說是在明清之際引入亞里斯多德《靈魂論》思想的著作中，最忠實於亞里斯多德的。艾儒略不但使用了亞里斯多德對「靈魂」的定義，而且詳細討論了靈魂的三個功能，譬如亞里斯多德《靈魂論》所論生長、運動、感覺，而在感覺這部分裡也討論了看、聽、覺、嗅和觸，以及對自我的感覺，乃至於人的更高級的能力：如理智與意志等。

在我看來，《性學觕述》是早期耶穌會士的中文論著中，包含利瑪竇《天主實義》在內，最富於哲學趣味與哲學論辯的一本重要著作，即使在今天仍然值得仔細閱讀與研究。歷來的中國哲學史家之所以加以忽略，要不是由於沒有機會讀到，或者由於帶著誤會去讀，甚至因為認定它只是傳教作品，因而忽視了艾儒略的哲學。我必須指出，艾儒略被時人稱為「西來孔子」，不是沒有道理的。他的學問真好，且思想縝密。他在書中對生魂、覺魂和人的靈魂有完整的論述。關於靈魂，他立基於天主教立場，特別指出每個人的靈魂都是獨特的，可謂在傳統上不太重視個人的中國思想裡，給了個人的獨特性以一個靈魂論和神學的基礎，認為每個人之所以有獨特性，是因為每個人的魂都是天主所專給、獨一無二的。

順便提一下，中國早期哲學很少討論有關個人的存有論地位問題，一直到了郭象在評註《莊子》時，認為所有的人，甚至萬物，都是獨生、獨化；由於不能解釋其產生的原因，因而都是自生自化的。這個想法我稱之為「存有學上的個體論」（ontological individualism），但這還不是人學上的個體論（anthropological individualism），因為郭象還沒有論證個人在人學上就是獨一無二的。艾儒略引進的天主教理論，支持每個個人的獨特性的想法，並且在人學上給予證明。他指出：人都是由靈魂與肉身構成的，而每個人的靈魂都是獨一無二的，因為每個靈魂都是個人出生時天主為他特別造的。如此一來，個人的獨特性就有了神學與人學上的依據。

此外，《性學觕述》指出，靈魂在人死後仍然是不朽的，即使在生時與身體合而為一，但在獨立於死去的身體之外之後，仍然能夠知覺並且理解，而且也能夠享受快樂或遭受痛苦。這樣的描述，也可嗅出某種柏拉圖二元論的意味，因為身體與靈魂有如此可永遠分離的情形，在某種意義來說，不同於亞里斯多德的靈肉合一論。亞里斯多德運用他的形式與質料合一作為個體的理論，努力要把身體和靈魂在此生完全合而為一。比較之下，艾儒略有一種二元的傾向，而且他的倫理學認為人的此生只是過渡，人的永恆生命應該是在天堂，這就使得他要在人性論上不得不有某種柏拉圖主義的想法，而且會用這種二元論來閱讀亞里斯多德，雖然他在靈魂的定義與靈魂的層級與功能上仍忠實於亞里斯多德。可是，就身心關係及其倫理意涵來講，他卻是有某種柏拉圖主義二元論的意味。

我在前面已經指出，明朝末年社會力釋放，一方面人們的慾望促進了社會中的文化創造力，但同時也出現了孟子所言「人欲橫流」的情況，產生很多社會問題。所以，當時儒、釋、道各教多採取鼓勵人向善去惡，強調「存天理，去人欲」的二分思想，這與天主教在華初期倫理論述十分相合。或許艾儒略也是為了對應當時的中國社會情況，因此對亞里斯多德的《靈魂論》有某種柏拉圖主義式的閱讀。其中最明顯的是有關「記憶」的部分。記憶是柏拉圖（Plato, 427－347 BC）的重要論題，認為人在此生獲得知識都是透過回憶，而且記憶是靈魂的重要能力之一。柏拉圖認為人在前生在觀念界已經見過觀念，為此在此生的學習，無論是透過老師的教導或是個人的經驗，都是在進行回憶，記起前生見過的觀念。在柏拉圖對話錄梅諾篇（Meno）裡，蘇格拉底和一個完全沒有學過數學的小孩對話，透過層層誘導，讓小孩自己想出了畢氏定理，如此證明了數學本來就在每個人的心中，可以透過回憶來回想起來。我想艾儒略在討論記憶的時候，顯然也是跟隨柏拉圖和聖奧古斯丁。對聖奧古斯丁而言，記憶對於人的認知最為重要，人是在記憶中找回所有知識、數學及與天主的關係。在聖奧古斯丁的《懺悔錄》裡，他透過記憶懺悔自己的過去，討論圖像、知識、數學，和對上帝的經驗。聖奧古斯丁的記憶論更屬於柏拉圖式，而不是亞里斯多德式的。

艾儒略繼承了柏拉圖與聖奧古斯丁，他把理智、意志和記憶視為靈魂的三大功能，這不同於亞里斯多德。亞里斯多德在《靈魂論》裡，很清楚地指出，靈魂作為實體的形式，在其不朽的形式裡只有理智和意志，而沒有記憶。換言之，記憶並不存在於永生之魂中。就像中國傳說中，人死後靈魂走到忘川河，喝了孟婆湯，走過奈何橋，就遺忘了前生一般。但是，艾儒略接受柏拉圖和聖奧古斯丁的想法，主張靈魂在人死後還有記憶。

《性學觕述》面對當時中國的情境，在書寫時做了上述的選擇，對亞里斯多德的理論有所改寫，甚至納入一些柏拉圖成分，來配合他的倫理學主張。他也與中國哲學對話。在《性學觕述》一開始，就用對話的方式，提到在中國哲學裡有關「魂」和「性」的許多語詞，用法各有不同。他說：在中國有人問他說：「魂」與「性」意義不同，「魂」屬於「氣」，而「性」則屬於「理」（按，這話頗有朱熹的味道）。那人問艾儒略說：你在使用「魂」與「氣」的時候，有沒有不同的意義呢？

艾儒略回答說：中文對這些語詞的使用都是非常有彈性的，要看它們出現的脈絡來決定其意義。譬如說「性」這個字意義很廣，即使無生之物也有性。但當我們說「靈性」或「天性」的時候，指的是上帝給予人有意義和原理的本性。同樣的，「魂」這個字是指生命的原則，當它與「生」一詞結合為「生魂」時，指的是植物所藉以成長與營養的原則；當它與「覺」一詞結合為「覺魂」時，指的是動物感覺和運動的原理；當它與「靈」一詞結合為「靈魂」時，指的是人類可以了解和推理的原理。

艾儒略又引述中國傳統中一些相關的名詞，來與他們對話，例如，黃老道家所言「精氣」[5]。讓我在此補充一下：黃老道家用「精氣」一詞，表示萬物之所以有生命的原則，以及在人內的精神來源，因為有了精氣，人才可以成為聖人。《管子》〈內業篇〉說：「凡物之精，**此則為生，下生五穀，上為列星。流於天地之間，謂之鬼神，藏於胸中，謂之聖人。**」[6]這一文本說的正是「精氣」，且認為由於有了精氣，才有生命，無論五穀、列星、鬼神，都來自精氣；精氣徘徊於天地之間，就成為鬼神；當居存於人心中時，就使人

5 見「靈性非氣」一節。艾儒略《性學觕述》，《耶穌會羅馬檔案館明清天主教文獻》，第六冊，台北：台北利氏學社，二〇〇二，頁109－112。

6 尹知章註，戴望校正，《管子》，台北：世界書局，一九八一年影印，頁268。

可以成為聖人。

但是，艾儒略在《性學觕述》裡反對以魂是物質性的氣的論點。《性學觕述》論靈魂不是氣，認為所謂氣聚則生，氣散則死，這仍屬於萬物；然而，人的靈魂是不朽的。他說，有時候氣很強，但靈魂反而弱了，譬如身體雖強壯但意志薄弱的情況。相反地，也有些情況，靈魂雖然是強的，氣卻軟弱的，就像《聖經》所說，「靈魂雖然願意，但肉身卻軟弱了。」[7]由此可見，魂和氣並不一樣。

在《性學觕述》裡最有趣的一段，是與中國哲學家使用的語詞相互對話，他說：在傳統中國哲學裡有各種名詞來說靈魂：

> 其內神大體，指其靈明之體，本為人之性也。或謂之靈魂，以別於生覺二魂也。或謂之「靈心」，以別於肉塊之心；或謂之靈神、神體指其靈明而不屬形氣者。或謂之「良知」，謂之靈才，指本體自然之靈者也。或謂靈臺，謂方寸，指其所寓為方寸之心、為靈魂之臺也。或謂之真我，明肉軀假藉之宅，而內之靈乃真我也。或謂天君，指天主所賦於我以為一身之君也。或謂元神，以別於元氣，二者締結而成人也。大學謂之明德，指其本體自明，而又能明萬理者也。中庸謂之未發之中，指其本體諸情之所從出也。孟子謂之大體，指其尊也。總之稱各不一，而所指之體惟一。[8]

在此段話中，最有意思的是艾儒略對於儒家、道家和道教名詞的融合性解釋。道家莊子所謂「靈臺」、「真君」或「真宰」（真我），道教所謂「元神」，以及先秦儒家經典《大學》裡稱為「明德」，《中庸》裡稱為「未發之中」，孟子稱為「大體」等等。艾儒略引述這些不同的中哲名稱，認為其實都是在講靈魂。他引證儒家、道家的想法，主要目的是讓中國士人能認識靈魂在中國哲學裡的不同稱呼。前面我曾提到靈魂是獨一無二的，這點與中國思想不同。艾儒略雖說是為了與中國聖哲交談，因而介紹亞里斯多德，但是，以上中國哲學的這些不同語詞並未肯定個體的唯一性。

在這脈絡中，艾儒略說，有人提出疑問：「孟子云：堯舜與人同。心之所同然者何也？禮也、義也。曰同。分明萬人一性，萬人一心，有何差別？」這個問題的預設是：所有人的本心應該是一樣的，是不是同一性，同一心？就像陸象山所說，前聖後聖都是同一個心。換艾儒略的話說，都是同一個靈魂？

「萬人一性，萬人一心」的主張有點類似阿拉伯哲學家亞維羅（Averroes, 1126－1198）和亞維森納（Avicenna, ca. 980－1037）的世界魂（world soul）的意味。其實，在我看來，艾儒

7 瑪竇福音26 : 41。

8 艾儒略，《性學觕述》，頁106－107。

略在此所針對的一心之說，更好說是受到佛教《大乘起信論》「一心」說的影響，認為在真如境界，唯有一心，沒有個體。如果個人認為自己有個體，那只是一種形而上的幻覺，就好像一滴水認為自己有個體，其實一滴水只有落入大海才有它真實的存在。又如一一瓦器，雖然都是個別的，但它們其實都是土做的。佛教用這類比喻來理解「一心」。在宋代儒學裡，尤其是陸象山所說的，我的心，我朋友之心，數千年前聖者之心，數千年後聖人之心，都是同一個心。心的實體是無限的，如果能完整發展你的心，你就會與天合而為一，同一個心。我想，佛教與陸象山所說的一心，才是艾儒略所針對的。

在此，艾儒略主張人的靈魂的獨特性，是天主特別為每一個人所造。此種對於靈魂獨特性的強調，是對抗這種天下一心或一魂的思想。也有人認為艾儒略在此只是把聖多瑪斯批判阿拉伯思想家亞維羅和亞維森納的想法轉譯為中文而已。固然，亞維羅和亞維森納在解釋亞里斯多德的時候，都指出最高的主動理智只有一個，世人所能進入的「理性靈魂」（rational soul）只有一個，這也是聖多瑪斯在《駁異大全》（*Summa contra Gentiles*）批駁的亞維羅和亞維森納的想法。

我認為，艾儒略在中國的情況並不一樣。他不像聖多瑪斯當時議論的時空背景是在和阿拉伯思想家對話，但現在艾儒略是在中國，面對的是宋明心學或佛教的一心思想，而不必多事批評阿拉伯哲學，其論述的時空完全不同。艾儒略批評一心，或所謂東聖、西聖、前聖、後聖都只是一心，堯舜其實並無差別，他所關切的是：如此將使個體性不顯。艾儒略的主要論證有二。第一，如果講一心或一個魂，完全沒辦法解釋人的個體性。在西方中世紀的時候有對個體（individum）的強調，而文藝復興時期有對個人（individual）的強調，利瑪竇、艾儒略等人將之帶進中國，這也是中國開始有突顯個體性或個人的想法。第二，艾儒略指出人的魂或心雖然可以與天主合而為一，但魂不是就天主。人雖可以開悟，達到天人合一，但「合一」並不就是「等同」或「為一」，天人合一不是說人與天主成為一個，不是「天人為一」。

總之，艾儒略的《性學觕述》一方面習取了中國的人性論，並透過天主教及其對亞里斯多德《靈魂論》的詮釋，把人的靈魂與人的精神本性等同，而以此來和中國哲學溝通。另方面，艾儒略仍有他自己的考量，且透過柏拉圖來對亞里斯多德加以改詮，不但他的靈與肉、德行與欲望的二元論更接近柏拉圖，而且他在記憶論上也接近柏拉圖和聖奧古斯丁。

二、畢方濟的《靈言蠡勺》

方豪先生指出明末有四本亞里斯多德的翻譯本，《明理探》、《寰有詮》、《靈言蠡勺》，以及亞里斯多德的倫理學。一些研究者認為《靈言蠡勺》是對亞里斯多德《靈魂論》的翻譯。然而，我曾查對亞里斯多德原著，以及葡萄牙科英布拉學院（Coimbra

College）對亞里斯多德《靈魂論》的評註。其實，它並不是翻譯，而是一本比較自由的改寫與節錄，是由畢方濟口授，由徐光啟達辭，讓它辭意通順且適合中國。我比較過，亞里斯多德《靈魂論》的科英布拉學院評註本總共有五、六百頁，其中包含三個部分，第一個部分從十四頁到四十七頁，第二部分從四十八頁到三四二頁，第三部分從三四三頁到五百五十九頁。然而《靈言蠡勺》全書只有一四一頁，而且只包含兩部分，第一個部分一頁到八十五頁，第二部分八十六頁到一四一頁。顯然這是個節錄本，怎麼可以說是翻譯呢？

《靈言蠡勺》一開始就訴諸《聖經》和天主教信仰，說「欲盡通亞尼瑪之妙，非二事不可。一者，依天主經典所說，二者，依我信德之光也。」[9] 顯然，從起頭這就不忠實於亞里斯多德《靈魂論》，因為在古希臘的亞里斯多德，怎會講要依天主經典和信德之光呢。隨後文本也有忠實於亞里斯多德，只在改寫過程中加入天主教信仰的。例如該書在引言中指出，《靈魂論》是靈魂之學，在哲學中為最有益、為最尊，的確是亞里斯多德說的。但是，隨後一轉就說是為了「認己」，轉成自我的認知，如此一來，就變成人學了。其實，自我的概念是文藝復興以降才有，是近代性產出的重要概念。但是，《靈言蠡勺》居然說是因為要認識自我而視靈魂論為哲學裡最有益處、最值得尊重的科學，甚至是所有科學的基本，因為一切事物都要歸諸於認識自我。這是近代性的說法。

相比之下，亞里斯多德的《靈魂論》只講「魂」。不錯，亞里斯多德說「魂」的科學是最有益的科學，但他並沒說這是自我之學。亞里斯多德給的理由也不一樣。亞里斯多德認為靈魂之學非常重要，主要的原因是：「對於靈魂的認知，我們可以承認是對於一般的真理的進步有最大的貢獻，而且在一切之上對我們對自然的認識有最大的貢獻，因為靈魂在某種意義之下，是所有有生之物的生命原理所在。」[10] 有生命的自然物是亞里斯多德用來理解自然的典範，可見《靈魂論》是自然哲學的一部分。但對於《靈言蠡勺》來講，認識靈魂就是認識自我，也是為了更妥善地預備自我來控制人的欲望，並且透過原理原則來指導自我。當人的感情受到外物影響時，人應該懂得控制自我；同樣的道理也適用於治國，因為在治國之時，所有的控制、指導和節制，都和靈魂的自制很類似。所以，靈魂學等於自我學，而自我管理法類似去人欲存天理，也就是調節人欲以適合道德原則。這一想法不但用在人的靈魂上，也用在治國上。

這樣的研究目的，已經改變了亞里斯多德的初衷。亞里斯多德固然也指出靈魂學是所

9 畢方濟口授，徐光啟達辭，《靈言蠡勺》，收入《天學初函》（二），台北：學生書局，頁1134。

10 亞里斯多德《靈魂論》402a 5，見 Aristotle, *The Complete Works of Aristotle*, edited by Jonathan Barnes, Vol. I., Princeton: Princeton University Press, 1984, p.641.

有科學裡最尊貴且最困難的，但《靈言蠡勺》把它放在倫理學和政治學和神學裡，立刻把靈魂當成是天主的肖像，而且把靈魂的科學當成認識自我的科學。

《靈言蠡勺》用「亞尼瑪」（anima）稱呼人的靈魂，其實在亞里斯多德那裡，該詞包含了生魂、覺魂和靈魂。畢方濟用的不是亞里斯多德意義的「魂」，表面上看起來好像是在翻譯亞里斯多德，但其實已經相當幅度改變了原義。他是用《聖經》和天主教信仰來理解靈魂。他在處理靈魂的主題時，常引述柏拉圖、聖奧古斯丁和聖伯爾納德（Bernard of Clairvaux, 1089－1153）[11]，而不止於翻譯亞里斯多德靈魂論。《靈言蠡勺》和《性學觕述》一樣，特別要講清楚「魂不是氣」，這點是針對中國脈絡講的，而不是如聖多瑪斯是針對阿拉伯思想家。可見，畢方濟寫作時也是針對中國「一心」的理論和自然哲學理論來加以批評。根據以上的理由，我不贊成方豪先生所講《靈言蠡勺》是亞里斯多德《靈魂論》的翻譯。

《靈言蠡勺》中對「魂」的了解，非常不同於亞里斯多德。亞里斯多德在《靈魂論》中把「魂」定義為：「**魂是具有生命的潛能在內的自然身體所擁有的第一類別的現實性（energeia）**。」[12]換言之，魂在亞里斯多德形質論的考慮下，是一種形式，是一活生生的身體的運動及生命目標的原理。生命體包含動物、植物和人在內，所以有三種魂：第一種是植物的生魂，第二種是動物的覺魂，第三種是人的靈魂。比較起來，《靈言蠡勺》是把「亞尼瑪」（anima）當作是獨立的、不朽的實體（自立體）、是上帝的肖像。他特別強調靈魂作為上帝的肖像，並因此完全不同於其他非靈性的魂，如植物魂或動物魂；也不同於中國人視魂為氣。

總之，《靈言蠡勺》在某種意義下想要忠實於亞里斯多德的《靈魂論》，因而並未將其改稱為人性論；但另方面，又對亞里斯多德做了明顯的改變。大體說來，《靈言蠡勺》強調的是天主按照祂的肖像造人，透過這一肖像的意義，人才可能跟天主溝通交融。人應該可以透過修養與道德，使自己更趨於完美，以至返回所有完美的根源，也就是天主本身。[13]而且畢方濟指出，因為人是天主的肖像，而肖像與它的源頭之間有一種愛（這是聖伯爾納德所強調的），所以兩者之間存在著愛[14]。人最後的真福是來自於天主的恩寵，這完全與亞里斯多德不同。更好說，他更接近天主教在神學上、宗教要理上所講的靈魂論。

---

11 聖伯爾納德乃中世紀的一個修道院的密契論者，他有首聖歌也被翻譯為〈聖夢歌〉。見《耶穌會羅馬檔案館明清天主教文獻》，第六冊，台北：台北利氏學社，二〇〇二，頁435–464。

12 Aristotle, *De Anima*, 412a 27, in *The Complete Works of Aristotle*, vol. I., p. 6561.

13 畢方濟口授，徐光啟達辭，《靈言蠡勺》，見《天學初函》（二），頁1129。

14 同註13，頁1123。

《靈言蠡勺》把靈魂視為是一個精神性的、不朽的、獨立的實體；也跟《性學觕述》一樣認為靈魂中的理智、意志和記憶（當時譯為「記含」）是靈魂的三大功能，而且記憶被視為靈魂的第一個功能，這是非常柏拉圖主義式的。畢方濟強調：在一個人死後，他的魂應該能夠記住一生當中發生過的所有事情。[15] 這顯然是一種柏拉圖式的或新柏拉圖式的，而不是亞里斯多德式的說法。

正如我在前面說過，亞里斯多德《靈魂論》明白表示：當靈魂與肉體分離了以後，靈魂孑然獨存，只有主動理智本身是不朽而永恆的，再也沒有任何對前生的記憶。不但不可能有記憶，而且被動理智和其中所有的思想都會毀壞，只有人的主動理智是不朽的。[16] 亞里斯多德明白指出，主動理智，即實體形式，是在人的靈魂上的不朽者。雖然靈魂和身體合起來是一個實體，但在死後，靈魂做為形式本身也是個實體，稱為「實體形式」。亞里斯多德在《靈魂論》中明白指出，只有主動理智才是不朽的。

與此相關，亞里斯多德的認識論是這樣的：主動理智光照事物，使它的形式呈現，形式抽出來以後，在人心中就形成該事物的本質，主動理智只在將對該事物的本質把握之後，交給被動理智去形成概念，而概念有如心的語言（verbum mentis），再由口中說出，便成為一般所謂語言。所以，唯有掌握形式與本質的主動理智是不朽的。被動理智及其概念性思想和語言，是會朽壞的。然而，相較起來，在《靈言蠡勺》中，無論記憶、理智和愛，都是不朽的。

在此順便值得提一下，前面說到亞里斯多德認為主動理智是光，光照萬物顯豁其形式，然後將形式交給被動理智形成概念，經由說寫變成語言，亞里斯多德這樣的系統哲學認為，在萬物為形式，在心靈為概念，說出話來則是語言，可見亞里斯多德的存有論、知識論、語言學三個層面雖有別而相連、分殊而統一。相比之下，當代的語言學，像傅柯（Michel Foucault）的《字詞與事物》（*Les mots et les choses*），只講事物對應於字詞，簡化太多了，失去了思想中的概念運作。

此外，這也不同於海德格對於亞里斯多德的批評，海德格認為亞里斯多德必須為符應的真理觀負責。海德格主張真理應該是開顯（manifestation）而不只是符應（correspondence），認為亞里斯多德定位真理的所在是判斷，或今天所謂語句或命題，S is P，可以和事物符應。其實，如此批評亞里斯多德，並沒有仔細看懂亞里斯多德，因為亞里斯多德也主張「開顯」，就在於主動理智的光開顯事物的形式，此時是開顯的真理。其後，當主動理智把光照出的形式交給被動理智（passive intellect）去形成概念，進而將某一概念和另一概念連接起來，形成判斷 S is P，譬如「這張紙是白色的」，才可以去檢驗這判斷有否符應：這張紙是

15 同註13，頁1159。

16 Aristotle, *De Anima*, 430a 17, in *The Complete Works of Aristotle*, p. 684.

否是白色的？海德格批評符應的真理，無論是判斷或命題符應事物，或是事物符應人的認知結構（如康德所說）。其實，亞里斯多德也講開顯的真理，是由主動理智開顯事物的形式。主動理智有如光，當人的感覺對某一事物形成了可感覺的象之後（species sensibilis, sensible representations），主動理智（agent intellect）便以其光明光照之，開顯出其可理解的象（species intelligibilis, intelligible representations），也就是事物的形式，並因而認識了該事物的本質。這一想法也被聖多瑪斯所繼承。

當我們讀《靈言蠡勺》時，它並沒有把亞里斯多德這些思想細節弄清楚。《靈言蠡勺》說，明悟，也就是我們今天所謂「理智」，區分為二：作明悟（也就是主動理智）和受明悟（也就是被動理智）。艾儒略說：「**作明悟者，作萬像以助受明悟之功。受明悟者，遂加之光明，悟萬物而得其理。**」[17]可見，《靈言蠡勺》把主動理智和被動理智的功能弄相反了：畢方濟弄錯了，認為主動理智（作明悟）作「萬像」（各種感覺之像）來輔助被動理智，是被動理智提供了光明，悟萬物而得其理，也就是得到可理解的像，又稱「靈像」。其實，這完全相反亞里斯多德和聖多瑪斯的想法，反而把主動理智的光明給抹殺了，變成被動理智在扮演。別忘了，主動理智才是光明的來源，主動理智的功能並不在於輔助被動理智（如畢方濟言「以助受明悟之功」），而且對於亞里斯多德，只有主動理智在人身體死亡以後還能不朽！《靈言蠡勺》對於兩者沒有掌握的很清楚，甚至有點顛倒混淆。

我要順便指出，有些傳教士來到中國之前，對於耶穌會科英布拉學院的亞里斯多德評註本的學習，由於時間倉促，不一定能巨細靡遺，懂清楚再出發。他們要來中國傳教，首先必須獲得羅馬批准，由於當時天主教國家葡萄牙是海上大國，所以傳教士還須經過葡萄牙國王的批准，在葡萄牙等待船班；上船之後，經過好望角轉到印度報到。之後，再到澳門，再進入中國。他們在葡萄牙等船的時候，會在科英布拉學院學習並研究亞里斯多德評註本，但由於時間太短，了解不一定仔細，以至有上面所言的錯誤。

不過，《靈言蠡勺》所要強調的是，人有理智之光，可以窮盡萬事萬物之理，並且把人的知識推極到認識萬物的根源。如果人只會認識萬物而不能認識萬物的根源，那是不足的。人既有認識，就必須能認識根源，「**若有人明悟萬事，而不識根本，如在大光中，而目眩如盲，與黑獄無別，豈不惜哉！**」[18] 對畢方濟而言，人的理智既然可以認識根源，人便可以論述上帝。不過，必須注意：這在聖多瑪斯那裡，是很謹慎的，人雖可以認識上帝的存在，但並不認識祂的本性。這是有區別的。

其次，有關意志的問題，畢方濟稱之為「愛欲」。意志不同於理智，因為理智只在人的內心中運作，是把對外物和自己的知識往內在來存放；但意志卻要走出自己，走向萬物

17《靈言蠡勺》，天學初函（二），頁1169。

18 同註13，頁1189。

的善。這點說得很好，也是亞里斯多德和聖多瑪斯的論旨，意志都是走向萬物並且追求萬物的善。意志雖然有做或不做的自由，但《靈言蠡勺》特別強調意志本身依本性就會向善，人雖然有選擇的自由，但人真正要選的都是指向善。當代的羅光先生也特別講論這點，認為人雖有選擇的自由，但這不代表在選善、選惡的時候，人可以選惡。羅光說：人還是應該選善。羅光這個論點應和畢方濟《靈言蠡勺》在此所說有關。這論點也呼應了中國哲學裡，孟子所說：「**理義之悅我心，猶芻豢之悅我口。**」義理讓我的心喜悅就好像好吃的肉讓我的口感到高興一樣。《靈言蠡勺》更進而指出，既然天主是至高的善，人自然會欲求天主和最完美的善。

總之，從意志追求善，到意志必須追求至高的善；從理智認識萬物，也要認識萬物的根源。兩者連結起來，畢方濟的人性論是運用亞里斯多德理智、意志之說，但最終都是為了導向天主。在這點上，難免有人說他有傳教的目的。雖然如此，畢方濟仍然把亞里斯多德的靈魂論，透過柏拉圖、聖奧古斯丁、聖伯爾納德和《聖經》，加上對中國情況的適應，去改良亞里斯多德的論述。如此，可以看出他在學術思想上的苦心。

歸結起來，理智、意志都是屬於人的理性作用，這並不是狹義的理性。當耶穌會士們將孔子與儒家經典介紹到西方的時候，他們認為孔子最高度地發揮了人的自然理性，綜合了仁與智，換言之，理性包括了理智與意志，理智導向智慧，意志導向仁愛。[19]在此，畢方濟《靈言蠡勺》不同於亞里斯多德的《靈魂論》，因為《靈魂論》基本上是主智主義，認為人靈的最高功能是理智，而理智的最高功能是默觀，為此亞里斯多德以形上學為第一哲學。相較之下，《靈言蠡勺》認為人的靈魂最高的功能，一方面有智慧，一方面有愛，而後者是把聖奧古斯丁和聖伯爾納德關於愛的思想加進來，也把《新約》的主旨加進來。顯然，《靈言蠡勺》把人靈作用中最高的地位給予了意志，或稱為愛欲。愛欲（意志）比明悟（理智）還高，因為理智只會認識，意志還要去愛，與所認識對象的根源結合；愛的最後對象是天主作為最完美的存在。這一思想不同於亞里斯多德《靈魂論》，更加以改變以合乎《新約》中「愛天主、愛人」的想法。

《靈言蠡勺》關於意志的動力，指出了不同於亞里斯多德的萬物根源（天主），而且對於人的自由的理論思考也不一樣。對《靈言蠡勺》而言，自由不只限於選擇的自由；選擇的自由其實仍是非常表面的自由；真正的自由在於意志終究指向美善及其根源。此外，《靈言蠡勺》強調個人的獨特性，這對於中國人形成個人的概念頗具重要意義。而且，個人的自由並不限於選擇的自由。這點和後來在民國之後引進的自由主義想法頗為不同。自由主義強調個人的選擇自由，而忽略了人的意志的其他更深沉的動力。

19 同註13，頁1209。

三、中國士人夏大常的《性說》

亞里斯多德《靈魂論》進入中國以後的兩本改寫本或節譯本大致分析如上，這是迄今中國研究裡比較缺乏的部分。此外還有重要的一點：到底中國士人，尤其是早期的中國天主教徒，他們對於改寫過的亞里斯多德《靈魂論》如何接受，如何把它重新脈絡化。這也是我所謂「語言習取」（language appropriation）的一部分。習取他者的語言以改造自己原有的哲學傳統，往往是在互譯互動以後重新脈絡化思索的結果。這部分迄今也還未見討論。很幸運地，在二〇〇二年左右影印出版的《耶穌會羅馬檔案》裡，可以看到早期中國天主教徒的文獻。其中，夏大常是一位浸潤在儒學傳統的中國士人，領洗成為天主教徒，取聖名為瑪第亞。他有一些著作署名「夏瑪第亞」，可見是一位虔誠的天主教徒，甚至會用自己的受洗聖名署名。他所著的《性說》（主要是人性論）就是署名夏瑪第亞。可見，他是以天主教徒身分重新思考人性論的問題。

在《性說》裡，我們可以看到夏大常吸收了亞里斯多德、柏拉圖等的靈魂論，來改造傳統儒學最關心的性善或人性論的論述。然而，不同於畢方濟和艾儒略對於亞里斯多德和天主教靈魂論的改寫，《性說》是透過傳統中國人性論來習取亞里斯多德和天主教的靈魂論。換言之，如果說畢方濟的《靈言蠡勺》和艾儒略的《性學觕述》是一種「外推」的結果，《性說》則是一種「習取」的結果。為此，從《性說》一開始，夏大常就表明：

凡認識人性者，必須理解宇宙三才之理；凡能盡性者，必須能夠重返與其造物者為一。所謂三才者，就是天之道、地之道以及人之道。天之道無形無象，地之道有具體形象，人之道居於兩者之間。所以人的靈魂是無形的實體，類似天之道；人的身體則是具體的形象，類似於地之道。也因此，在人之內綜合了天之道和地之道。人之所以類似於天之道，而不同於植物與動物者，無論是在天空飛、在地上走，在水中游的動物，主要都是來自其靈魂的美善。**20**

由上述可見，人在三才之中，綜合了天、地二才；人的靈魂類似於天之無形無象，而人的身體則是類似於地之有形有象。如此論述，夏大常已經把人的靈魂等同於人性，所以他才能從《靈魂論》轉成《性說》，而且進一步指出（如同畢方濟和艾儒略），每個人的靈魂都是神最優美而獨一無二的賞賜。也因此夏大常所論的人不同於其他的宇宙萬物，因為人的靈魂都是由上天所賜予的，而其他萬物則都是來自四大，亦即地、水、火、風組合的結果。必須注意：在這裡夏大常使用的是「四大」，而不是中國傳統的「五行」。可見他已經採取了亞里斯多德的「四大說」，而有別於中國傳統所講的「五行說」。就這點而言，

20　夏大常，《性說》，見《耶穌會羅馬檔案明清天主教文獻》，台北：利氏學社，二〇〇二年，第十冊，頁3。

他是把人性的尊嚴建立在人天生的組成因素，以人的靈魂論證人的尊嚴，因為上帝把最優美的人性賜給人類，所以人類也應該為此而盡性，也就是全面展開他的人性或靈魂的善性，以便回報天主的恩寵。21

然後，夏大常引述《書經》和《詩經》，來支持所謂「人性是善的」概念，並且也引述孔、孟來表明人的本性與德性都是善的，藉此來論證人的善性。換言之，從這一文本可以閱讀出，人的善性除了人天生的善性、善端以外，基本上是因為天主所賞賜的靈魂，加上靈魂與四大合為人身，這裡面除了有儒家的人性論，也從神學觀點與靈魂論觀點來證實的人性本善。除了透過孟子所提供的心理學論證，他還提供了靈魂論與神學的論證。

從神學和靈魂論所支持、論證的人性本善論，夏大常開始批判傳統的三種人性論。第一種理論，是唯物論或物質論的人性論，就是認為人的魂來自精氣，這也是艾儒略等人所批評的，從氣論觀點來講的人性論。第二種是人性本惡論的看法。第三是人性是善惡混，又善又惡的說法。

首先，針對黃老道家，如《管子・內業》所提出，認為人的本性、精神主要是在於氣，稱為「精氣」。其後的道教修練，所謂「煉精化氣，煉氣化神」，由氣、到精、到神的轉變過程，說人可以從物質的氣中提煉出神來。夏大常的論點很特別，他是根據亞里斯多德《物理學》所謂「不同種類不能彼此轉換」的論點來批評道家「煉精化氣，煉氣化神」的理論。他認為所謂「煉精化氣，煉氣化神」沒有認識到凡物都是各從其類，不同的種類的東西不能夠彼此轉換。夏大常這一想法有柏拉圖、亞里斯多德思想的背景，認為形式和種類是不能轉換的，這是根據邏輯和物種的分類。可見，他已經是在西方的理論架構內來證成性善論。

第二，針對人性是惡的論點，夏大常訴諸神學論證，認為上帝的慈悲不會讓屬惡類的東西繁殖。若人性是惡，則人的惡可不斷繁殖，那就好像上帝的慈愛允許惡的東西不斷繁殖一般。相反的，上帝的慈愛不會讓惡不斷繼續生產繁殖。人的不斷繁昌，證明人是善的，是上帝所肯定的。

第三，針對善惡混的理論，夏大常根據亞里斯多德的不矛盾律來講，說相互矛盾的東西不可同時存在，一項事物不可同時又是黑又是白，又是善又是惡。所以，相反的或矛盾的本性不可能在同一個個體存在上混合，譬如說火不能和水在同一物上共混，一個事物不能同時又是火又是水，因為水、火本性上是相反的。

根據以上的理論，夏大常既證成了人性本善論，又批判了其他傳統各家（像道家和漢儒董仲舒等人）的人性論。可見，亞里斯多德的《靈魂論》被夏大常當作證成孟子的性善論

21　前揭書，頁4。

的工具。

換言之，我們可以反過來，從中國哲學的角度看夏大常是怎麼讀亞里斯多德的。其實，他是從中國人的道德善惡的價值中心角度來閱讀亞里斯多德。亞里斯多德的《靈魂論》本來只是自然哲學理論的一部分，但夏大常既然反對性惡論和善惡混，而致力於證成性善論，他已經是站立在中國傳統哲學裡面，以價值哲學中心的想法，去閱讀亞里斯多德的《靈魂論》。而且，在證成人性本善以後，他進一步表示，人性的善表現在人的三種能力上，也就是艾儒略和畢方濟所講的靈魂的能力，有理智、意志和記憶。他不同於亞里斯多德的記憶論，而是採納了柏拉圖和聖奧古斯丁所講的記憶說，視記憶為人性中很重要的能力之一。

中國士人在亞里斯多德理論內部做選擇的時候，並不注意其中有關知識論的一些人學依據。亞里斯多德討論主動理智、被動理智，講論人的主動理智與抽象能力如何能抽出某一事物的形式，交給被動理智，發表為該事物的本質概念，而該本質概念再用語言表達出來，則成為該事物的定義等。然而，這套體系性的哲學思考，並非中國士人所關心的。也因此夏大常會用價值論來讀亞里斯多德，同時在有關理智運作的分析方面，也不關心亞里斯多德所講的抽象論。即使是作為一位天主教友，他也沒有興趣去討論什麼是主動理智、什麼是被動理智。他的重點是在強調這三個能力（理智、意志和記憶）都是人可以藉之以達到天主作為他的人生嚮往的最高對象。

可見，艾儒略和畢方濟的外推工作，現在有了一個由華人習取的成果。在夏大常看來，人性的這三種能力都可以止於至善，達到天主作為最終極的目標。夏大常說：天主是至高的善，我的身體沒有接近天主的門道，然而我的意志可以接近天主，天主可以作為我意志的夥伴；我的眼睛不見天主，但我的理智可以看見天主，天主就是我理智的夥伴；我外在的身形無法接觸天主，然而我的記憶卻能接觸天主，並且以天主作為我的夥伴。[22]從這角度來看，人與天主的關係成為夏大常詮釋中國傳統「天人合一」的方式。所謂「天人合一」或「天人合德」，現在被受到亞里斯多德《靈魂論》影響下的天主教徒，理解為人和天主的關係，尤其是人有理智、意志與記憶三種能力，可以卓越到止於至善，與天主為夥伴。

夏大常引述周敦頤的話說：「士希賢，賢希聖，聖希天」，用白話來說，一般士人希望達到賢人的地步，賢人希望達到聖人的地步，聖人希望達到天的地步，總之，人是可以達至於天，與天合一。如果我能夠全面展開我的理智、意志與記憶的能力，將自我與天主合一，天主一定可以增益我的理智、意志與記憶，以便照亮我心。在心靈亮處有天主，我就能夠與祂在彼處合一。當天主在天的時候，我能夠與祂在天合一；當天主下降於地的時

22 前揭書，頁12–13。

候，我也能夠與祂在地合一；我將可與天主毫無分離，而天主將永不棄我。由以上這些話語，可以見到夏大常是從儒家本性能力的論證，也就是人擁有「性善」的論證，加上了天主教徒「恩寵」的觀念，他似乎可以達到某種密契的論點，也就是把與天主密契結合視為是我展開我的自然本性，並與天主的恩寵結合，達致天人合一的密契經驗。

不過，必須注意到，柏拉圖主義以及中世紀對亞里斯多德《靈魂論》的詮釋，造成了中國士人在習取亞里斯多德《靈魂論》時，對於中國傳統人性論的改造也有一個不良的後果。從以上的論述，我們可以看出有某種二元論，甚至是身心衝突論存在。更糟糕的是，夏大常把身體視為惡的來源，認為身體不但無法接近天主，而且身體好像是惡的。他把善性放在靈魂，是由靈魂論轉向性善論。然而，在他看來，惡的根源就在於身體。這點與利瑪竇和艾儒略那種二元的道德論是相合的，類似「去人欲而存天理」，尊德性而抑身體的想法。

夏大常說：在人之中一定有某些東西有不善者，所以才使惡得以進入人之內。對他而言，必須為惡負責的是人的身體。身體本是人靈魂的伴侶，然而卻也會傷害靈魂。靈魂希望向上，身體卻傾於向下，即使靈魂有能力管制身體，身體仍有慾望不跟隨靈魂。理由是身體乃隸屬於不同種類之物，人的靈魂是由天主所親自賜給的精神實體，是人高尚的存在所在；然而，身體則是物質之物，是由水、土、火、氣四大轉換而成，因此其地位較低。因為身體較為低賤，而人的靈魂如此珍貴與美善，所以造成了人內在的衝突，人必須選擇離開惡的夥伴，與善的夥伴相結為善。他指出：天主才是人性的至善的伴侶。[23] 這種對於人的靈肉二元論看法，可以說是自早期耶穌會士們引進了亞里斯多德《靈魂論》和天主教倫理學以後，十分一致的發展，成為中國天主教人性論的基礎。此一思路的不良結果，在於失去了靈肉合一的想法。其實，亞里斯多德本人曾做了非常大的努力，試圖維繫身體與靈魂的合一。來華耶穌會士引進的亞里斯多德的《靈魂論》以及在早期華人天主教徒的性善論中，所得到的是相反的結果，強調靈肉二元論。這在實踐上也造成在道德上鄙視身體，心存於用抽象的理想提升靈魂，反而輕視了欲望本身的創造性，因而走向抑制性的德行觀，失去了創造性的德行觀。就此而言，明、清的中國基督徒在人性論、倫理學、神學上，也都有類似的問題。從夏大常的例子，可見一斑。

23 前揭書，頁10－11。

第四講

中國經典西譯與西方近代哲學家的回應：理性主義者與啟蒙運動的初興

一、初期在華耶穌會士譯述中國典籍入歐

利瑪竇以及其他來華的耶穌會士們，不但是西學引進中國的接引者，也是最先把中國思想引進歐洲的最早漢學家。他們發現中國有著淵遠流長的文化，不像是西方殖民者口口聲聲喊著要去「文明化萬邦」（go civilize the people）的對象，反而發現中國本來就是個高文明地區，而且必須去認識與適應，對此，他們是真正做到了。以利瑪竇為例，他從穿著和尚服，再著道士服，最後穿上儒服，戴儒帽，逐步適應。他不但學習中國語文，而且學中國經典。由於他的記憶力特強，而且擁有西方自中世紀以來發展的記憶法，為此能博學強記，對於中國經典甚至能倒背如流。

在中世紀士林哲學教育中，記憶的訓練是很重要的主題。我見過中世紀方濟各會用來協助記憶的圖像，譬如圖畫色拉芬天使（Seraphine）的六個翅膀，每個翅膀下各列出某些要

記憶的主題或材料。他們使用翅膀圖示的區位，加上對該圖示的虔敬，來幫助記憶。此外，聖多瑪斯有名的「記憶宮殿法」（Memory Mansion），原為古希臘的西莫尼德斯（Simonides of Ceos, 556－468 BC）所創，將所要記憶之物一一安置在一想像的空間（如宮殿房間、餐桌坐位等）之中，宛如建造一座記憶宮殿般。這一方法迄今仍然用在記憶法訓練，以及教會教義的記憶上。就今日的心理學來說，這些都屬於某種聯想法。

利瑪竇本人擅長的就是聖多瑪斯的這種記憶宮殿法，以至於他對中國經典非常嫻熟，不但能夠背誦，而且可以倒背如流。就此而言，我在想，他一定擁有心理學上所謂映像記憶（eidetic memory）的能力。總之，他對中國經典的隨口引述，甚至比一些中國士人都還要嫻熟，頗讓當時中國士人感到驚奇。此外，他的中文也特佳，所著《天主實義》的中文之流暢雅致，不要說今天玩電腦的學者比不上，就是接受國學訓練的人都不一定趕得上。經典嫻熟、文詞典雅，而且能在中國經典裡讀出奧妙的思想與高超的文化，他是來華耶穌會士們的模範。

大體上，耶穌會士對於古典儒學，例如《四書》、《五經》的內涵，都非常佩服，而且認為其中對人整體理性的重視甚至超過西方；儒學對於人的道德的重視、德行的培養更為積極；儒家有信仰，並非無神論者，因為中國古代相信「天」或「上帝」。這使得耶穌會士們選擇了古典儒學來做交談對象，並採取了「補儒」的策略，也就是以天主教的信仰補足儒家思想，但他們要補足的是先秦的古典儒學，而批判宋明儒學。

在此，我要略為談一下古代中國對於上帝和天的信仰。我們要區分商朝相信的「上帝」和周代相信的「天」。殷商的「帝」或「上帝」是與商朝祖先諸王關係密切的最高神明，但仍在多神架構裡面，其下還有日、月、山、川、河流的眾神。從殷商轉為周朝之後，周人為了避免在占卜或祭祀時向殷人的上帝禱告，會通向殷的祖先神，恐怕其中有所混淆，所以就由帝或上帝轉往涵蓋普世的「天」。雖然在早期周朝文獻中，「天」與「上帝」仍然混用，但後來就明顯轉往「天」的信仰，主要是因為「天」是普遍的，覆蓋大地萬物，而不像殷人的「上帝」關聯到殷族的祖先。

耶穌會士當時引用「天」或「上帝」，重點在於中國人曾有對「天」或「上帝」的信仰，但抽離了其原先多神的脈絡。他們曾經為了到底要把拉丁文 Deus 如何翻譯有過辯論。到底是譯作「上帝」（現在基督教仍然沿用），或是譯為「天主」，或是跟方濟各・沙勿略（Francis Xavier, 1506 – 1552）在日本採的音譯原則一樣，乾脆用「陡斯」音譯 Deus，以避免與中國的神明相混淆。須知天主教的天主有啟示神的意味，而不是中國的自然宗教的「上帝」或「天」。耶穌會士內部曾為了譯名問題嚴肅地反覆辯論好幾次，最後在一六二八年的江南嘉定會議中決定採用利瑪竇譯為「天主」的主張。

前文曾提到，我所看過的高母羨的《辯正教實錄》的西班牙文譯本和英譯本，把「無極」、「太極」、「理」等都翻譯為 Dios 或 God，造成這些語詞中較細膩的中國哲學、歷史與文化的意義遺失。譯名一直是個難題。但無論如何，耶穌會士們發現在中國經典與天主教信仰相合而不相違，即使有多神的脈絡，或一時名稱難定，但他們仍陸陸續續將中國的經典譯為拉丁文或義大利文等。這一方面是為了讓歐洲人也認識到，耶穌會在華的文化適應的策略是正確的，天主教不該強加其神學於中國人身上，反而要在了解中適應、發展；另外也讓他們了解，中國長久以來奠定了一種人文的、理性的文化典範，值得歐洲人學習。所以耶穌會士對於先秦儒家，尤其孔子，所訂下的人文典範最為推崇。我們若閱讀《論語》，可以見到孔子本人也祈禱。他曾對子路說「丘之禱久矣」（〈述而〉）；他也曾對王孫賈說，「獲罪於天，無所禱也。」（〈八佾〉）可以看出孔子的宗教性，以及他對於天的信仰。孔子思考問題時所顯現的完整理性，以及他本人德行的高超，都令耶穌會士們景仰。所以，他們當時熱心譯介到歐洲的，基本上是孔子及與他相關的經典。

相反地，對於宋、明理學和心學，他們反而認為是儒學的墮落或退步，例如對朱熹的「理氣論」，他們採取了批評的態度。早期傳教士很清楚地區分古典儒學和宋明理學與心學。如此區分不但是針對他們對「天」或「上帝」的態度開放或不開放，而且也在於人的成德是否像先秦儒學那樣與他人、與超越界有關係，或者像宋明儒學那樣轉為人自己內心的修養，封閉在主體之內，致力於「去人欲存天理」，或「敬」，或「致良知」的內在性涵養工夫。當時耶穌會士們介紹、翻譯的經典，主要都是環繞著《四書》、《五經》；而他們所介紹的聖者，主要是孔子。1

到了清初以後，耶穌會士為了要強調中國的理性也重視數理及其結構，因此轉向《易經》。加上康熙皇帝非常喜歡《易經》，曾令李光地編纂易學之書；傳教士對《易經》也深入研究，致力發揮《易經》裡的數理結構，甚至對清朝易學大師李光地的易學研究有所影響；李光地本人在撰述中也提及這點。白晉（Joachim Bouvet, 1656－1730）研究《易經》，並每天向康熙皇帝講授，也因此才影響及李光地。他們重視中國人的理性，認為中國人不但有整全的理性，其中含有合理的宇宙觀；也包含實踐的理性，涉及對政治社會的整體考量；此外，更還包含了數理的結構。在《易經》的數理結構引進歐洲以後，印證了萊布尼茲已有的雛形構想。我稍後再討論。萊布尼茲與白晉有密切的書信往來，也閱讀了耶穌會士們有關《易經》方面的著作。

簡單說，自明末到清初，耶穌會士西譯的重點是在介紹孔子；到了康熙皇帝之後，由於皇帝的喜好，轉向譯介《易經》；雖然都屬於五經範圍，但對理性的看法，重點從整全

1 孔子的外文名稱 Confucius 是把「孔夫子」一詞拉丁化的結果，且外文中將儒家或儒學譯為 Confucianismus（拉丁文、德文），Confucianism（英文）也因此而來。須知，孔子雖是最偉大的儒者，也是儒家思想的奠立者，但中國人自古一般尊稱他為「孔子」，然而「儒」的階層或行業出現得要比孔子還早，孔子是其中教育最成功、思想與人格最偉大者，被尊為「萬世師表」。至於「儒家」一詞在司馬遷《史記》中（約公元前一百年左右）才出現。

理性轉向數理理性。大體上，從利瑪竇開始，他在一五九一年開始用拉丁文翻譯四書，應該是屬於意譯，且他的譯稿也已寄到義大利。然而，至今我沒有看到過這本書。不過，利瑪竇本人在其書信中提到自己從一五九一年開始翻譯四書，內容非常豐富而且有用，但這些稿子迄今我也不知其去向，無以贅言。

利瑪竇的繼承人龍華民（Nicholas Longobardi, 1559－1654），雖然其所採取的策略，在對「天」、「帝」與「上帝」的看法，以及對中國人的信仰的態度，與利瑪竇有異，但他也寫作了《孔夫子及其教理》。在他之後，金尼閣（Nicolas Trigault, 1577－1628）來自法國，除了寫作了《天主教遠征中國史》以外，按照當時的書目，以及他自己的敘述，他也曾提到自己把五經譯為拉丁文，可惜未見流傳。稍後的葡萄牙人郭納爵（Inácio da Costa, 1603－1666），曾經與另外一位義大利傳教士殷鐸澤（Prospero Intorcetta, 1625－1696）合作翻譯《四書》。其中，郭納爵翻譯了《大學》，後改名為《中國智慧》[2]，殷鐸澤把《論語》翻作《中國政治道德學》，另也翻譯了《中庸》，可惜沒有翻譯《孟子》，大概是因為他也是集中於孔子、以孔子的德行為最高吧。此外，殷鐸澤另還寫了一本《孔子傳》。

可見，正如耶穌會士們向中國極力推介亞里斯多德及其著作，他們向西方則集中精神在譯介孔子以及四書五經。

此外，比利時人柏應理（Philippe Couplet,1623－1693）寫了《漢語初步介紹》，也翻譯了《四書直解》，並且還寫作了一本《中國哲學家孔子》（*Confucius Sinarum Philosophus*）。法國的衛方濟（François Noël, 1651－1729）也曾翻譯《四書》，不過他把《大學》取名為《成年人之學》，以有別於小學或幼學（像《幼學瓊林》、《孝經》這類給孩童的讀物）。至於《中庸》，他稱之為《不變之中道》。

後來，一位名叫劉應（Claude de Visdelou, 1656－1738）的傳教士特別重視中國儒家的禮儀，為此翻譯了《禮記》，主要是其中的〈郊特牲〉，以及〈祭法〉、〈祭義〉、〈祭統〉等，並且也把《四書》譯為拉丁文。

此外，來自奧地利的白乃心（Jean Gruber, 1623－1680）在他的《中國札記》裡也有《孔子傳》，而且還把《中庸》翻譯為義大利文，這是比較特殊的地方。當時民族國家雖已興起，但還沒有到重視各國文字的地步，連《聖經》都還是拉丁文本。不過，白乃心把《中庸》譯為義大利文，也是為了讓義大利人和教廷中人都能夠了解《中庸》裡高度的哲學意義。一直到這裡，中書西譯的工作主要都還是集中在孔子、《四書》和《五經》。

到了康熙皇帝之後，譯介的方向有所轉折，主要重點集中在《易經》。剛才提到的白晉有易經研究，當時是手稿，晚近才公布刊行，曾有中國學者專程受邀，對這整本手稿仔細閱讀過，並作了詳細的介紹。同樣的，法國人雷孝思（Jean Baptiste Regis, 1663－1738）

2　由於收入合譯的《四書》，為此也有人說《大學》是殷鐸澤和郭納爵合作翻譯的。

曾經用拉丁文翻譯並且出版了《易經》。可見，此時《易經》已引進歐洲。接著，湯尚賢（Vincent de Tartre, 1669－1724）也出版了《易經研究》。

除此之外，像《詩經》、《書經》也都有所翻譯，例如法國的馬若瑟（Joseph de Premare, 1666－1736）曾研究中國文字學中的六書理論，也翻譯了《趙氏孤兒》，著有《書經以前時代及中國神話的研究》。在《書經》方面，還有宋君榮（Antoine Gaubil, 1689－1759），不但作了《四書》的譯注，而且還翻譯了一些唐代的文學作品，中國的紀年表，也翻譯了《書經》。

以上可以說是中國著作被譯介到西方的一般狀況，對此國內已有研究，並明列出譯作書單，我不必多說。我只在此指出：大體上早期是介紹孔子作為聖人典範，以及《四書》、《五經》中的孔子思想；其後，則有《易經》方面的譯介與研究，以顯示中國人的數理理性與神學隱喻。

究竟耶穌會士們所了解、所體會的孔子是怎麼樣的人呢？正如艾儒略所說，他們之所以翻譯亞理斯多德，是為了讓東海聖人與西海聖人的思想相逢。其中「西聖」指的主要是亞理斯多德，重點是在後者銜接了人學與天學，而且提到亞歷山大大帝推崇亞理斯多德，顯然並不只是推崇他的學問，而且也推崇他的德行。至於東海聖人，主要指的是孔子，雖然是因為孔子崇敬天，有宗教性的一面，但主要還是就其理性精神來講，認為孔子發揮了最完整的人文理性。孔子不但教六經與六藝（禮、樂、射、御、書、數），更重要的是孔子非常重視德行的培養。孔子不但重視德行教育，而且他本人實踐德行。更重要的是，他的德行不止於個人，而且擴而充之，直到齊家、治國、平天下。換言之，孔子所講的理性不限於個人，而且可擴張到家庭、國家，天下的群體秩序與福祉。比利時人柏應理在《中國哲學家孔子》一書中曾表示：「我們可以說，這位哲學家的道德無限崇高，同時又如此單純而敏銳，而且是汲自最純粹的自然理性的泉源。可以確定的說，從來理性沒有能夠像這樣在沒有神的啟示光照之下，如此高超、有力」。[3] 這話清楚表示了他對孔子思想的推崇。

後來，萊布尼茲在他的《有關中國的最新事物》（*Novissima Sinica*）的〈序言〉中也表示：

> 我認為這是個天定獨特的計畫，今天人類的文明與改良必須集中在我們這塊大陸的兩端，也就是歐洲和中國。中國是東方的明珠，就如同我們歐洲是另一端的明珠一般，或許至高的天意已經頒布了這樣的安排，使這兩個最有文化、最遙遠的人民彼此伸出手來，好使得那些居間的民族也可以逐漸提升邁向較好的生活方式。[4]

---

3 Philippe Couplet, *Confucius Sinarum Philosophus*, in English Selections, *The Morals of Confusius, A Chinese Philosopher*, London: Printed for Randal Taylor: 1691, p.1.

4 Donald Lack, trans, *The Preface to Leibniz' Novissima Sinica*, Honolulu: University Press of Hawaii, 1957, p.68.

可見，萊布尼茲把歐洲和中國這兩端看作是最好的文明，其他的民族都應該效法與學習，重視修身和美化，進而改善他們的生活方式，趨向更好的文明發展。這點想法與前引艾儒略所說，要使東聖西聖相逢，使他們的思想相互融合，意思十分類似，也是十分樂觀的看法。

二、西方近代哲學對中國訊息的回應

初期來華耶穌會士向西歐譯介了先秦儒家思想，他們的著作傳到歐洲以後，當時正好是西歐由人文運動、科學運動，轉向尋求哲學基礎的時期。在西歐，近代哲學思想起自法國的理性主義運動，其中最著名的思想家是近代哲學之父笛卡兒（René Descartes, 1596－1648），之後有巴斯卡（Blaise Pascal, 1623－1662），馬勒布朗雪（Nicolas Malebranche, 1638－1715），萊布尼茲（Gottfried Wilhelm Leibniz, 1646－1716）和他的弟子吳爾夫（Christian Wolff, 1679－1754）。他們中有好幾位深受中國思想的影響，並曾提出專著回應。其次，英國經驗主義有洛克（John Locke, 1632－1704）、柏克萊（George Berkley, 1685－1753）、休姆（David Hume, 1711－1776）等人，不過，他們對於中國倒沒有專文正式提出回應。

在理性主義與經驗主義之後，到了十八、十九世紀，有德國觀念論的康德（I. Kant,

1724－1804）、菲希特（J. G. Fichte, 1762－1814）、謝林（F. W. J. Schelling, 1775－1854）、黑格爾（G. W. F. Hegel, 1770－1831），以及對黑格爾產生反動的馬克斯（Karl Heinrich Marx, 1818－1883）、尼采（Friedrich Wilhelm Nietzsche, 1844－1900），他們中也有對中國提出評論，我會在另一講中再論。

本講將集中在理性主義的跨文化視野與貢獻，尤其表現在其與中國文化與哲學上的互動上者。不過，在進入對於理性主義的討論之前，先讓我表示一下我對經驗主義相關議題的看法。

比較起來，近代興起的經驗主義對於彼時引入歐洲的中國思想，甚少表示反應。就文化、宗教上的互動而論，由於經驗主義發生於英國，而英國國教，也就是英國聖公會，初期僅在英國諸島上傳教，其後推及其他英國殖民地，例如十七世紀隨著美洲移民潮而傳至美洲。一直要到十八世紀末、十九世紀初，更精確的說是在一七九九年，才成立了將對非洲、亞洲傳教的英國聖公會差會（Church Mission Society，簡稱 CMS），到了十九世紀才正式開始向非洲、和亞洲的英國殖民地印度傳教，其重點主要是在非洲地區。[5] 這些都比耶穌會來華

5 一七九九年四月十二日該差會成立時，名為「非洲和東方傳教會」（The Society for Missions to Africa and the East）。第一批傳教士來自符騰堡的路德會，在柏林神學院培訓，一八〇四年派遣出去。一八一二年差會更名為「非洲和東方教會傳教士協會」（The Church Missionary Society for Africa and the East），一八一五年派出了第一位英國牧師。

晚了兩、三百年，所以尚未趕上十七、十八世紀的中西文化互動大潮。此外，早期英國哲學家們對中國文化的興趣也不高，他們的思想反而比較反映了英國的擴張與其對殖民地的興趣。尤其是洛克，他曾擔任沙茲伯里公爵（Earl of Shaftesbury）的秘書，後者可說是英國殖民地擴充的推動者，他也沒有對其他地區文化的興趣、推崇與尊重。另外，經驗主義的知識來源基本上是認為只有看見的，經驗得到的，才算是知識的來源。但是，由於人的經驗往往受限於時空與情境，無法普遍化。既然所有的知識都必須回歸到感性經驗，他們對於來自其他歷史傳統或信仰的內涵，也就往往將其懸置。

也因此，洛克有所謂的「人心如白板」（tabula rasa）的說法。從古典經驗主義、自由主義，一直到二十世紀，一方面為了要求知識有可靠的來源，另方面為了在公共領域不會引起爭議，於是把所有人的信仰和各自的傳統放置到不必討論、以免爭議的地步，不論是放置於洛克所謂的「白板」，或是到了二十世紀羅斯（John Rawls, 1921－2002）所謂的「無知之幕」，其目的都是要把過去歷史形成的傳統，不管是自己的或別人的，當作只是偏見或洞穴來處理，而把可公開討論的事物定位在大家眼睛看得見，耳朵聽得到，……等等的感性經驗部分。所以，英國經驗論和自由主義把所有的歷史傳統，不單是他人的傳統，甚至自己的傳統，都放入括弧，置於私人領域，放置在白板或無知之幕裡，不要在公共領域裡討論。

在這一點上，經驗主義和自由主義會遇到的最主要的困難是：人心缺少一個可以高尚其志、昂揚精神的理想。其實，人都是隸屬於某個傳統，在傳統中習取可以昂揚自己志向與精神的理想價值。然而，現在這些理想都必須放在白板或無知之幕中，以便能公平討論公共事務。可以想像，在英國大帆船航行各地，爭取並掠奪殖民地的同時，也造成國內與國外不同勢力的糾紛，為此，他們總希望主張一個可以公共討論的知識領域，也因此會把知識定位在經驗上，是為了公共論述裡的客觀性；至於將歷史傳統與理想懸置，也是為了公共討論的公平。這樣的關心，是值得同情了解的。但若因此就把每個人內心所珍惜、嚮往的一些價值理想都放到白板或無知之幕，放到必須批評、檢討、甚至拋棄的洞穴偏見、戲劇偏見等等裡面，予以懸置，使人生頓失重心，這也是值得檢討的。

依我的看法，經驗主義對於科學的確有許多貢獻。隨著經驗主義發展起來的自由主義，也的確在政治、社會、經濟上多有貢獻。但是，若就它對於文化傳統，對於人的歷史性，以及對於人心所需藉以昂揚其志的理想和動機體系而言，經驗論和自由主義可謂卑之無甚高論，雖在人權、市場、公共權利與代議政治等有所貢獻，但也往往淪為爭奪權利的藉口。

三、理性主義者笛卡兒：入境隨俗與慷慨待人

相反地，從今天的角度來看，當時在西方世界能對其他文化傳統加以欣賞、尊重的，是歐陸的理性主義。理性主義的奠立者笛卡兒，也是整個近代哲學的奠基者，他的名

言「我思，故我在」說出了近代性（modernity）的基本精神[6]。換言之，西方自文藝復興運動一直到近代性或現代性完整展開的根本基礎，就是「我思，故我在」所宣示的人的主體性。雖然在後現代的反省裡，會批判人的主體性有時是虛妄的，並不是真正的主體；更何況，在主體的內在有欲望的動力，會企求於他者，所以主體與他者之間的關係總不可忽略。話雖如此，我認為近代以來最重要的遺產仍是人的主體性的發現，雖可批評之，並要求其開放，但總不可棄之不顧。

就哲學史而言，笛卡兒的思想也是有繼承，有創新的。從吉爾松（Etienne Gilson, 1884－1978）對於笛卡兒《方法導論》的研究[7]，我們可以知道笛卡兒哪些思想是來自中世紀的士林哲學，哪些是他自己的創見。雖然笛卡兒批評士林哲學，也批評他當時的科學體系，而鍾情於數學，這對所有的理性主義者有很大的啟發，但他仍有繼承先人之處。笛卡兒重視思想中清晰而明判（clara et distincta）的觀念，認為才有顯明的確定性，可相信為真實。在清晰而明判的觀念中，有「無限」的觀念，然而，「無限」不能由有限者來產生，也因此他認為應該有個無限者使得人們能有「無限」觀念。這是中世紀存有學論證與因果論證結合的結果。

笛卡兒在法國曾受到言論管制，有不愉快的經驗，於是遷到荷蘭。我在萊頓大學的漢學院任教一年時，曾去拜訪過他在萊頓的故居。由於萊頓是個自由土地，可以有言論自由。笛卡兒體驗過文化的多樣性，他的心也是慷慨的。他接受瑞典克莉絲汀女王（Christine Wasa,

Quen of Sweden, 1626－1689）邀請，赴瑞典為女王上課。他或許在潛意識裡預感這一去恐不復返，所以在上船前曾請人畫了肖像。他為了協助常坐船來看他並詢問哲學問題的伊莉莎白公主，為了提高她將來的國際能見度，想先和瑞典女王打交道，推薦伊莉莎白公主，於是慨然北行到瑞典寒冷之地任教。可見，笛卡兒是一個心胸慷慨之人，不封閉於個人主體，常多為他人設想。

笛卡兒的哲學體系裡雖然沒有討論其他的文化傳統，但他的「暫時倫理」（éthique provisoire）信條，第一條就是要入境隨俗，要尊重所進入的文化。讓我說明一下。笛卡兒的哲學體系，正如他在給皮柯特神父（Claude Picot, d.1668）的信中說的：「**整套哲學體系像一棵樹一樣，樹的根是形上學，樹的幹是物理學；樹的枝是其他所有科學，總歸為三項主要的：醫學、機械學、倫理學。**」[8] 形上學主要是「我思，故我在」所領會到的清晰明判的觀念；至於醫學、機械學、倫理學都還沒成為科學，但是人必須有一暫時倫理學（éthique

---

6　Modernity 我一般譯作「現代性」，有時譯作「近代性」，用以指稱自文藝復興以降西歐近、現代世界的特性，被二十世紀六、七〇年代興起的後現代思潮加以反省批判而賦予的概括性名稱。

7　Gilson, E., *René Descartes. Discours de la méthode, texte et commentaire*, Paris: Vrin, 1925.

provisoire），其中第一條就是要入境隨俗，尊重別的文化。笛卡兒本人曾在耶穌會神學院住了兩年，這一條應該是耶穌會倫理學的翻版，因為這一條說的也就是耶穌會四處傳教所採取的入境問俗的適應策略。在其影響下，笛卡兒心目中有一慷慨的倫理學，也有適應他人、尊重他人文化的胸襟。

笛卡兒與克莉絲汀女王和伊莉莎白公主通信，其結果就是他晚年的巨著《論靈魂的熱情》（*Passions de l'ame/ Passions of the Soul*）。在該書裡最核心、最重要的德行，就是慷慨，而且他認為：只有真正慷慨的人才有真正的自我，而且有真正自我的人一定會慷慨。這點實際上推翻了後世批評笛卡兒的封閉主體性的想法。其實，笛卡兒認為真正的主體要能對他者慷慨，而且唯有能真正對他者慷慨的人才是真正的主體。這一想法已經在近代哲學的奠基者身上，把近代性的主體性和後現代對他者的慷慨，兩相銜接起來了。

四、馬勒布朗雪：孔子也在神內看見

笛卡兒雖出身於耶穌會的教育，但他隨後移居荷蘭、瑞典等新教國家，並死於北歐，沒有機會接觸到利瑪竇他們傳輸回西歐的《四書》、《五經》與孔子的典範。所幸，在他之後的法國理性主義思想家馬勒布朗雪（Nicolas Malebranche, 1638－1715）不但拜讀了在華傳教士所介紹的中國哲學思想，而且他還寫作了《一個基督徒哲學家和中國哲學家關於天主的存在與本性的對話》（*Entretien d'un philosophe chrétien et d'un philosophe chinois sur l'existence et la nature de Dieu,* 1708）[9]（以下簡稱《和中國哲學家的對話》）。馬勒布朗雪可以說是在笛卡兒以後最重要的法國理性主義者，當然，此外還有巴斯卡，不過巴斯卡更是以他的數學著名於世，且是笛卡兒的批判者；而馬勒布朗雪則是以哲學家著稱，且表現出與笛卡兒的連續性。馬勒布朗雪是司鐸祈禱會的會士（Oratorian），他在會士受訓期間接受了亞里斯多德哲學的訓練，不過司鐸祈禱會基本上更受到聖奧古斯丁的影響。可以說，馬勒布朗雪在哲學方面基本上是把笛卡兒哲學和聖奧古斯丁思想結合起來。他雖然也是個很好的數學家和科學家，但他不像巴斯卡那樣批判笛卡兒，而是一個真誠的笛卡兒的推崇者。他最早受笛卡兒的啟發，是讀

---

8 "Ainsi toute la philosophie est comme un arbre, dont les racines sont la métaphysique, le tronc est la physique, et les branches qui sortent de ce tronc sont toutes les autres sciences, qui se réduisent à trois principales, à savoir la médecine, la mécanique et la morale." ; M Descartes, Lettre-preface, *Les Principes de la philosophie*, Traduction française de l'abbé Picot (1647), l'édition Adam & Tannery, IX, 2, p. 15.

9 Malebranche, N., Entretien d'un philosophe chrétien et d'un philosophe chinois sur l'existence et la nature de Dieu, in *Oeuvres Completes*, Tome XV, (Paris: J. Vrin, 1958).

了笛卡兒過世後出版的《論人》（*L'homme*）10。當時馬勒布朗雪對於笛卡兒的科學和數學非常推崇，認為那是人類理性的表現。同時他也採取了笛卡兒對於清晰明判觀念的想法，認為清晰明判的觀念就是真實的。

馬勒布朗雪也採取了笛卡兒式的本體論證。本體論證說的是：無限（天主）是無法想像比它更偉大的概念；無法想像比它更偉大的概念包含存在；也因此，無限（天主）這一無法想像比它更偉大的概念存在。這一本體論證的三段論證在邏輯上相當嚴謹。11後來，羅素（Bertrand Russell, 1872－1970）也認為在邏輯上它是無懈可擊的。但是，康德曾批評本體論證說：我可以想像我有一百馬克，但我口袋裡並不一定實際有一百馬克。不過，康德這是有關一百馬克的問題，並不是有關無限的問題。

笛卡兒的本體論證應該包含兩方面：一方面人有「無限」的概念。我先說明一下「無限」的概念。若從算術上來講無限，往往是沒有限定的數目，可以繼續再加一，不斷再加下去，但這只是消極的無限。然而，笛卡兒的無限是積極性的無限概念。不是消極性的無限，而是積極的無限，是可以想像無限偉大，能力無窮的存在，也就是天主。笛卡兒的論證認為，有限者無法想像這一無限存在的概念，所以無限的概念應該是由無限者（也就是天主）所給予的。這樣的論證，在我看來，應該是本體論證加上因果論證的結果。基本上，馬勒布朗雪也是遵循了笛卡兒這一想法。我們看到，他在《和中國哲學家的對話》裡，要把這個想法搬出來，作為批評中國哲學家的基本論點。馬勒布朗雪在這方面繼承了笛卡兒。

另方面，馬勒布朗雪也繼承了聖奧古斯丁的光照說，但他並不特別重視聖奧古斯丁的回憶說。我們前面說過，聖奧古斯丁受到柏拉圖的影響，很重視記憶和回憶。馬勒布朗雪把記憶和回憶當作人的想像作用之一，但人若想像過度，往往會是錯誤的來源。這本來也是笛卡兒的論點，對馬勒布朗雪很有所啟發，認為人之所以會犯錯，往往是因為想像過度。所以，人不能太相信想像。也因此，馬勒布朗雪並不強調記憶。也正由於這一觀點，他對歷史家、對強調記憶者，往往多所批評。他認為人最重要的能力就是智性（understanding），而不是想像；而在人的智性裡，最重要的就是那些清晰明判的觀念。這點也非常接近笛卡兒。

然而，馬勒布朗雪有關智性的最高作用，受到聖奧古斯丁的啟發。馬勒布朗雪認為人在智性最清晰明判的概念中所見，也就是當智性看到最清楚明白時，都是在神內看見。這點和聖奧古斯丁的光照說非常一致。馬勒布朗雪是一個非常好的哲學綜合者，為此我們不

---

10 Descartes, R., *L'Homme*, Paris: Charles Angot, 1664.

11 本體論證用三段論證表述如下：大前提：無限（的天主）是無法想像比它更偉大的概念；小前提：一個實際存在的無限要比不存在的無限來得更偉大；結論：所以，無限（的天主）存在。

能隨便說他只是一位笛卡兒主義者，也不能隨便說他只是一位聖奧古斯丁主義者。更何況，他這一哲學論點，也正是他的信仰所在：人在神內看見。換言之，當人有真知灼見之時，都是在神內看見。他重視「看」這個字，這是來自亞里斯多德的傳統。亞里斯多德在《形而上學》開宗明義便說：「所有人按照本性都欲求知識，其中最主要的證明，就是我們喜愛感官，……而在一切感官之上，我們最愛視覺。因為不但是為了想做些什麼，即使當什麼也不做，我們都寧願東看西看。」[12] 我想，雖然看、聽、嗅、味、觸都有深刻的哲學意涵，不過西方文明特別重視「看」，亞里斯多德早已說出。到今天，閱讀、觀賞、視訊的文明，也都是看的文明。在近代哲學中，馬勒布朗雪的「看」包含了在神內看見之意，在此才能當作是真正看見。綜合起來：人看得最清晰明判時才看得真（笛卡兒），而人唯有在神內才能如此看見（聖奧古斯丁）。

人到底在神內看見了什麼呢？換言之，到底人能掌握的真理是哪些？第一，所有理性的真理，尤其數理方面清晰明判的真理，像2+2=4等。馬勒布朗雪為什麼推崇笛卡兒呢？就是因為笛卡兒在理性真理方面看得清楚。由於數理之真，馬勒布朗雪也會推崇《易經》裡表現的中國人的理性，並不因為中國人的德行，而是因其數理，是認為中國人能透過神而看見數理真理。這使得馬勒布朗雪佩服中國人了不起，認為他們一定有神作後盾，只是中國人對此還沒清楚意識到而已。在神內看見數理，這是馬勒布朗雪的第一個主張。馬勒布朗雪對於中國數理之知的重視，已經種下爾後其他理性主義者，如萊布尼茲和吳爾夫，喜好《易經》的原因。於是，歐洲的中國研究，逐漸從對中國《四書》、《五經》的譯介，轉向對《易經》數理的研究。

第二，在神內看見「無限」概念。人的理智所能看見的清晰明判的概念，包含了「無限」概念。換言之，每個人心裡都有「無限」的概念。「無限」的概念，不只是數字上不限定的無限，可以繼續往上加；而是指在形而上、存有論上的無限存有者上帝。無限存有者在我們心目中，一定不是來自於我，不是來自我這個有限的智性作為原因，而是來自無限存有者本身，是祂給予了我，使我能在神內看見。就此而言，他在《和中國哲學家的對話》中，運用這一論點來論證中國人不足之處。

第三，在神內人看見所有自然理性可以看見的道德法則。凡是各個民族、各個文化，如果他們見到合理的德行原理，那些德行原理都是人按照自然理性可以獲得的，當然也是人在神內看見的。從基督宗教來說，這是從啟示得來；然在人的自然理性裡也可以找到依據，在華傳教士介紹給歐洲的孔子，便是一個非常好的例子。也因此，馬勒布朗雪在《基督徒對話錄》（*Conversations Chrétiennes*）一書開宗明義就推崇孔子，認為孔子是人按照自然理性便能獲得道德法則的重要範例。他在該書一開始就說：「**聖多瑪斯應用了亞里斯多德的感**

12 Aristotle, *Metaphysics*, 980a 21-15., in *The Complete Works of Aristotle*, vol.2. p.1552.

受，聖奧古斯丁則應用了柏拉圖的感受，為了向哲學家說明信仰的真理，而我如果沒有錯的話，也是因為這層關係，使得中國人得以從該國哲學家孔子那裡得到切近於我們的學說的這些真理。」13從以上這些話看來，馬勒布朗雪也是十分推崇孔子的。

五、基督徒哲學家和中國哲學家的對話

然而，在馬勒布朗雪後來撰寫的《一個基督徒哲學家和中國哲學家關於天主的存在與本性的對話》中，他轉過來對儒家有所檢討與批評。不過他所針對的，其實是朱熹的理氣論，而不是針對孔子的學說。這一點，過去的研究者往往沒有詳加以區辨。須注意，雖然同樣是在討論儒家思想，但不能混而為一。朱熹的理氣論本來也是利瑪竇等人所批評的，利瑪竇認為「理」是附性（accidentia），不是實體，既然不是實體之物，怎麼能創造天地呢？基本上，馬勒布朗雪之所以寫這本對話錄，是來自在華傳教士的要求，他們希望，為了給予中國人更多理性的證明，盼能有個數學家或像馬勒布朗雪這樣的哲學家給他們一個用來和中國人討論的論據。當時有一位耶穌會士回到法國，正好是馬勒布朗雪的朋友，因此就拜託他來寫作，本來只是為了供耶穌會士們內部討論。馬勒布朗雪自己表明，本來沒有意思要公開，但後來手抄本越來越多，怕引起誤會。而且有人認為他寫這文章，是在反

對或批評耶穌會士們的，因為他不屬耶穌會，而是司鐸會的成員。

更且，當時「禮儀之爭」已經發端，耶穌會內部也有不同意見，法國耶穌會士們對於義大利耶穌會士們採取的文化適應策略也有意見。對於是不是可以允許中國人崇拜祖先，甚至使用中國人的「上帝」、「天」等語詞，顯得中國人早已有正確的宗教信仰，意見不同。對此，已經有不少道明會、方濟各會，甚至耶穌會內部也有人主張不能再這樣。為此，耶穌會士們才會在杭州、嘉定等地召開學術會議，討論到底Deus該如何翻譯，到底譯作「陡斯」、「上帝」、「天主」哪個好？文化的外推和翻譯本是一件要非常謹慎的事情，需要經過冗長的討論，此一討論與論辯也擴散到了歐洲。

為此，馬勒布朗雪才會暗示，有人認為他是在反對耶穌會，也因此有必要公布此書，使大家明白他的真正想法。他的話雖然沒有講得這麼明白，不過，他雖然一方面配合耶穌會士自利瑪竇以來的做法，批判宋明新儒而推崇古典儒家。他在《基督徒對話錄》中稱讚孔子，但在《和中國哲學家的對話》中批評朱熹。然而，另一方面，他在批判宋明儒學之時，也指陳中國經典裡並沒有基督宗教所言上帝，像「帝」、「天」、「理」等，都不

13 Malebranche, N., *Conversations Chrétiennes*, in *Oeuvres*, Paris: Gallimard, 1979, p.1129.

是天主。藉此，他也就指出耶穌會士所採取的適應策略也是有問題的。如此一來，《和中國哲學家的對話》像是一把雙刃刀，有利於在華耶穌會，也有不利之處。

先講一下關於「對話」（Entretien 或 conversation）一語的使用。馬勒布朗雪喜歡用「對話」的方式表達他的思想。這在西方哲學有其長遠傳統，自從柏拉圖對話錄以來，哲學家常透過對話來表達真理。在柏拉圖那裡，辯證法（dialectics）就是「對話的藝術」（art of dialogue），且針對所提出有關友誼、勇敢、美……等的定義，都沒有最後的答案，因為最後發現，對話者對於這些的觀念或相，都沒有最後的掌握。真理是哲學家的事業，而哲學家們彼此也都是朋友，哲學是在朋友當中的對話。蘇格拉底跟他的青年朋友們對話。不過，哲學的對話在柏拉圖那裡多是富於批判性的對話。可以說，由於共同對真理的愛好，而在友誼之中仍有敵意：我不同意你，你也不同意我。你一提出某個定義，我就馬上指出其中的缺陷。所有的知識都要經過批判性的檢查。一如蘇格拉底所言：「**沒有經過檢查的生命，是不值得活的。**」[14] 在批判性的檢查之時，也包含著把所提出的知識的有限性指陳出來，以致到最後都沒有究竟的答案。

哲學史發展到了馬勒布朗雪，他的「對話」是 Entretien 或 conversation，已經有了一些改變：雖然仍是朋友之間的對話，但沒什麼敵意，有的只是問者與答者的對話關係；問者和答者同時都保有某些真理，為此相互可以繼續前進，最後得到最終的真理。對於馬勒布朗雪而言，那無限的真理是人可以在神內看見的，而且那無限的真理本身也是可以展示出來的。所以，馬勒布朗雪本人是擁有答案的，這點不同於柏拉圖。馬勒布朗雪的對話不是出自批判性的、敵意的友誼，而是帶著相互了解、彼此扶持前進的友誼，比較像是基督徒在愛中的對話；而且可以在最後共同獲致真理的顯現，或說在神內觀見真理。

先前，馬勒布朗雪在《對真理的探索》（*De la Recherche de la vérité*）[15]一書中，已經提出在神內觀見真理的見解。馬勒布朗雪作品中的對話觀，既顯示了基督徒的對話精神，如《基督徒對話》；也顯示了跨文化向度，以基督徒身分和別的文化傳統對話的精神，如《和中國哲學家的對話》。這是笛卡兒所沒有的。笛卡兒作為現代性的奠立者，挺立了主體，並在主體性上奠立了近代哲學，但他並沒有什麼對話表現，更沒有基督徒的對話精神，他雖主張「入境問俗」，但他與其他文化傳統對話的欲望也不強烈。然而，在馬勒布朗雪那裡，他最喜愛的寫作形式是對話，並且把對話精神從柏拉圖式無法達至終極定義的對話，轉變為朝向終極真理之途的交談。在《基督徒的對話》裡，他一開始就推崇孔子，主要是把孔子當作中國理性的代表，且其背景論點是：孔子之所以能如此，顯然是因為他能在神內看見，雖然孔子並未意識及此。

14 Plato, *Apology*, 37e－38a.

15 Malebranche N., *De la recherche de la vérité*, in *Œuvres*, Paris: Gallimard, 1979.

然而，在《和中國哲學家的對話》中，他主要經由對話，評論朱熹理氣論之不足，藉此論證天主或神本身是無限的存有者。其實，這包含了他對於朱熹哲學的誤會。因為就朱熹而言，在形而上層面，「理」可以在其自身；在形而下層面，「理」馭「氣」而行，「理」、「氣」不分離。馬勒布朗雪只知道，「理」、「氣」不分離，可是並不知道「理在其自身」，且在形而上層面，是「理」高於「氣」，而且可以與「氣」分離。只有在形而下的實際存在上，是「理」「氣」並行。

我想，馬勒布朗雪基本上掌握了形而下這點。我們可以說，他對於理氣論的思考，是從他對亞里斯多德形質論批評的角度來看的，也因此他將理氣關係視如形式與質料的關係。但這點絲毫不影響他對孔子的推崇。他從孔子那裡學到：透過人的自然理性也可以看見道德的真理，這一點後來被萊布尼茲和吳爾夫加以發展，甚至引發西方啟蒙運動的開端。至於他對朱熹理氣論的批評，在意圖上是為了呈顯有一無限的存有者天主作為萬物存在的原因。在這一點上，中國的宋明理學僅訴求於「理」做為原因，而沒有指向超越而無限的實體做為原因。這也是利瑪竇和在華傳教士批評的對象，而這一批評也被近代西歐哲學家所接受，但我們不能說朱熹哲學思想的優點有被馬勒布朗雪體會到、吸收到。孔子雖被馬勒布朗雪視為典範，但朱熹則是他用來當做批評的借鏡。

《和中國哲學家的對話》一書，按照作者在前言裡所表達的，其寫作目的是為了改正中國人對於天主所擁有的錯誤觀念。其所謂的「中國人」並不是指孔子，而是指宋明理學家，特別針對朱熹。按照法國名哲學史家亨利・古耶（Henri Gouhier, 1898－1994）為該書新版所寫的序，其實馬勒布朗雪並不是針對中國本身，而是針對他自己所懂的中國，然隱含在背後的，則是他針對斯賓諾莎（Baruch Spinoza, 1632－1677）的批判。這一點是可以確定的，因為當馬勒布朗雪年老時，有人問他對斯賓諾莎的意見，他回答說：去讀讀《和中國哲學家的對話》就可以了。可見在該書的背後，馬勒布朗雪更熟知的是斯賓諾莎的思想。他歸結出的結論是：斯賓諾莎和中國人一樣，都把無限的存有和某一個顯現無限存有的存在物搞混了。

換言之，馬勒布朗雪在這本對話中所針對的問題，是中國人並不知道自己正是在無限的存有天主中看見其他一切，但卻未能認識祂；相反地，他們把天主所已然顯現的某些面相、智慧或是理，當作就是天主了；這點正如同斯賓諾莎把被生的自然（natura naturata）視同能生的自然（natura naturans），也就是實體本身，當作是無限的存有了。在這意義上，馬勒布朗雪認為他對中國人的批評也適用於斯賓諾莎。所以，與其說他是在糾正他認識不多的中國人的錯誤觀念，更好說他是在糾正他所熟知的西洋哲學中的斯賓諾莎。他是在針對他所接受到有關中國哲學的訊息，且根據自己的西洋哲學傳統來懂中國。在這意義上，我們可以說馬勒布朗雪並沒有真正進行外推的工作和語言習取的工作。他並未真正習取中國哲學裡朱熹理氣論的意義究竟何在；相反的，他是從西洋傳統來理解之。第二，他並未做外推的工作，沒有把自己要講的哲學道理放在中國哲學可懂的語言脈絡裡去翻譯、講述，去進行交談；相反地，他把中國的思想放在他自己的哲學語言脈絡裡講，讓西方這邊的自己人能夠懂。可見，馬勒布朗雪對於中國哲學與文化，無論在語言習取或外推上都有所不足，也因此其跨文化的對話精神仍有不足。

六、對於中國哲學的六點評述及其與朱熹哲學的比較和檢討

馬勒布朗雪表明，他所要批駁的中國人錯誤觀念包含以下六點：第一點，只有兩個種類的存有，也就是「理」或「至高的理性、規則、智慧與正義」，和「物質」（其實就是「理」和「氣」）。第二點，「理」和「氣」（物質）都是永恆的存有。第三，「理」並不是在己存在，也不獨立於物質而存在，顯然中國人將之視為一種形式（亞里斯多德意義下的形式），或者像是一個分散在物質中的性質。第四，「理」既不認知也不思想，雖然它本身被當作至高的智慧和理智。第五，「理」一點都不自由，它的動作完全出於其本性的必然性，對於自己的行為既不認知也不意願。第六，「理」把那些傾向於接受理智、智慧與正義的物質，轉變為理智的、智慧的和正義的，因為按照馬勒布朗雪所談到的那些中國文人來說，人的精神只不過是被淨化了的物質，或傾向於理所賦形的物質，藉此而變成智慧的或有能力去思想的。顯然是因為這點，他們同意說，「理」就是光，可以光照所有人們，

而且人們在光之中可以看見萬物。[16]

從這六點我們可以看出，馬勒布朗雪大體上是按照亞里斯多德的形式與質料學說的角度來看「理」和「氣」，雖然這一詮釋有某些時候是正確的，但對於朱熹的「理」和「氣」並不是完全正確的了解。

先談談朱熹的理氣論。我們知道，「理」和「氣」在朱熹的系統裡面，是有歧義性的，「氣」並不只是物質，也可以說是生命力；此外，朱熹的「理」一詞也有多重意涵，並未一一清楚加以分辨。為了詳細討論，我們可以從語言哲學上，分析出朱熹的「理」包含三個層面。

第一個層面，有一物便有一理，物物皆各有其理。換言之，每一個物的原理、原則都稱為「理」。在這個意義上，朱熹的「理」與「氣」比較接近亞里斯多德的「形式」與「質料」。

第二個層面，「理」也是所有萬物個別的「理」的總稱，所以它也是個共名（common

16 以上六點，表述在馬勒布朗雪〈敬告讀者〉（*Avis au lecteur*），見 Malebranche, N., *Entretien d'un philosophe chrétien et d'un philosophe chinois sur l'existence et la nature de Dieu*, in *Oeuvres Completes*, Tome XV,（Paris: J. Vrin, 1958）. p.40－41. 在此文中我略加闡述。

name)，「理」是全部個別的理的總名或共名，用來稱呼萬事萬物皆有其理的「理」。就這點來講，在亞里斯多德那裡並沒有一個總形式來指稱所有的形式，也因此這點與亞里斯多德並不符合。

第三，朱熹說「太極」就是「理」，所以「理」也是終極實在，是形而上的真實。對朱熹而言，理是一種非位格的、非實體性的終極實在，不像在天主教，天主是位格性的、實體性的終極真實。

朱熹本人並沒有將「理」的概念從語言哲學角度仔細分析出以上這三個層面。他並沒有明確意識到或指出他所使用的「理」字有這三層意義，甚至有時會加以混淆。可以了解，這是中國哲學常有的綜合性思考，沒有在語詞的使用上做分析性的界定。不過，從以上三層意義看來，在實際的存在和運作中，「理」的確是與「氣」一起的。馬勒布朗雪所指的情況，是「理」搭著「氣」而行（朱熹的語言），「理」與「氣」在實際存在中活動的情況。

但是，朱熹另外也說「太極只是一個理字」，換言之，「理」就是「太極」或「太極」就是「理」：所以，在形而上層面來講，「理」是優先於「氣」。這個優先包含邏輯上的優先，也包含時間上的優先。朱熹說，在「氣」之前先有「理」。這「先有」理，有兩層意思，一層是邏輯上的，因為「理」既然是形而上的，而「氣」是形而下的，則「理」應該在邏輯上優先於「氣」。第二，「理」在時間上也優先於「氣」的存在。

當然，朱熹本人也說，「太極只是個極好至善的道理……是天地人物萬善至好底表德。」換言之，太極既是理，理也有價值的意味、有善的意味，除了理性、理由、原理、原則等等以外，還有至善、最高價值的意思。可是，「理」並沒有智慧或正義的意思，「理」是具有價值意涵的理性和原則，但並不一定要像馬勒布朗雪那般稱它為智慧或正義。可見，馬勒布朗雪的第一條批判所說的，並不全然是對的。

第二條說「理」和「氣」都是永恆的存在。其實，朱熹並沒有這樣說。因為「理」和「氣」結合之物都在不斷變化中，而且「理」基本上就是陰陽變化之理，萬物都按照陰陽之理來進行變化，並不是永恆的存在物。換言之，「理」和「氣」在具體事物裡面都是不斷運動變化的，唯一不變的就是運動變化之「理」，但不能說兩者都是永恆的。而且，在朱熹看來，既然「理」在時間中先於「氣」，且當這宇宙消滅了之後，「理」還可以再另生發別的宇宙。這點不像亞里斯多德的世界是永恆的。

值得注意，亞里斯多德所謂的「永恆」和馬勒布朗雪說的「永恆」並不一樣。因為亞里斯多德說的永恆，指的是恆然在現前，恆常臨在之意。亞里斯多德的思想體系中，並沒有造物者天主。亞里斯多德的神只是「思想思想其自身」（noesis noeseos），換言之，是一全面思想自覺思想的神，而此一全面自覺便是至善。我們人生在世，一生中偶爾會經驗到能思與所思合一，偶爾會覺得天地萬物朗然在心，可以達到某種意義的自覺的思想，體味至善。然而，對亞理斯多德來說，神是永恆如此。神是永恆的至善、永恆的全面自覺。

思想思想其自身，也就是全面自覺的思想，而其所思想者厥為至善。對比起來，月亮以下的世界雖然變化不已，一下子呈現，一下子又不呈現，但這樣的世界也是永存的。所謂時間中之物，像花開了、花謝了，人生了、人死了，凡是會臨在又會不在的，稱之為時間之物；凡是一直都臨在的，稱為永恆。世界不斷變化，其中之物，如花草樹木，有在有不在，時而在時而不在，屬於時間；然而神一直都臨在，且能全面自覺，不曾不在，屬於永恆。這是亞里斯多德所謂的「永恆」。

然而，到了近代以後，時間是按照先後連續地綿延，至於永恆則是在當下現在呈現所有的綿延，換言之，所有綿延都在恆常的現在全面展露了，如同天主那般。這是馬勒布朗雪所說的永恆。當然，這已經不同於亞里斯多德的永恆之意。而且，這也不能說是朱熹的想法，因為朱熹假定了世界有開端，他曾說世界開始時像個雞蛋，氣在其中迴旋，濁而重者沈澱變成地，清而輕者浮上天；而且，這個世界也可能終窮，由「理」另外再生出另一世界。至於怎麼開端，怎麼結束，朱熹沒有說。至多，我們可以說其中有時間，但不能說其中有永恆，既不會有亞里斯多德意義下的永恆，一直臨在；也沒有馬勒布朗雪意義下的永恆，如同天主那般在當下的現在呈現所有的綿延。

第三點，關於「理」不獨立存在，而是存在於「氣」、在物質裡面。馬勒布朗雪的這個說法批評不到朱熹完整的「理」觀，至多只說對了前述第一層意義的「理」、「氣」關係。至於「理」作為總名、作為「太極」，都不是在「氣」當中的。所以，當馬勒布朗雪進一步把「理」當作形式，甚至是一種性質，而性質已然是個附性（accidentia），這恐怕都是根據來自東方不足的資訊，或是出於馬勒布朗雪根據亞里斯多德的形質論、範疇論所做的想像。

第四點，關於「理」是最高智慧和思想，然它本身並不想、也不知，這意思是說「理」不是位格的實體。這一說法其實是正確的。在朱熹來講，「理」不是位格神，而且「理」也不是主宰宇宙的心。朱熹在《朱子語類》中講得很清楚，如果你一定要設想宇宙當中有主宰的話，那個主宰就是理，只不過這個理的主宰意義不是像「心」或「天主」那樣的主宰，至多只能說所有的萬事萬物都是依照「理」來運作，其所謂「主宰」的意思是在邏輯上和存有學上的主宰，不是神學上的主宰。例如，《朱子語類》有以下朱熹與弟子問答的記載：

> 問：「天帝之心亦靈否？還只是漠然？」
>
> 曰：「天地之心不可道是不靈，但不如人恁地思慮。」
>
> ……
>
> 問：「天地之心，天地之理。理是道理，心是主宰底意否？」
>
> 曰：「心固是主宰底意，然所謂主宰者，即是理也。不是心外別有個理，理外別有個心。」

必須指出，朱熹在這裡所提到的「心」，不是陸象山所說「宇宙便是吾心，吾心便是宇宙」的心。朱熹不走心學的路線，而且他也不認為有一位天主或上帝做為主宰在那裡，若說帝在擔任主宰，其實就是理在主宰。他不認為有一個超驗的、位格的、實體的帝在那裡主宰著宇宙。所以，就這第四點來講，「理」是所有智慧的依據和思想之所向，但「理」本身則不是智者、思想者般的位格神。馬勒布朗雪從天主教觀照出發所做的比較，指出了中與西的基本差異。

第五點，「理」不是自由的，必須按照其本性的必然來運動。這點其實是馬勒布朗雪針對斯賓諾莎加以批判之處。顯然，對於馬勒布朗雪來講，天主是無限的存有者，祂之所以創造宇宙，是出自祂的自由意志。既然在朱熹那裡，「理」不是位格的，當然就沒有意志可言。依我看，這點在某種意義下是正確的。不過，馬勒布朗雪進一步推論，既然「理」沒有意志，一切都變成是必然的，就好像斯賓諾莎的實體，完全是按照實體的必然性來運作，這是把朱熹的「理」設想為斯賓諾莎的實體了。其實，在朱熹那裡，「理」既是原理原則，也充滿了許多可能性，因為在朱熹看來，這個宇宙毀滅了以後，還有別的可能的宇宙出現；「理」既包含原理原則，也包含可能性的意思，然而，可能性並不等於必然性。

……「帝是理為主。」17

必然性是按照邏輯或物理的原則「非得如此不可」；但作為可能性，它沒有必要在邏輯上或物理上非得如此不可。「理」並不是「必然性」。把「非自由意志」當做就是「必然性」，這種二元分類方法，並不適用於朱熹的「理」。終究說來，馬勒布朗雪這一點批評，是出自他自己的天主論。

第六，「理」使那些傾向於能接受理智、智慧與正義的物質，變成是理智的、智慧的和正義的。針對此一批評，須知當朱熹講「理」、「氣」結合的時候，他並不說「理」使得「氣」變成智慧的，而是說「理」、「氣」密切結合，使得那具體存在的人可以有智慧。所以，在萬物來講，稱為「理」；在人來講，「性」即「理」。朱熹接受周敦頤所講，認為，五行在人身上最為卓越。換言之，世界的創生，是由「無極」而「太極」，由於陰陽的動靜消長，陽變陰合，而生五行；五氣順布，而後萬物生焉；其中以人最為靈秀，人是萬物之靈。於是，「五行」（水、火、木、金、土）在人身上成為「五性」：仁、義、理、智、信，也就是人本具的德性。

我要指出：在此，朱熹不同於孟子。孟子認為，人有惻隱之心、羞惡之心、辭讓之

17 以上見《朱子語類》，卷一，第一冊，頁4－5。

心，是非之心，這四端只是人性之善的端倪。人若能了解人有此善性，加以發揮到卓越之境，「若火之始然，泉之始達」，使惻隱之心、羞惡之心、辭讓之心、是非之心發揮到卓越的地步，就可以成為仁、義、禮、智等德行。德行如仁義理智，是我們人本有能力的卓越化，這點頗近於亞里斯多德，視德行為人本有能力的卓越化。可是，在朱熹來講就不一樣了。朱熹視仁、義、理、智、信為人本有的「德性」。人在本性上就有仁義理智信五種德性，也因此才會發出惻隱之心、羞惡之心、辭讓之心，是非之心等等之情。換言之，因為人有仁之性，也因此當乍見孺子將入於井，才會有惻隱之心油然而生，並立即要去救他。其餘如辭讓、是非、羞惡之心，這些情的表現，也都是因為人先有各相應德性在己之內才會有的自然表現。相比之下，孟子所說的「乃若其情，則可以為善矣」，則是以惻隱、羞惡、辭讓、是非等心中之情作為善端，進而發展出德行，以德行為四端卓越化的結果。

在朱熹的德性論中，「性」就是「理」，人具有的性，是因為五行在人身上最為靈秀，變成人的本性，並不是如馬勒布朗雪所說，有一部分物質傾向接受理智、智慧和正義。馬勒布朗雪完全沒有明白到，朱熹所講的仁、義、理、智、信五性，並不只是理智、智慧、正義而已。這樣一來，說朱熹認為人的精神只是淨化以後的物質，這是完全不正確的。因為在朱熹言，是理氣結合，「性」就是「理」，「德性」不是將物質給純化了，不是淨化了的「氣」，反而就是在人身上的「理」。朱熹主張，德性就是人之理，並不是氣接受了理的賦形以後的結果。

朱熹的思想是利瑪竇以降的耶穌會士們一直在批判的。馬勒布朗雪所得到的訊息，應該是來自立場和利瑪竇等耶穌會士相反的巴黎外方傳教會，很可能是來自該會會士梁宏仁（Artus de Lionne, 1655–1713）的轉述，其實並非正確的敘述。不過，在這第六點的最後，馬勒布朗雪也指出，理是光，而且人們在光中看見，這是出自他自己「在神內看見」的神哲學思想。相較起來，朱熹所主張的，是人所能懂的、所了解的具體存在之物，都是理和氣的結合；但是，舉凡我們所能懂的道理，都是「理」，但這並不表示人每次了解事物的道理，都是在「理」中看見；相反地，我們所了解的，就是「理」。我前此已經講過，馬勒布朗雪吸納了聖奧古斯丁的光照說，因而主張人是在神內看見。這在神學上也是個很有意思的論題，但仍不可以拿來和朱熹的理氣論相混淆。

七、關於《和中國哲學家的對話》的小結

歸結起來，在《和中國哲學家的對話》一書中的論證，主要指出了：天主就是存有本身，而存有本身就是無限的；且無限是每個人都會有的觀念；這一觀念一定是來自於無限本身，也就是天主自己。從這裡，他進一步推論：因此我們之所以能了解其他存有者，都是在無限的存有裡了解。也因此，我們了解其他萬物和真理，都是在神內看見。

在此，我們有必要略為指正，此一論題的經典依據。雖然馬勒布朗雪說他是根據《聖經》所載，梅瑟在山上看見荊棘冒火，而荊棘中的火——也就是天主的顯像——告訴梅瑟必須把鞋子脫下，因為他正在接近一塊神聖之地。梅瑟問說：你是誰？按照《聖經》所說，天主回答：「**我是存有，我是那自有者**」。這好像就是馬勒布朗雪的《聖經》依據所在。我要指出，二十世紀的研究者像吉爾松和馬利丹（Jacques Maritain, 1882－1973），都認為天主就是存有，且在《聖經》上有其依據。不過，這句話在希伯來文裡的意思是：我是那能是者，我是你想是什麼就是什麼，或說當你需要我的時候，我就在你左右，成為你所需要者。這意思與說天主就是存有，存有的概念是無限的等等，這樣的本體論證思考有相當的差距。在此，馬勒布朗雪比他自己所自覺得到的更像是一位中世紀哲學家，其論證非常接近中世紀哲學。不過，我必須指出，這並不是聖多瑪斯的想法。聖多瑪斯明白指出：上帝並不是存有，也不是全體存有者的總稱。聖多瑪斯不是用 esse（to be, Being）來講天主，他是用 Ipsum Esse Subsistens（獨立自存的存有）來講天主。所謂「獨立自存」是依靠己力、不依靠他力，而能返回自身，也就是說，能達成全面自覺的存有，是更妥貼的講法。

在這一點上，馬勒布朗雪和後來的吉爾松、馬利丹所講的，都是太過簡單化的想法。換言之，把天主等同於存有，並不妥當，因為「存有」雖可以是人的第一個概念，但不表示它就是天主的概念。我們可以想像存有適用於所有的存有物，包含空和無，只要可以想像得到，就可稱作某種存有，但這不表示，因為「存有」一詞可以如此無限的運用，就代表它是無限本身，代表它就是天主，於是把存有等同天主，換言之，存有是無限的，天主也是無限的，而我們之所以有無限的概念，是來自無限本身。進一步又說，我們看其他存有物都是在存有中了解，也因此推論我們都是在神中看見。這種存有論和神學上的兩層想法，都是可以再商榷的。

總的說來，馬勒布朗雪與中國哲學家的交談，應該是建立在先前耶穌會士關於古典儒學，以及後來法國巴黎外方傳教會在華傳教士關於宋明理學，特別是朱熹，所提供的敘述、詮釋與評論的資料來撰寫的。其實，巴黎外方傳教士並不同意耶穌會的文化適應方針，也因此他們要批判耶穌會，並批判中國人的哲學和信仰。在這樣的背景下做出的作品，使馬勒布朗雪不能平心靜氣地去深思前此已經引進的中國經典，也未能多接近有關孔、孟的論述。雖然馬勒布朗雪也推崇孔子，但他所選擇來對話的朱熹哲學，正好也是利瑪竇等人所要批評的。所以，《和中國哲學家的對話》，雖然表達了一個歐洲理性主義大師對於中國哲學的了解與批判，但對於中國傳教士並沒有太大的幫助，至多只能指出朱熹這套思想體系在歐洲哲學觀點下是有缺陷的，然而，朱熹哲學也不是耶穌會士們要在中國進行對話的對象。倒是馬勒布朗雪對斯賓諾莎泛神論的批判，鋪下爾後在哲學上進一步比較斯賓諾莎和中國哲學（如老子）的方向，也就是西方近代哲學與道家進行交談的一條可能道路。可惜，這在馬勒布朗雪當時，並沒有進行真正的交談。

八、德國理性主義者萊布尼茲對中國的了解與嚮往

前面提到，柏應理曾介紹中國的《易經》、《四書》到歐洲，展現給歐洲人中國人的道德理性和《易經》的數理理性，甚至有某些自然神學想法含蘊其中，這好像是在說：沒有上帝啟示的民族也能展現人的理性的完整性。這一重點，可以說是西歐各國自從麥哲倫（Fernão de Magalhães, 1480－1521）大發現直到各帝國殖民時期裡，最重要的哲理發現。因為其他各民族很少有中國這樣的理性表現，而歐洲帝國殖民使用的口號，正是以「文明化各民族！」為藉口。然而，現在卻發現了有一個沒經過天啟而能表現人類完整理性的國度。另一方面，在歐洲雖然有啟示，但天主教和基督教之間，以及歐洲各國之間，常為了殖民爭執，紛爭不斷，戰爭時起，逼使許多有識者都在思考到底是為了什麼。像自然法學家葛羅修斯（H. Grotius, 1583－1645）在《戰爭與和平法》（*De jure belli ac pacis. The Law of War and Peace*）中提到：

> 我走遍基督徒的世界，我觀察到戰爭毫無約束，甚至連野蠻的民族也會感到羞恥，為了小小的原因，甚至連什麼理由都沒有，就會奔赴武裝，而且一旦訴諸戰爭，就無法可約束，無論是神的法或人的法都無法約束……相反地，中國人雖然沒有神的啟示，但是卻度著和平與和諧的文明，完全是依賴儒家的自然理性。18

葛羅修斯主張自然法論點，認為人類可以不經由神的啟示，僅經由人的理性便可以獲得自然法。這點看法恰與當時的虔信教派（Pietism）相反[19]。虔信教派主張自然法必須靠神的啟示才能認識。也因此，對於虔信教派來講，孔子的自然理性是對基督宗教的一種威脅。相反地，由於近代性的開啟，也有世俗論者認為絲毫不需要訴諸神的啟示，僅經由人的理性，就可以找尋到法則，而他們就在孔子和儒家思想裡面找到最重要的印證。

萊布尼茲就是這樣一個人。他是個有多方成就的天才，既是外交家、政治家、數學家、科學家，也是哲學家。他像儒家一樣，致力於在各種衝突、二元對立裡，取得和諧與中道，譬如說德國與法國的衝突，天主教與新教間的衝突，笛卡兒哲學與傳統亞里斯多德哲學的衝突，科學與神學的衝突……等等，總希望在他們之間找到促進和諧的中道。尤其他更盼望能將歐洲文明和新發現的亞洲文明，即近代歐洲與中國傳統之間，取得協調之道。

18 Grotius. H., *The Law of War and Peace*, trans. Francis Kelsey (Washington, DC: Carnegie Institution of Washington, 1925), Prol. sect. 28.。

19 康德屬於虔信派，所以為了尊重教會的立場，他不太討論中國，僅在「地理學」講義中論及中國的儒釋道，但充滿偏見，雖然說他很有可能閱讀過傳教士們關於中國的著作，且其道德哲學的想法仍有和儒家類似之處。

就此而言，萊布尼茲的思想不再是笛卡兒的二元論，也不是斯賓諾莎的一元論，而是主張多元論。萊布尼茲的世界觀是多元的，他的哲學是建立在單子論上，每個單子都反映了全體，而全體也反映了每一個單子，這有點像華嚴宗的「一即多，多即一」的世界觀一樣。萊布尼茲主張多元的世界，但這樣的世界在上帝的預立和諧下，都可以達到完美而充量的和諧。總之，他肯定多元的世界能夠獲得充量和諧，且認為這種和諧已經在儒家或中國思想找到了具體形象。我想，的確，他這想法有點像《易經》所說的「各正性命，保合太和」。

事實上，萊布尼茲主張衝突的雙方可以透過交流、交談，以達至充量和諧。因此，我們可以說，萊布尼茲看到的世界雖屬多元，但他認為在多元之間應彼此互動、交談。我願意說，萊布尼茲已經有「跨文明交談」的想法。他希望歐洲內部的虔信教派和現實主義之間可以習取中道；他尤其希望基督宗教的歐洲能夠和儒家的中國相互交談，認為儒家的道德哲學、實踐哲學可以和歐洲的理論科學相互綜合。他認為中國人在《易經》和朱熹思想裡，已經顯示出有潛能認識西歐的理論科學和哲學，而且，既然西歐的傳教士已經將西方科學和哲學帶往中國，反過來他也希望中國人能夠派傳教士到歐洲。他本人也明白表示，他很想去中國。他是一個熱切期盼能促成溝通的思想家。他很勤快的和在華傳教士白晉這些人寫信，請教他們有關《易經》和朱熹的哲學。不同於馬勒布朗雪認為「理」不是無限的、完美的存有或天主，說「理」只是散佈在物質當中的性質，或利瑪竇等人所說只是附性，不是實體，不是位格的神明等等，萊布尼茲認為儒家所講的「天」、「帝」或「上帝」，和朱熹所講的「理」，都是在講天主，都在講基督宗教裡的上帝。也因此，他批評利瑪竇的繼承人龍華民（Nicholas Longobardi）把中國的世界解釋為唯物論的，也把朱熹的「理」解釋為唯物論的。萊布尼茲的關心點，是認為中國哲學既然可以促成和諧，中國人在思想和文明上盡量避免各種會引起別人暴怒與衝突的觀念和思想，也就是不傾向於挑釁，在這樣的思想背後一定有天主的意思。

為什麼萊布尼茲會把中國哲學與宗教裡的「帝」、「上帝」、「天」或「理」都詮釋為是天主呢？這是來自白晉的啟發。白晉與他的弟子馬若瑟（Joseph de Prémare）的中國經典詮釋，一般稱為索隱派（figurism），認為中國的經典與文字的象徵，都是指向天啟的隱喻。白晉是法國皇帝路易十四派到中國來為康熙服務的名數學家，來華以後教導康熙數學，康熙也請他讀《易經》，因此他對《易經》有深入的研究。在羅馬耶穌會檔案中，發現他的《易經》研究手稿。馬若瑟也繼續他的索隱研究途徑。

索隱派把中國的經典所說的一切美好事物都認為是一種隱喻，喻示著基督或天主，或《聖經》中的啟示。他們認為中國人用隱喻的方法來說明天主或耶穌的來臨，對於《易經》裡講的「天」、「太極」能生天地萬物，認為是用隱喻來表示天主創造世界。白晉和馬若瑟對中國古代經典有很深入的研究，他們合作有關中國象形文字的研究，非常精彩。馬若瑟最早寫了一本類似包愛秋（Boethius, 480－524）《哲學的安慰》（*Consolatio Philosophiae*）

或但丁《神曲》的小說，名為《夢美士記》，其實是一本有關於遊歷天堂的小說。其中，他解釋「美」就是「羊大」，而「大」，就是「一人」，於是把「羊一人」解釋為暗示著耶穌是上帝的一隻羔羊，為了救贖人類而成為犧牲品，至於「美士」，則是暗示著基督的來臨。在小說中，主角來到天堂的時候，前來接引他的一位老翁，就像是孔子一樣。所以，是孔子引他進入天堂，宛如但丁《神曲》中，但丁被詩人維吉爾引進天堂一般。可見，《夢美士記》的故事結構類似於但丁《神曲》的天堂篇。而且，馬若瑟也在其中主張，嫻熟《詩經》、《書經》和《易經》就可以認識基督。

既然索隱派把中國古代經典視為天主或耶穌來臨的隱喻，萊布尼茲應該也是在這樣的一個解讀的氣氛下，使他不但認為中國經典都是預示著天主或上帝創造世界，以及耶穌基督的來臨；而且他連利瑪竇這些人所批評的朱熹，所謂「墮落的宋明新儒家」，也認為他們也有與他相合的思想。例如，他認為朱熹所說「物物一太極」很合乎他的多元的世界觀；而且，既然說太極就是理，理就是太極，那麼多元的世界中就會有和諧；也因此他認為：可見朱熹也是主張既多元又和諧的世界觀。也因此，他願意把朱熹的「太極」也理解為「天主」。他從《易經》理解到：「太極」能生萬物，是對於天主的隱喻。

我在這裡插一句，萊布尼茲希望儒家也能派傳教士到歐洲，這一想法並不合乎傳統儒家的精神。一方面，儒家有聖賢、有老師，然而並沒有傳教士；另方面，《禮記》說「禮聞來學，不聞往教」，儒家缺乏自我走出的慷慨，常持中國中心主義的思想。為此，在儒家看來，若外國人想要學習儒學，必須來老師這裡聽講，沒有說老師出去講給你聽的。如此一來，儒家就沒有像佛教和基督宗教遠出傳教的慷慨精神。自秦漢以降，「中」的概念被窄化詮釋的結果，以自己所在之國為「中」，成為儒家慷慨精神的阻礙。

儒家雖然邀請人們去信服儒學，但缺少出離中國去傳播儒學的慷慨熱情。反倒是乾隆年間一位落魄儒生夏敬渠（1705–1787）的小說《野叟曝言》用想像的方式彌補了這一點。[20]在這本小說中，主角文素臣是一位文武全才的儒士，不但能除奸去佞，以儒家思想勝除釋、道；而且他的兒子文麟征服了印度，他的朋友日京征服了歐洲七十二國，使儒家思想傳播到了歐洲，建立了一個全新的儒學國度。這是一本落魄儒生撰寫的烏托邦小說，在十八世紀已經翻譯為多種歐洲語言，頗受歐洲文人推崇。儒家雖然沒有親身赴歐洲去傳播儒學，而實際傳播儒家思想的，還是靠歐洲人自己，尤其是靠傳教士。《野叟曝言》是在想像中完成了以儒家思想征服歐洲，建立起新的儒家國度的幻想。

回過頭來，再說萊布尼茲。他在索隱派影響下，不但把傳教士們認為最好的先秦儒學，而且也把傳教士們所批評的朱熹理學，都解讀為其中都在喻示天主。這已經是在嘉定會議

20 夏敬渠，《野叟曝言》，大約出版於一七七二到一七八〇之間，大約是夏敬渠晚年之作。

之後，羅馬教廷根據嘉定會議的紀錄，頒布諭旨，規定「上帝」、「天」這些名詞不可以再用來翻譯Deus一詞，只可使用「天主」為譯名。雖然如此，馬若瑟仍然寫信給羅馬，說明他是基於個人的原因，為了要索隱研究，所以仍要使用「上帝」、「天」等語詞，而這只是他個人的解讀，並不是正式的教會文獻。索隱派的精神也正呼應著萊布尼茲的樂觀主義，認為這世界是上帝可能創造的世界中最好的可能世界（best possible world）。

談到關於萊布尼茲與《易經》的關係，前此柏應理對於《易經》的譯介和白晉對於《易經》的研究，給了他很多的啟發。萊布尼茲比較年輕的時候，尚未接觸《易經》，就已經構想了某種二值邏輯。當時的想法是：天主是從無中創造萬物，天主如果是1，無就是0，如此一來，1和0便代表了所有的數字，在1和0的運作之下，譬如說由0到8：0就是0000，1就是0001，2就是0010，3就是0011，4就是0100，5就是0110，6就是0111，7就是1000，8就是1000。這就像今天購物時出現的電腦碼的閱讀法，二值的數字是根據這思想和方法來推演的。當時萊布尼茲的想法，是天主和無之間的辯證。他的基本思想，是認為所有天底下的真理，即使是精神性的、神學性的真理，也都可以用數字來表達。這就是後來，二十世紀的海德格所稱的「普遍數理」（mathesis universalis），也就是用普遍數理的精神來思考宇宙，認為整體宇宙在天主的思考下，有一普世語法，或普遍數理，值得人類去探索。

萊布尼茲在和白晉通信之後，發現《易經》這套數理正好是他的思想最好的表達，所以感到非常興奮，因為《易經》是從一直線的陽爻與斷為兩節的陰爻，組成八卦，再由八卦組成六十四卦，這一生卦順序非常適合他所思考的0與1的進程。他原來的起點，本來是從天主和無中創造（creation ex nihilo）這一神學論題思考出來的二值數學。然而現在他發現，此二值數學構想早已存在《易經》的陰爻和陽爻的生卦順序之中，也就是「**太極生兩儀，兩儀生四象，四象生八卦**」，由八卦而六十四卦而後生及萬物，如此生生不息以至生出芸芸萬物。這一古老智慧，毫無啟示的介入，便說出了他受到神無中生有影響構思的數理進程。他之所以感到非常興奮，是因為他發現，用這樣的系統進程去建構普遍數理，並不一定要訴諸上帝的啟示，即使用人的理性去思考陰陽的運行，也一樣可以構想出相同的道理。

萊布尼茲受到白晉的影響，認為《易經》八卦始於伏羲，相信中國在伏羲這麼早的時候就有「組合數學」（combinatorial mathematics）的思想。事實上，按照我的了解，萊布尼茲當時所認知的應該不是伏羲的先天八卦，而是邵雍的後天八卦。邵雍運用更明顯的陰陽構圖畫出後天八卦，並加上時間考量，也就是元、會、運、世等時間單位的推演，甚至可推及整個宇宙的歷史。萊布尼茲所接受的比較屬於邵雍的想法。就中國哲學史而言，萊布尼茲和白晉所接受的，應該不是伏羲的先天八卦，而是邵雍的後天八卦；然而，他卻確信此一智慧出自久遠的伏羲。這點表示，萊布尼茲在傳統與近代之間各有抉擇。他明白表示，中國人在古代就有這樣深刻的知識，但近代的中國人卻有所蒙蔽；就近代而言，他認同歐洲的科學知識。所以，他希望經由歐洲科學引入中國，使中國人更容易回頭瞭解到自己在古代原有數學和科學之知識，懂得傳統思想中的隱喻，知道上帝、天，以及天主在無中造物。

至於在西方部分，萊布尼茲希望近代西方向中國學習傳統道德，用來解決當前自己內部的宗教糾紛。顯然，中、西兩個傳統都各有對自己內在本有資源的遺忘，對於道、理、真理或道德的遺忘。我們知道，後來在二十世紀，海德格有所謂「存有的遺忘」（Seinsvergessenheit, forgetfulness of Being），其實，海德格的哲學問題，基本上也環繞著對於萊布尼茲問題的思考，例如：萊布尼茲所問的「為什麼總是有某物，而不是虛無？」。

當時萊布尼茲在實踐哲學上關心的問題是：為什麼中國人這些道德的信念以及理性的智慧，可以在日常生活裡面一一實現出來，而不會像西方人，為了一點小小的原因就武裝起來，彼此戰爭。萊布尼茲發現，這是因為中國人有「禮」，無論是在《論語》或《禮記》那裡，都可以看到一套人應該如何依以生活的「禮」。譬如，在《論語》裡，孔子說「非禮勿視，非禮勿聽，非禮勿言，非禮勿動」，關於什麼該看？什麼不該看？什麼該說？什麼不該說？等等，教人在生活裡避免養成壞的習慣。《禮記》裡，不但有祭天、祭社稷，而且一般鄉人飲酒也有禮，教人與尊長講話該怎麼站、怎麼坐？都有一定禮的規定；面對父執輩要如何舉止？如何照料父母？也都有規矩。孔子自己講「吾十有五而志於學；三十而立；四十而不惑；五十而知天命；六十而耳順；七十而從心所欲不踰矩」，看來連生命的每個階段都有其基本精神，且一直向上演進，都有道理。而且，對於禮的遵循，應重視內在精神，而不只是注意外在形式而已。譬如，對於孝順父母，孔子說：「今之孝者，是謂能養。至於犬馬，皆能有養，不敬，何以別乎？」如果內心裡面沒有孝順的誠意，養父母跟養犬馬有什麼不一樣呢？

由此可以看出，萊布尼茲對中國的了解，跟當時整個歐洲的情勢和內在需要有密切關係，他也看到了歐洲和亞洲之間應有的互動關係。作為一位關心世局的哲學家，他擁有更大的視野，而不是只在書本上討論詞章而已。為了國際上都能瞭解，萊布尼茲有許多著作都是用法文和拉丁文寫作。他在《有關中國的最新事物》的序言裡說：

> （在中國）很少有人在日常交談中用點滴言語去觸犯別人，很少顯示憎恨、憤怒或激動。我們（歐洲人）的相互尊敬和謹慎說話，只在剛認識之後持續幾天，甚至更短時間……。中國人恰恰相反，他們在鄰居和家人之前，堅持受到禮的制約，因此他們可以維持恆久的禮貌。**21**

---

21 Donald Lack, *The Preface to Leibniz's Novissima Sinica*, Honolulu : University Press of Hawaii, 1957, pp.70－71.

萊布尼茲希望用中國哲學來濟補西方的，就是中國這套貫串了言與行的實踐哲學。他十分佩服康熙皇帝，因為白晉曾經介紹他說，康熙皇帝每天在百忙之餘一定要學數學，講《易經》，而且充分運用理性，把國家治理得有條不紊，是一位儒家治理者。相形之下，路易十四比較像霍布斯式的君王，雖然代表了基督徒，但隨時可以動兵起武，與人征戰。所以，萊布尼茲更推崇康熙皇帝，認為儒家的皇帝能夠展現的自然理性，要比以基督徒為名的、受神啟示的君王，更完整的表現出一個皇帝應有的風範。

萊布尼茲在寫給德雷蒙先生（Monsieur de Rémond）有關中國哲學的信件裡提到，德雷蒙寄給他許多有關中國的書。「我很高興閱讀過你送來有關中國思想的書。我傾向於相信中國作者們，尤其那些古代的，十分合理。雖然一些近代作家的意見不然，但古代作者們毫無困難可稱為理性的。」[22]可見，他讀了許多中國的書，也在其中瞭解到：中國古代的人是更為理性的；中國的近代（萊布尼茲當時）走向內在化，是因為他們忘記了經典中的隱喻性質；朱熹的「理」也可以是指向天主的。不過，古典和近代之間的差別，就好像早期教父與初期教會有更虔誠而深刻的信仰，後來哲學的發展往往忽略了這點一般。在這封信件裡，萊布尼茲認為他所閱讀的《論語》、《禮記》、《詩》、《書》都是可以顛撲不破的。相反地，近代（萊布尼茲當時）中國人的一些想法，反而比較游移不定。

萊布尼茲認為，繼承利瑪竇但又多少背離了利瑪竇的龍華民，將「理」詮釋為「原質」，第一物質，這完全是矛盾的，因為既然是用來解釋一切正義、一切美好的來源，但它同時又認為它是物質的，對此，萊布尼茲完全不能接受。他認為中國人比較接近於相信上帝宛如世界魂一般，不離此一世界。這個意思比較接近斯賓諾莎的想法，將能生的自然（natura naturans）與被生的自然（natura naturata）視為同一。換言之，神不離這世界。比較樂觀的詮釋，是神宛如世界魂那樣，這一想法雖沒有完全理解到神的純粹精神面、超越面，可是也不能認為神完全只是物質而已。

事實上，萊布尼茲比較願意接受利瑪竇的想法，承認「天」、「帝」的位格性、實體性，而視「理」為原理原則。至於龍華民，雖然是利瑪竇的繼承人，但他對於中國思想的詮釋，轉變為唯物論的。然而，在萊布尼茲看來，中國文化傳統，無論是在古典時期和現代時期，都是講究理性的、合理的，而且都不是唯物論、無神論的，並且可以和基督宗教相結合。對於萊布尼茲而言，這是毫無疑問的。相反的，他所要批評的，是龍華民所主張的「理」、「太極」就是原初物質的想法。萊布尼茲認為這樣的說法是完全不能成立的，他甚至認為龍華民的思想是愚蠢的。

22 Leibniz, *Discourse on the natural theology of the Chinese*; translated, with an introduction, notes, and commentaries by Daniel J. Cook and Henry Rosemont, Jr. Honolulu: University Press of Hawaii, 1977. p. 53.

前面所談的歐洲近代所累積的對中國的認識、同情和了解，都是積極而正面的。如此建構的中國美麗圖像，雖然到了黑格爾以後有所轉變，但一直有其正面影響之跡。在此，讓我順便講一個故事。我有一位比利時的朋友，年輕時來到台灣來學中文，因為閱讀了這些早期耶穌會士的介紹與歐洲人的溢美之詞，在他心目中想像的中國人，都是溫文有禮，平和安祥，每個人走在路上都好像在祈禱一般。等到他到達松山機場之後，看到一片吵吵鬧鬧的景象，完全打破了他的想像，當下哭了出來。可見，對中國建立太美麗的想像，不見得是件好事，反而會被扯破謊言。每個民族文化都有所長有所短，應該尋求以彼之長、濟我之短；以我之長，濟彼之短，彼此在互動中達致相互豐富，這才是今天跨文化視野下的正確態度。而這也是理解萊布尼茲的正確態度。

九、吳爾夫與西歐啟蒙運動的初興

在十八世紀，萊布尼茲的弟子吳爾夫（Christian Wolff, 1679－1754）由於對中國的信念與讚揚，相信人的本有理性或自然理性不但可以達到像葛羅修斯（Grotius）所講的「認識自然法」，而且已經出現了像孔子這樣的聖人，出現了像康熙皇帝這樣美好的治理者。為此，他結論，認為人的理性沒有必要訴諸超越的神啟。這一思想將會引發西歐初期的啟蒙運動。

首先必須指出，有一些西洋哲學史的評斷對於吳爾夫不是十分公平，認為他只不過是萊布尼茲的弟子而已；他的思想大概都和萊布尼茲差不多，只是把萊布尼茲的思想變得比較教條而武斷而已。在此，我必須先給吳爾夫一個公正的評斷。首先，我要指出：萊布尼茲多用拉丁文和法文撰寫，顯示其為國際性的思想家；然而，吳爾夫可以說是德國哲學的開宗人物。我想，在康德年輕時所讀的德文書，大概都是吳爾夫的哲學吧。我的意思是說：吳爾夫是把哲學德語化的先驅，用德語的哲學名詞來作哲學論述，可以說是從吳爾夫開始才建立了德國哲學傳統。

其次，吳爾夫對於萊布尼茲也不是百分之百地依順。萊布尼茲對於中國的態度和想法大概都影響到吳爾夫，但吳爾夫對於萊布尼茲的學術思想，也是有所轉變的。當然，他推崇萊布尼茲對於數學的想法，而且把數學清楚的思維用到哲學上。吳爾夫之所以被有些人認為是武斷的，是因為他開始把哲學清楚分類，因為他認為理性應可以對每個事物作恰當的分類，而且這種分類應可以讓人們正確地對事物進行判斷。為此，他將哲學基本上分為理論的與實踐的兩類。前面我們曾看到萊布尼茲認為在學術方面，西方近代哲學可以幫助中國哲學；在實踐方面，中國古代哲學可以協助西方。吳爾夫把哲學分為理論與實踐。在理論方面，他分為一般存有論、宇宙論、理性心理學。在實踐部分，他區分倫理學、經濟學和政治學幾個部分。基本上，吳爾夫的思想並不熱心採取萊布尼茲單子論。在他的存有論裡，存有者是多元的，而且個體有各自的完美；但是他的宇宙論、理性心理學都不表現單子論，也沒有接受預立和諧的思想。另外，萊布尼茲所強調的充足理由律，認為每個事物的存在都是有理由的，這是萊布尼茲樂觀主義的來源；然而，吳爾夫認為在哲學系統上比較重要的是不矛盾律，主張哲學要表現一致性，為此，他要從萊布尼茲對充足理由律的側重，轉回到對於邏輯上的不矛盾律的依循。

另外，吳爾夫對於萊布尼茲所理解的中國，也有相當程度的不同意見。他並不接受索隱派的解釋，也因此他不認為「上帝」、「帝」、「天」都指向或用隱喻的方式來說造物者、天主。吳爾夫基本上認為中國人並沒有這樣的想法，他們沒有依賴啟示，而完全只表現自然理性發現的結果。他認為：中國人按照自然理性，竟然可以發現道德法則、自然律，這才顯得寶貴。

整個吳爾夫的哲學系統，講的就是以下這一個基本要點：哲學完全是在研究可能性，而不是在研究現實性。所以，哲學不能侷限於任何具體的對象和事物，而應思考可能性。就這一點來講，吳爾夫的思想應更接近老子的存有論意義的「無」，是奧妙的可能性，而非「有」的現實性與限制，反而不那麼相似於儒家。[23]無論在存有論、宇宙論和人性論上，吳爾夫所要討論的，都是可能性的問題。即使在實踐哲學、倫理學等方面，他所講的也都是朝向可能性的原理去思考並且討論其實踐方式，而不拘限於具體對象。如果忘記了可能性與具體對象之間的區別，或混淆了「可能性的某種體現」和「可能性本身」，那就是忘卻了吳爾夫哲學的根本精神。

吳爾夫本來在哈勒（Halle）大學教書，該所大學是虔信教派的大本營。吳爾夫學術地位雖然崇隆，可他在一七二一年在哈勒大學做的一場演講，給他惹來了很大的麻煩，但也變成爾後歐洲啟蒙運動的開端。這也是歐洲學術史上最戲劇性的一場演講。他的演講題目是「中國人的實踐哲學」（Practical philosophy of the Chinese）。從前面的分類可知，實踐哲學主要是在講倫理道德、政治學和經濟學。吳爾夫在演講裡推崇中國人的自然理性與道德，不需訴諸上帝的啟示就能發現自然法則以及德行和完善的治理。他說：

所以我認為中國人將教育完全導向行善，不做任何違背這目標的事，實在值得欽佩。再者，他們全心關注實踐，只求人生幸福的作法，也非常令人欽佩。那個時代是全人民都根據自己的能力而勤勉求學的時代。最後，我再次讚揚中國人，並且自勉勉人，力求行善，在行為上毫不荒淫的作法。24

---

23 這是僅就老子「無」的存有論意義而言。老子的「無」，在存有論上，指的是奧妙的可能性，「有」指的是現實性；在心靈上，「無」指的是虛靈與自由，「有」指的是實現與充實；在形器上，「無」指的是沒東西、不在，「有」指的是有東西、在現前。

24 吳爾夫，《中國人的實踐哲學》，見秦家懿，《德國哲學家論中國》，台北：聯經，一九九九，頁158。唯其中「德性」一詞，皆改為「德行」，以適合西方哲學脈絡。

從以上這段話可以看出，吳爾夫對中國文化的正面評價與讚賞，大體上還是跟隨著萊布尼茲的論點，然而，他更清楚的表示，是受到衛方濟（François Noël, 1651 – 1729）的著作的影響，只不過他把對於上帝的論述放在一旁。他認為：

> 中國人的第一原則，是小心培養理性，以達到明辨是非，未選擇德行而行善，不為恐懼上司或追求報償而行善的能力。這種對於善惡是非的清楚辨別，只能通過對於事物性質與理由的深入認識而達到。25

吳爾夫對於孔子和中國的讚美，強調作為人的理性不需經由神啟，只需經由人的努力便能夠達到道德真理，這一公開的論述激怒了虔信教派。於是虔信教派就拿著這一演講內容，向當時的皇帝菲特列・威廉一世（Frederick William I, 1688 – 1740）提出告訴。他們用來說服威廉一世的說法是：人類既然自己有理性，那麼，如果你的士兵自己認為什麼該作、什麼不該做，他們若不受命於你，你也不能懲罰他們。既然他們自己有理性判斷，那麼皇帝也不能評斷或指揮他們。換言之，吳爾夫的學說，與政府處罰逃逸者的作法不相容。

菲特列・威廉一世聽此讒言，一怒之下，命令吳爾夫必須在四十八小時之內離開普魯士邊境，否則便要將他吊死。於是，在同一天內，吳爾夫就逃往鄰近的薩可孫邦（Saxony）。由於前此馬堡大學已曾邀請過他，所以他立刻奔赴馬堡大學，擔任講座。這件事情激起全歐洲的知識分子的義憤，紛紛起來支持吳爾夫。許多知識分子都起來寫信支持吳爾夫，而且吳爾夫在馬堡大學變成非常熱門的人物，不但招生增加了一倍，而且他的言論立刻受到熱烈的迴響。當時歐洲針對吳爾夫著作的迴響，熱烈討論人類自然理性的自主地位，無論贊成或反對，總共將近有兩百多篇書冊紛紛出現，這一熱潮形成了初期的啟蒙運動。在菲特列・威廉一世駕崩之後，繼位的菲特列大帝（Frederick the Great, 1712－1786）極力邀請吳爾夫返國任職普魯士學術院，然而吳爾夫還是選擇回到哈勒大學。其後菲特列大帝又封吳爾夫為男爵，可以說享盡了哲學家的殊榮。

總之，啟蒙運動是起自對於人類理性的讚揚，而其實例則是孔子的倫理智慧和康熙的開明治國。值得注意的是，這時歐洲哲學所提倡的理性包含了理論理性和實踐理性兩者；對中國的推重包含《易經》的數理與儒家的倫理、政治的智慧與實踐。可惜，啟蒙運動後來的發展，對於理性的推崇逐漸萎縮為只著重理論理性，只關注自然科學發展的狹義理性。也就是說，理論理性又轉縮成對於自然科學的研究，以自然科學表現的狹義理性作為其他理論理性的標準，甚至轉向實證主義，認為所有人類道德的進步，都必須根據自然科學的進步來加以衡量。這是爾後啟蒙運動遭到詬病的地方。這也是西歐人對於西方近代性發展必須負起的責任所在，而不是出自原先啟發他們的中國哲學的教導。

25 同註24。

第五講
清初中國士人的回應與初融中西的嘗試

一、清代漢、滿皆有融接中西的學者

學界對於西方的亞里斯多德哲學、基督宗教和中世紀士林哲學，乃至西方科學的引入及其在中國的發展與命運，通常比較注意西方人像利瑪竇、畢方濟、艾儒略、龐迪我……等人的貢獻，而比較會忽略有一批中國士人跟他們合作，提供他們中國材料，配合他們翻譯，為他們達詞。當然，像徐光啟、李之藻、楊廷筠這些名人，受到較多的注意；但其他學者，雖也頗有思想，惜較少被論及。然而他們對西方思想與中國文化的了解和綜合，也作出了貢獻。

耶穌會的文化適應策略，較接近我所謂的「外推策略」。耶穌會士們除了語言的外推以外，也還有實踐的外推。總的說來，固然一方面有其成功之處，但另方面也遭到天主教其他修會的質疑：是不是有必要作這樣的文化適應？且在文化適應中，是否會失去天主教

教義的本旨?這一疑問也是後來禮儀之爭的源起。

我在本書中不打算進入這一非常複雜的禮儀之爭。在這方面國內外的研究已經有很多。據我所知，美國加州三藩市大學（UC San Francisco）曾有一個關於禮儀之爭的大型研究計畫。我也注意到，關於西學來華在史學方面的研究與討論比較多，至於其中哲學的部分則較受到忽略。為此，我自己設法在這方面彌補了一些。我在講亞里斯多德《靈魂論》（*De Anima*）時，針對其中涉及的形而上學、倫理學、人性論等方面的議題，已經講過一些。此外，有關中國宗教學的部分，也值得加以討論。耶穌會在華的傳教工作以及後來的禮儀之爭，也已經引起當時西方傳教士與中國士人針對中國文化中的宗教性質，提出相當仔細的探討。對於中國宗教的研究，也可以說是當時學術文化探討重要的一環。為此，我想也有必要從宗教學的角度重新整理一下當時有關中國宗教的一些想法。

順便說一句，中國人雖有深刻的宗教情操，但是對於中國宗教的研究與教育，自民國以來，政府與教育界並不重視。例如，民國初期擔任教育總長的蔡元培，倡言「以美育代替宗教」，不提倡宗教研究與教育，以致在中國的大學教育中，「中國宗教學」一直不發達。其結果是把「中國宗教學」這麼大的一塊研究領域，拱手讓給了西方人。一直到現在，中國宗教學的權威仍然都是外國人。此外，由於在藝術與美學方面，西方藝術最深層的部分總會涉及宗教藝術與宗教，以致「以美育代替宗教」的結果，就是使得中國人也沒法懂得西方藝術與美學最深刻的部分。

由於我在前面各講多談明末時期，而且像徐光啟、李之藻、楊廷筠等人，學界的研究已經頗多，不必我再贅言。我在本講中想談的是兩位較受到忽略的清代思想家。一位是我先前討論亞里斯多德《靈魂論》的翻譯之後分析的《性說》作者夏大常。按照我讀過他的作品之後的感覺，在清初之時，他應該是一位了不起的中國士人。他由於逃躲清兵而南下，私人藏書來不及攜帶，路上所攜書籍終歸焚毀，可他居然能夠靠著記憶寫出許多既引經據典且有思想、有理論的文字。他應該算是清初一位能融合中西的思想家。

另外，我想挑一位滿族學者為例，那就是清朝皇族第一位進天主教的皇族簡儀親王德沛（1688－1752），一般稱他屬於八旗學派。在清朝入關以後，滿族了解到「馬上得天下，不能馬上治天下」，為了勵精圖治，知道要善用儒學，於是勤習儒學。在八旗學派裡，像德沛、阿克敦、松筠、倭仁等人都精通儒學。在這些清初滿人學者中，我特別要提出德沛及其名著《實踐錄》來加以討論，以例示中國士人在實踐論方面初步的中西融合。

清代歷代皇族都努力學習中國文化。從清朝順治、康熙、雍正、乾隆……等等，一位比一位勤快，無論文史哲，還有書畫、詩詞等等皆精通，意思好像在表示「朕比你們漢人更懂你們自己的東西，所以朕可以統治你們。」清朝一方面興文字獄，剷除漢人中的異己思想；另方面他們自己的文章、藝術修養也都不錯。說極端一點，現存清宮中國名畫幾乎沒有一幅不是經過乾隆提詞，既用以表現他的文雅之知，也表示這些都是他的財產。

以下，我要分形上學、人性論與實踐論三個層面，逐層分析清初中國士人（包含滿人與漢人）如何吸納西學，並做了某種雛形的中西融接工作。我主要的例子是夏大常與德沛。

二、形而上學的視野

首先要講的是形而上學，也就是對於存在界的性質與原理以及終極實在的基本探討。在形而上思想方面，中國士人既受到亞里斯多德、聖多瑪斯思想的影響，又把它們和中國思想融合起來，形成了最早期中、西思想融合的嘗試。自從利瑪竇、畢方濟等人引進中國之後，開始了翻譯亞里斯多德著作的工作。雖然亞里斯多德《形而上學》一書當時未見中譯本，然而其他的中譯和論述作品中都預設並提及亞里斯多德和聖多瑪斯的形而上學基本概念。譬如《名理探》的翻譯與改寫，目的就是要在邏輯學上介紹「實體」這一概念。其實，「實體」正是這一脈形而上學的基礎。它所欲影響於中國信徒的，就是一種實在論的形而上學。「實體」這個概念從希臘哲學一直發展到中世紀哲學，甚至還影響到牛頓的物理學，可謂西方從古希臘到近代中期哲學與科學的基本概念。亞里斯多德在《形而上學》第五書講，ousia 這一語詞有好幾層意義，其中一個意義就是「個體」，凡存在之物都是個體，而每個個體都是實體（substance）；第二個意思是「本質」（essence），意思是「實體」就是那「使個體成其為個體的本質」。

我認為當亞里斯多德、聖多瑪斯在討論「實體」的時候，在某種意義下，他們常想到的是「本質」，或者，類似二十世紀海德格關心的 das Wesen，或「存有者的存有」的想法，其實都已是第二義的實體。但必須知道，第一義的實體是個體，指的是個體的存在物。

對於中國哲學而言，這應該是一個很不一樣的形而上學概念。在中國哲學傳統裡，很少有對於「個體」的重視，唯一的例外，大概是郭象注《莊子》。首先須注意，郭象注《莊子》並不等於莊子本人的思想，因為莊子還主張「與造物者遊」，但是，郭象卻認為萬物不需要造物者。對他而言，沒有所謂造物者。他認為，「無」既然是無，就不能產生萬物；他也否定宇宙論的因果推論；為此，所有個別的物都是自生、自化，不需要別的原因。我稱郭象這樣的思想是「存有論的個體主義」（ontological individualism）。可是，郭象的個體主義並沒有在後來的中國哲學史中獲得發展。真正說來，要等到亞里斯多德、聖多瑪斯的思想引進之後，以實體為個體，重視個體存在，認為個體就是那不可分割者（individum），才在中文學界出現了個體的哲學論據。再更晚近，到了清末民初時興起了個人主義，或政治社會哲學上的個體主義思想，那已經是近代性的產物，以個體為權利的主體。然而，個體論更早的依據應該是明末清初天主教引進的「實體作為個體」的概念，對於個體存在的肯定只有在實體概念下，才有其形而上基礎。中國哲學方面，除了郭象以外，其餘儒家、道家、佛家等，都未提供個體以形而上基礎。

前已講過夏大常的《性說》，我現在要討論的，是他的另一部著作《泡製闢妄闢》。從明末到清初，天主教思想引起了儒家與佛教的批評，夏大常在本書中對批評者反過來進行批評。我們從他的批評裡，可以讀到他的實在論與個體論形而上思想。舉例來講，針對佛教「地獄由心造」的說法，夏大常在《泡製闢妄闢》中說：

堯舜傳心曰執中，孔子言心曰心不踰矩，禮記言心曰毋不敬，孟子言心曰收放心。心居內也，境居外也，心能向乎外之境，不能造乎外之境也，猶乎主人者，不踰堂階，能督造之，不能自造之也。安能造彼地獄耶！[1]

在這段話中，夏大常討論心與物的關係，顯示他是個溫和實在論者，認為世界、外物與個體都是存在著的，不是任由人用心來造的。佛教認為，萬物的存在，包含地獄，都是心之所造。夏大常對這一批評進一步反批評。他的論點中有儒家思想，強調心是主體，有主宰性；也有聖多瑪斯或士林哲學的「意向」概念，心可以透過意向，指向外物；但更

1　夏大常，《泡製闢妄闢》，收入《明清天主教文獻》第十冊，頁20。

重要的是，外物本身是存在的，心雖可以指向它，但不能製造它。這就肯定了個體與外物的實在性與彼此的關係：心雖可指向外物，但心不能造物。例如：心雖可以監督造房子，可是心本身並不能夠造房子。這表示世界本身有它的客觀性。這點是他和佛教非常不一樣的地方。

再舉一例，夏大常說：「**妻子如可心造也，大舜何須不告而妻，文王何須寤寐好逑，召南何須百兩以將也。心造妻子，曠古未聞。**」[2] 妻子作為個體的存在，不是心之所造；心若可以造妻子，那麼大舜可以不秉告父母而直接娶妻。在此，夏大常的說法可以說是實體形而上學的應用。

當然，「實體」的概念也阻止了他進一步體會佛教所講的「空」或「心」在靈修方面的意涵。對於佛教而言，空在形而上方面是指「緣起性空」，說的是萬物的生與滅都是出自相互依賴的因果，沒有自性或實體可言；在靈修上，「空」是指心的自由、不執著、無所得，也因此，心無所住，甚至無住於空；在語言哲學上，「空」是指所有的語言都是人建構的、沒有實際的指涉，換言之，名不當實。相較起來，士林哲學的實在論肯定了世界及其中個別實體的實在性，並主張溫和實在論的語言哲學，認為言說與判斷必須符合於事物。這是夏大常所接受的這一套形而上學的基本旨趣，但有時也會落於形器層面，難以體會「空」在靈修上不執著、無所得、精神自由的妙義。

三、人性論

第二，有關人性論與倫理學。我在講夏大常《性說》的靈魂論時已經指出，當時耶穌會士與中國基督徒有一種二元論的人性論，主張靈肉二元，重視靈魂而輕視肉體，也因此在倫理學上有一種我稱為「壓抑性的德行倫理學」，主張德行是來自對欲望及其所在的身體的壓抑。夏大常在《泡製闢妄闢》和其他宗教的論辯裡，也有同樣的立場。他說：

> 性法闡於詩書，所云降衷物則是矣。性者何？靈魂是也。心者何？肉心是也。性為體，心為用；性居先，心居後。性主純，心主發，所以性也者，非可混同法界諸性也，人性貴於萬物焉。心也者，非可混同一切諸心也，人心靈於外物焉。仁捷言人性，而曰法界性，是合犬性牛性以混人性也。殊非靈明獨闢之心矣。[3]

以上這段話，顯示了夏大常綜合中西思想之跡：其一，可以看到朱熹思想的影響，因而以性為體，以心為用，近於朱熹所言，人有仁義禮智信諸德性，才會發而為惻隱之心、

2 同註1，頁21。

3 同註1，頁29－30。

是非之心、辭讓之心、羞惡之心等。其二，可以見到聖多瑪斯與天主教靈魂論的影響，強調每個靈魂都是獨特的個體；不能說人性與萬物的性是一樣的，人心也不能混同眾生心。夏大常主張有必要突出人的心性貴於萬物，他因而批評佛教，如仁捷和尚說法界性，是一切存在皆有的性，而沒有突顯出人性的特殊性。其三，可以看到亞里斯多德，在邏輯上與存在上，種類不可相混之義。如果將人性與動物之性相混淆，那是混淆了在邏輯上與存在上的兩個種別，無以顯示人的靈明獨闢之心。例如，夏大常批評「言人性，而曰法界性，是合犬性牛性以混人性」，而說眾生皆有心，是把豺狼之心來混合人心，「合豺心狼心以為人心，殊非聰穎透達之心」。這一有關類別範疇的想法是來自亞里斯多德。

可見，在實體的形而上學引導下，夏大常在人性論方面，把「人性」當作靈魂實體。而且，以實體為基礎，人的心理作用是根據靈魂來發用的；人有其獨特性，是萬物之靈，若只視同法界性和眾生心，是混淆了不同種類，犯了誤置範疇（misplaced category）的錯誤。可見夏大常在思想背景上綜合了西學（亞里斯多德和天主教信仰）與中國哲學（朱熹），才提出了以靈魂為性；認定天所降者就是此性；人根據此性，發用其心理，使得人有其獨特性。換言之，人的獨特性在於人的靈魂，不同於其他萬物只有生魂或覺魂。

四、實踐論

第三，在實踐論層面。從實踐論這面向，可以看出天主教思想為什麼跟古典儒學走得這麼近。除了形而上學、人性論和倫理學上的結合以外，最重要的是它和古典儒學一樣，不停留於言說層面，而要講求實踐。從利瑪竇開始，耶穌會士們和跟隨他們的中國士人都很重視實踐，尤其是倫理的、政治社會的實踐。他們在思考上含有很重要的實踐論導向。這一精神也繼續在當代天主教思想家，像羅光、李震等人的中華新士林哲學思想中繼續延續發展。

順便插一句。中華新士林哲學這種實踐導向，和當代新儒家忽視實踐工夫，是有差別的。當代的新儒家牟宗三致力於發揮儒家的性理性智，講究智的直覺，欲藉此發展其中無執的存有論與形上學。然而，就形而上學來講，中國的形而上思想，在體系井然方面比不上西方的形上學。就某種意義言，這是中國哲學的弱點；中國學問強的地方，是實踐論。也因此，中華新士林哲學一開始，從利瑪竇進入中國，就非常重視實踐論，在個人的道德修養上，不止於修養「論」或「學」而已，而是要篤實踐履，說到做到，更進而再擴充到倫理和政治層面的實踐上。

我個人感到最有意思的，是在滿族入主中原以後第一位進天主教的親王德沛，著有《實踐錄》。關於他的思想，當代比較少研究。雖然對於滿族重要歷史人物的言行，在史學界頗多研究，但中國哲學史一般不討論他們。或許這是因為對於滿族入關統治中國，漢人內心裡總有難以平衡的創傷。無論如何，在中國哲學史上，往往沒有把滿人在哲學思想上的貢獻納入。4 其實這是錯誤的。既然說「五族共和」，更不要說人人內在都是可能的思想家，不要因為他是滿人親王，就心存不平等，有差別心。

《實踐錄》收錄在法國國家圖書館收藏的《明清天主教文獻》第十二冊，我閱讀之後，非常佩服德沛。一位清代早期親王對於儒學有像他那樣深刻的體驗，而且把儒學和他自己所信奉的天主教思想結合的非常好，令人刮目相看。

《實踐錄》認為，儒家的道統在《大學》和《中庸》裡說得最明白，也因此德沛認為《學》、《庸》是道統之本。他進而認為，《孟子》更能發源繼本，充其廣大。所以，若要懂《學》、《庸》的實踐之途，要從《孟子》下手來了解。為此，他常會引證孟子來討論其實踐之方。

德沛的基本論點是：《大學》的宗旨是「在明明德，在親民，在止於至善。」他認為「明明德」所要點亮的光明，就是我本性原有的至善，也就是我的靈魂。由於德沛的天主教信仰，如同夏大常一般，他也認為「性」就是本性的至善，也就是人的靈魂。所以，他以《中庸》所講「天命之謂性」就是天主教思想所講的上帝創造人的靈魂。在《聖經》裡，上帝創造每樣東西，都說是善的；到了人，則是用上帝的肖像來造，更是善的。德沛以下這段話頗能顯示他的儒學修養：

大學所言明其明德，自得之。又推以及人以新之，而在止於至善也。明德者，本性之至善，天命之道也。為氣質所牽，失其本善，……天命人之性者，非如萬物陰陽寒熱燥濕上下之性。乃推明格物至善之靈性也。[5]

大學之道也，學之言大者。……乃孟子所謂從其大體為大人之大也。……從其大體為大人，從其小體為小人。……先立乎其大者，則其小不能奪也。此為大人而已矣。

夫心乃一身主宰，為性之宮，非血肉之心。[6]

夫大體之靈性，秉天之命，大公而無私，純善而無惡者也。[7]

---

4 不過，我另曾讀過一本專研滿族哲學研究的專書，見宋德宣著，《滿族哲學思想研究》，瀋陽：遼寧大學出版社，一九九四。其中頁275－289討論德沛思想。在結論中，作者或許是從無神論觀點，批評了德沛的有神論，說「德沛在反對中國人的迷妄思想的同時，卻接受了西方人的天主教。」

5 德沛，《實踐錄》，《法國國家圖書館明清天主教文獻》第十二冊，（台北：利氏學社，二〇〇九），頁95－96。

6 同註5，頁96－98。

7 同註5，頁98。

在德沛看來，《大學》講明明德，既然是指人本性的至善之德，是天命之性，也就是天主給每一個人所準備的靈魂。每個人更要進一步透過實踐，推己及人，日新又新，一直到止於至善。個人必須不斷推廣內在本有靈性的至善，這是來自於天主所賜的虛靈不昧的靈魂（明德），也因此人不同於萬物，人的存在在萬物中有它的獨特性。在這一點上，滿人的德沛，正如同漢人的夏大常一樣，都同樣奉天主教信仰，都強調人的性是靈魂，有虛靈不昧之心。人至善的靈性，不同於萬物陰陽、寒熱、燥濕、上下之性。就此而言，朱熹講的陰陽之道，只適用於天下萬物。然而，人不僅止於陰陽；在陰陽之上，人還有靈明。

《大學》之所以為大，是因為它是遵從大體的成德之學。所謂的大，要從孟子下手，就是孟子所說「從其大體為大人，從其小體為小人」。所以，要先「立乎其大者」（陸象山的話），以大體為主，其小者就不能奪了。心是一身的主宰，如果人秉天之命，明其明德，大公無私，那就會成就純然的善。心就是大體，身只是小體。所以，在德沛的實踐論裡，最重要的就是要先立乎其大者，要以心向德行的要求為主，大公而無私。這一點並不止於個人修身，須更提振於公共事物。在德沛看來，實踐的方向，除了倫理實踐，還有軍事、政治等各方面。因此，以下我要特別討論，德沛如何把倫理思想家以延伸，將倫理與政治、軍事合論。作為一位親王，如此合論，也是很可以理解的。

不過，德沛的基本論點仍是靈肉二元，大體、小體對立的思想。他認為，靈性的大體都願意盡忠盡孝，靈魂才會安心；然而，軀殼小體只圖自己安逸。他說，「如待漏侍朝於君，問安視膳於親，靈性大體，惟願致身竭力，以盡其忠孝乃安。若軀殼小體，則避寒暑奔勞，而惟安逸是樂。」[8]可見德沛在實踐論上和夏大常一樣，都秉承早期利瑪竇等人引進的靈肉二元論思想。對他而言，小體指身體及其慾望，大體則指靈性修德之心，雖然說大體、小體在倫理上（如侍親），在政治上（如侍君），可以有不同的表現，但無論如何，人必須克制慾望，才能達到德行。若是譬諸軍事作戰，用兵行陣，又如何解，如何實踐呢？德沛的詮釋是：「用之行陣合戰，靈性則知捨生不避鋒刃，盡天命以思報於朝廷。小體惟恐利鏃之穿骨，肉身之難當，而求邀幸遯避耳。」[9]

由此可見，德沛在帶兵作戰時，總會鼓舞部下要勇敢作戰，不避鋒刃；拚了老命，也要盡天命，以殺身成仁，報效朝廷。他認定這就是大體、靈性的要求。可見，這已經把「靈性」的盼望，做了另一種詮釋，不再是基督徒的靈修，而是帶兵者的詮釋，是軍事實踐的要求。他的基本架構雖仍是靈肉二元，必須遏止貪生怕死的慾望，而鼓勵士兵殺身成仁、報效朝廷的勇德。如果單就去私就公，或者至少不惑於私慾而言，如此的軍事實踐，雖所

8　同註5，頁99。
9　同註5，頁99。

用褊狹，仍有其道理。不過，既然是講心學，對於心之源頭、心之動力，仍必須有所覺察。

我在前面曾經批評過，耶穌會士當時引進文藝復興時期的亞里斯多德學說及其天主教詮釋，較屬壓抑性的德行論，不同於亞里斯多德創造性的德行論；其所理解的孔孟，也未能強調他們創造性的德行論，卻多從窒慾、克己的角度言之，未能留意孔孟所發揮人的本有善性，孔子所言「吾欲仁，斯仁至矣」，孟子言四善端如「火之始燃，泉之始達」的深意。

讓我在此，再針對身體和欲望說幾句好話。首先，我們必須區分初心的「善欲」和自限的「私慾」。須知，人打從身體層面開始，歷經心理、倫理、形上種種層面，皆有一原初內在動力，不斷走出自封，指向他人他物，且只有在完成他人他物的善之時，才能合乎本心對善的要求，並再轉進。換言之，人初心的動力也是「欲」，根源於身體，而可下學上達、推至心理、精神各層面。但這「欲」的初動（first moment）總是指向他者、他物，為了多元他者的善；只有當這原初善欲限定在某對象上，在追求或享用的時候，心才會封閉起來成為私慾或貪逸惡勞，這其實已經是欲的次動了（second moment）。換言之，「能欲」是向善的；封限於「所欲」，才可能為私。第一動的欲望都是初心為善，都是向著他人他物，不自私，不停留在己內；一旦限定在某一對象，拚命要追求、要擁有、占有之時，就會封閉在那對象上，甚至在享用時，變得自私自利，忘掉初心原不為己。如此「善心」與「私慾」的二元就貫穿不起來了。其實，原先並無二元對立，是一貫善心的發展與落實。

德沛親王對當時的政治也有感嘆，他嘗引述孟子的話，意有所指地說：「故高堂數仞，榱題數尺，食前方丈，侍妾數百人，般樂飲酒，驅騁田獵，後車千乘以至服官臨民，貪財背義，負於君而虐於民者，亦皆為娛悅軀殼小體也。」[10]很可能他當時已看到有些滿族高官在得天下以後，胡作非為的情況。在滿清入關掌權當道以後，政界也有胡作非為之情狀，德沛也多有省思，也因此可以說他的實踐論也包含了政治批判反省的實踐。

德沛本人很有儒者風範，他到處講論儒學，甚至在軍中也講，每講完之後若部下有所補充，德沛都會在聆聽以後，走下台階向部下表示佩服。當然，這也可以視為滿人學習統治中國的一部分技巧，然而我們不能說因為滿人需要儒學來統治中國，就忽略了個別人物的儒學風範。綜合起來，德沛又引孟子之言說：「孟子又曰，仁義忠信，樂善不倦，此天爵也；公卿大夫，此人爵也。古之人，修其天爵而人爵從之。今之人，修其天爵，以要人爵。」由此可見，德沛的政治批判除了反省政治劣跡，還包含了揭櫫理想。他認為理想的情況應該是，個人修好德行，才獲取人爵。換言之，道德的實踐應該優先於政治和軍事的實踐。這也是孔孟之道一貫的精神。

10　同註5，頁99－100。

諸德行中，德沛特別強調「仁」與「勇」，主張倫理的實踐是「仁」，政治與軍事的實踐則是「勇」，並認為到了至仁大勇，就可以守住靈性的大體，而不受小體利害的負面影響。「如至仁大勇，守靈性大體者，豈肯為小體利害所奪哉。」[11]在他看來，陸象山所謂「先立乎其大者」就是以仁、勇為先；先修好仁勇之德，便不為小體的利害所奪。可見，他所採取的是禁慾式的德行（repressive virtue），仁、勇這些德行的獲得基本上屬於壓抑性的德行，而且把世俗所謂的福當作禍、當作苦；把世間所謂的禍、苦當作是福。當然「禍者福之所倚，福者禍之所伏」，這可能也有某些道家的思想在內。不過，他基本上是激勵人抑慾進德。須知當時天主教強調壓抑慾望，在宗教上不強調求福。德沛說：「世之所謂福者，道之所謂凶也，人之所謂禍者，理之所謂大吉也。」[12]所以他不接受世俗的禍福標準，要克制小體對世間福樂的追求，克制慾望才能成就德行，完成至仁大勇之德。

原則上，德沛的靈肉二元論與壓抑性德行觀，都與明末清初的天主教思想和儒釋道倫理思想一致。就此也可看出，無論夏大常或是德沛，一位是漢族士人在逃難中思考問題，一位是新統治者滿族親王，雖因政權轉移，禍福不一，但他們都信仰了天主教提供給他們的核心思想，並在這核心上融合中西傳統。在我看來，無論是在朝在野，這個中西思想的初步融合逐漸形成了清代的一種思想趨勢。雖然其中仍有不少問題值得檢討，但我們也可以看出他們中西融合的努力，以及他們對融合天學、儒學的貢獻。

五、夏大常的中國宗教詮釋

從十七世紀至十八世紀，發生了舉世聞名的「中國禮儀之爭」。在其中，羅馬天主教與各修會，如耶穌會、方濟各會、道明會、巴黎外方傳教會等的在華傳教士，與中國政府當局，就天主教徒是否應該遵守中國傳統禮儀，以及教友遵守中國傳統禮儀是否違背天主教義，產生了激烈的爭議。對於這一公案，中外歷史學界都已經有了許多研究。本人不擬在此對此項研究多所贅語，只簡述一點與我的論述相關的脈絡。我的論述將聚焦於早期中國天主教的華人學者融合中西的視野，尤其是他們對於中國宗教的解析與看法。

簡單地說，耶穌會在禮儀之爭中遭到質疑，基本上是針對其文化適應策略是否改變了天主教信仰的特質？但若反過來說，如果不進行適應，天主教是否能獲得中國士人的信奉？像利瑪竇等這樣的耶穌會士也都瞭解到，中國文化重視孝道，且根據孝道延伸，就有敬祖的祭祀禮儀，其作用即在孔子所謂「慎終追遠，民德歸厚矣」。此外，凡是文人仕紳，都會敬拜孔子，在孔廟也都有定期的祭祀典禮。文人、仕紳在地方上都是領袖人物。宗廟

11 同註5，頁103。
12 德沛，《實踐錄》，頁105。

聚會時，他們通常都是主禮者，必須領導祭拜祖先。更不用說，中國還有很多其他地方禮俗，各地方有各種廟祠，祭祀古今了不起的人物，有些甚至在生時就有人祭拜，稱為「生祠」。譬如有些人會為其恩人設像，每日為他燒香。有些英雄人物，在世時就有人祭拜，更不要說還有其他各種各類的祭拜儀式。針對這些祭祖、祭孔、祭聖賢、英雄、恩人等的禮儀行為，耶穌會基於了解而採取文化適應策略。但是，耶穌會以外的其他各修會則會質疑：這些是不是宗教行為？基本上，這些禮儀的確有其宗教上的涵義，但也有其倫理上、政治社會上的涵義，必須釐清。

在禮儀之爭中產生的實際問題是：如果天主教禁止祭孔、祭祖，這些信教的士紳會在自己的鄉里和宗族裡失去領導地位，也因此涉及了教友們的社會生存中非常現實的問題。然而，像道明會、方濟各會、巴黎外方傳教會等修會，不斷批評耶穌會，並向羅馬教皇報告，認為祭拜祖先與孔子，是多神的宗教行為，應予禁止。清朝皇帝如康熙，則認為你們傳教士根本不懂中國文化，還在門外指指點點屋裡面的人。最後，清廷下令把天主教給禁了，下令傳教士返國。之後沒多久，耶穌會也於一七七三年被教皇克萊孟十四世（Pope Clement XIV, 1705－1774）解散，到了一八一四年才由庇護七世（Pope Pius VII, 1742－1823）解禁而重建。耶穌會這一慘痛遭遇與它的中國經驗有密切關係。基本上，禮儀之爭是一場文化的衝突，由文化、宗教，進一步產生了社會現實的衝突，其結果是以禁教收場。

然而，中西文化的交流過程，起自十六世紀末，發展將近兩百年，可謂波瀾壯闊，其中也充滿了友誼和衝突。一方面利瑪竇等人帶來了歐幾里得幾何學，亞里斯多德哲學，西方科學思想與儀器等等，在中國造成很大的吸引力，影響很大；甚至連清朝皇帝都要請傳教士擔任欽天監，擔任畫師或其他官職。以康熙皇帝為例，他本人非常勤快，每天一定要學習西洋科學、數學、天文學。

另一方面，禮儀之爭前後，耶穌會也動員了他們影響的中國士人。由於耶穌會主張可以敬拜祖先、孔子，因此有中國士人覺得天主教適合中國，有些認為天主教與儒家可以相容，還可以補儒家的不足，甚至有人認為天主教可以超越儒家的限制，於是有種種「合儒」、「補儒」，乃至「超儒」的主張。不少中國士人受到天主教影響，接受了亞里斯多德、聖多瑪斯等人的思想，也接受了天主教的信仰。在禮儀之爭前後，不少中國士人致力提供中國經典與民俗材料與詮釋給耶穌會士，讓耶穌會士們為其文化適應路線的正確性辯護。同時，他們也重新整理了中國經典，找尋文本根據，並加以適當詮釋，來證明祭祖、祭孔不是在崇拜其他神明以代替天主，藉此也釐清了中國人祭祖、祭孔的宗教性質。此外，道明會、方濟各會也動員旗下的中國士人去研究、說明這些宗教行為的宗教性質。總的說來，在禮儀之爭這段時期，中國士人被雙方動員起來，對中國文化中的宗教意涵進行了嚴肅的反省，其實這也是一個很有意義的學術、文化論辯。

在禮儀之爭裡，有一部分重要議題涉及一些中國宗教現象的了解和詮釋。這有如今天所謂的宗教學研究。在禮儀之爭中，耶穌會受到的批評，是他們接納了中國的祭祀，如祭祖、祭孔。天主教其他修會認定耶穌會所謂「文化適應策略」遷就了中國人，因此會損及天主教信仰。這其中涉及到宗教禮儀的問題。其實，禮儀（ritual）是組成宗教的本質部分，當然也是中國宗教研究的重要成分，其中涉及到幾個問題：一、中國宗教禮儀究竟有哪些種類？二、中國宗教禮儀的性質和意義究竟如何？三、中國宗教禮儀有什麼重要性？和天主教信仰究竟合不合得來？於是，這就涉及另一個問題：耶穌會該為其設法適應的中國禮儀辯護嗎？如果與天主教信仰不相容，中國士人態度應該如何？要不要尊重羅馬的決定？

夏大常對於以上問題，都有引經據典的答覆。他對於中國禮儀相關文獻非常嫻熟，雖在戰亂之中遺失典籍，但仍能靠記憶寫出很多文章，富於中國宗教研究的學術涵義。基本上，我們可以說，夏大常所提供給耶穌會神父們的材料，有甚多中國經典文本的支持，並賦予這些經典文本以富於宗教學意涵的詮釋，可謂中西初融時的重要中國宗教學者。

在進入前述問題之前，先讓我一般性的說一下夏大常的基本態度。首先，針對祭祖，他的基本論點是：祭祖是出自兒女對父母的孝心。子女於父母在世時要能侍養，父母去世後要能祭祀，好像仍在供養他們一樣。孝心是人最重要的天性，是應該保存的。所以，祭祖是完全出於盡孝、慎終追遠之心，並不是把父母當作神來崇拜。

其次，關於祭孔，理由也頗類似，是為了尊重聖人。孔子是中國文化思想的開創者，所以，所有的文人都要尊敬孔子。但這種尊敬並不代表把孔子當作神來崇拜，而是基於對文化、理想和人可以達到的聖人典範的推崇。所以，目的不是在求孔子的降福保佑，而是尊師重道的表現。

再次，關於其他的祭祀，譬如生祠或死後立廟，夏大常也做了很詳細的考察，認為立生祠的意義主要在於尊敬某人的功勞、功勳，崇敬他是一位人間英雄；至於死後立廟，則是紀念所做過的善事或功德，或立功、立德、立言的三不朽，而不是把某人奉為神明，更不是向他求福。

夏大常的說明，是放在前述有關中國禮儀的種類、性質與作用、與天主教相合度等問題的系統思考中，依據中國經典的詮釋來答覆。透過夏大常的書寫，我們可以瞭解到他對中國古代禮儀的理解與詮釋。從以下的分析，我們可以看到，初期的天主教徒中國士人，他們雖然在形而上思想、人性論、實踐論上作了某種雛形的中西融合，但他們對於中國文化的了解，基本上仍繼承中國傳統士人的詮釋理性，換言之，是立基於對中國經典的詮釋來思考。雖然他們在西學影響下，思路比較系統化，也可以說是在「詮釋中建構」。但是他們底子裡的精神還是中國哲學的精神。[13]

首先，關於中國禮儀的種類。夏大常在《禮記祭禮泡製》裡說：

古王為治，不尚刑名法術那多事物。惟此禮制，乃為第一要緊事情。經文（按：指《禮記》）所云五經，即為五禮也：吉禮、凶禮、軍禮、賓禮、嘉禮也。吉禮者，祭祀之禮。凶禮者，喪禮也。軍禮者，兵禮也。賓禮者，朝會饗宴之禮也。嘉禮者，生子娶妻，加冠嫁女之禮也。此五禮者，乃為至重之禮，故稱之曰五經焉。經也者常也。……然茲五禮之中，尤有極為重大而關緊要者，固莫重乎祭矣。祭禮者，吉禮也。是以五經之禮，必列吉禮居先。14

依乎此，禮分五種：吉禮、凶禮、軍禮、賓禮、嘉禮。在此五禮中，以吉禮為先，可見祭祀在所有五禮之中，是最為重要的。中國人自古以來的祭祀，包含了對父母、祖先、聖賢（如祭孔），乃至對於天、地的祭祀。對於天的祭祀，只有天子可以為之；對於大地、山川河流等的祭祀，皇帝往往派代表去祭祀甚或親自主祭，而封建諸侯也可以祭祀山川、河流。至於一般百姓，只能祭祀自己的父母、祖先。

其次，關於祭祀的性質和作用。夏大常在《禮記祭禮泡製》論及《禮記・曲禮》所言「禱祠祭祀，供給鬼神，非禮不誠不莊」時，他引述陳澔《禮記集說》的註曰：「禱以求為意，祠以文為主，祭以養為事，祀以安為道，四者皆以供給鬼神，誠出於心。」夏大常據此以說明祭祀的作用和目的，他認為，「禱以求為意，求者求福也，然此求禱之祭，只聞求於上下神祇，未聞禱於祖父也。」15 由此可見，所謂「禱」並不是向祖先求福，更不是把祖先當作神明。至於「祠以文為主」的意思，是因為家裡有大事發生，如娶媳婦、嫁女兒、生小孩、升官等，必須「告聞祖父，以明不敢自專也。」換言之，向祖先稟告家裡發生了些什麼大事，表明不敢自己專斷。按我的經驗，如此的禱意，在台灣一直到現在都還繼續進行著。

再來，「**祭以養為事**」，是因為家族血緣的延續淵遠流長，所以要「慎終追遠」，為此，祭祀的目的在於廣義的養，雖然人已過世很久了還是要供養，名為「追養」之祭。至於「**祀以安為道**」，是說祀的意義主要是為了求心安，名為「繼孝之祭」，是在父母亡後仍能繼續孝順，以安孝心。以上是有關禮的種類、功能和目的。

夏大常進一步釐清，中國的祭祀裡面有沒有為了求福而祭祀鬼神，答案是：沒有。羅

13 基於兩個理由，我不贊成黃一農在《兩頭蛇》一書中將這些早期天主教徒儒者稱為「兩頭蛇」：其一，正如我以滿族親王德沛和漢人學者夏大常為例說明的，他們已經初步程度在形而上思想、人性論、實踐論上作了某種雛形的中西融合，不再是「兩頭蛇」；其二是，他們底子裡還是中國儒者的精神，立基於對中國經典的詮釋來講中國文化。另外，我不知道黃一農在如此命名時，有沒有想到中國有關見到兩頭蛇將會不幸的傳說，或有思及孫叔敖打兩頭蛇的故事。如果有，則如此的命名，在意向上值得商榷。

14 夏大常，《禮記祭禮泡製》，收入《明清天主教文獻》第十冊，頁94－95。

15 以上《禮記・曲禮》，見同上，頁81。

馬天主教會當局關心中國人的祭祀是不是有用祭祀鬼神、祖先，代替了對於天地的主宰天主的信仰的情形？夏大常回答此一問題的主要策略，是要表明中國的這些祭祀沒有理由向父母或祖先求福。他指出，祖先與父母在天地之間並沒有特大的權力，不像上帝是萬能的，可以賜福。在祭祀時，也不清楚祖先會不會來饗用祭拜的雞鴨魚肉，心裡面都沒有打確定的底，怎麼會知道他一定可以給你降福降災呢？如果說子孫做的不好，祖先就會罰；做的好，就會降福，那表示祖先有如上帝般的能力。其實不然，中國人深知祖先不是上帝。為此，「祭祀非為求福矣」。中國人禱祠祭祀，「不誠不莊」，主要的目的在於表達誠心，而不是為了求福。「中國奉祭之心，明知死者並無權柄力量也」。結論是：祭祀不是為了祈福。夏大常在講解《禮記》〈禮器篇〉時又說：

> 君子曰，「祭祀不祈」，……乃是孔子教人奉祭之心，惟當盡道，不當求福也。得其道者，是言盡我誠敬之心也。若能盡誠敬之心，便為受福之道。……可知中國祭禮，並無求福之心矣。16

夏大常詮解《禮記》孔子之言，以明中國祭禮之義不在求福，而在表達孔子所說「誠敬之心」，這點可以印證《論語》中孔子所言「祭神如神在」之意。這話說出了禮儀的本質在於誠敬之心，而不是為了一種功利的交換：我向你祭祀，你賞給我福報。換言之，宗教行為之義不在於功利主義，更不在利益交換，而是出自人的宗教情感誠心的宣洩，包含對自己尊崇的人、或對自己的親人的一種懷念。人若不如此做，是不會安心的。

夏大常進一步引〈祭義篇〉說：「君子生則敬養，死則敬饗，思終身弗辱也。」指出中國禮儀中祭拜祖先的性質只是一個不忍忘親之念。所以，他解孟子言「大孝終身慕父母」之意說：

> 終身云者，非終父母之身，乃終孝子之身也。生則敬養者，尚未欲以我之愛親者，而求親之愛我。惟於死則敬饗之日，親既不能顯愛於我，而我獨能愛親於不忘焉。斯為大孝終身慕父母矣。17

很有意思的是，夏大常這一詮釋，雖指出「生則敬養」、「死則敬饗」都出於孝愛之情，在愛父母上都是相同的，但是「生則敬養」還有「求親之愛我」的相互性的意思；然而，「死則敬饗」則是再無相互性之意，因為父母過世了，再也不能因我之愛他而愛我，

16 同註15，頁88。
17 同註15，頁89。

是完全超越了相互性之愛的表現。在此，夏大常很了不起地指出了中國宗教情操與禮儀有其超越相互性、甚至超越功利性、交換性的層面，而純屬愛的表現。更有意思的是，他在如此講完「斯為大孝終身慕父母矣」之後補上一句：「此與未見天主而信天主者，約相同矣。」以對父母純粹愛的表現來講對天主的信仰。請注意：「約相同矣」一句，初稿原來寫作「同此心矣」，後來大概意識到「終身慕父母」與信天主只有類比的關係，同中仍有不同，所以其後改為「約相同矣」。

以上，夏大常大體講出了中國祭祀禮儀的意義。他在探討中國宗教現象時引經據典，加以詮釋，以回答耶穌會士們的詢問，同時也順便把中國人自己的禮儀分析清楚，這中間已經有針對中西溝通、天學與儒學關係的探討。同時，這也是最早在跨文化視野下，提出的中國宗教研究，惜僅止於雛形。更可惜的是，爾後由於中國人自己的忽視，未能繼續發展，倒是西方學者成為中國宗教研究的領航者。

最後，夏大常也討論中國禮儀與天主教義有否不相容關係的問題。他為了逃避清兵而南逃，已經看到耶穌會的文化適應含有此一問題，且耶穌會士也請教像他這樣的教友文人的想法。夏大常基本上是從中國所謂「立教」之意，指出其與西方「宗教」有不同而實相通。我在後來講到馬丁・布柏（Martin Buber, 1878 – 1965）時，還要再回到「立教」的概念。在此，先討論夏大常的「立教」概念。夏大常認為：中國是以禮「立教」，是為了讓人們發揮其「人性」，使生活有所依循；至於宗教則是為了發揮人的「超性」，以侍奉天地萬物的主宰天主。必須先通人性，否則安能通於超性？中國人以禮立教，不能因為禮會有被濫用的弊端，就禁了禮本身。夏大常說：

祭禮亦猶是也。若禁祭禮，中國人心必疑聖教中人，來亂教法矣。故立教者，惟當去其毒害人心之實，不必改此空疏無用之名。求福之祭當禁矣。追養繼孝之祭，不當禁也。土神之祭，當禁矣。視死如生之祭，不當禁也。猶之生子者，惟當禁邪淫，不可禁其生子，以絕人類也。[18]

換言之，如果祭祀裡有迷信求福等不當之處，可以改之，但不必因噎廢食，禁掉全部祭祀之禮。中國以禮立教，在五禮當中以祭為先。祭的不同種類，各有其意義。祭祖先是為了奉饗，安孝子之心，顯示誠意，稟告祖先，不敢自專等等，有這許多合乎人性的意義，因而不可廢祭之名。他說「求福之祭當禁」，表明如果是為了求福之祭，是一種功利式的、交換式的祭祀，是應該禁。但若是追養盡孝之祭，則不當禁。若是塑造土神模型，當作神明來膜拜，這當禁。若是視死如生之祭，像祭孔子這樣的聖人，不當禁。就像人要結婚，

18 同上，頁82。

有男女之事，要生小孩，可以禁止人邪淫，禁人到處拈花惹草，宣洩情慾，可是人總要延續後代，總要生小孩，這是不能禁的。所以，祭不能禁，就像人要生小孩不能禁一般。換言之，中國以禮立教之意，是出於人性的需要。所以夏大常在辨明中國宗教的意義之後，進一步表示祭祀不能禁。他進一步說明，祭祖之禮並不與天主教的誡命有實質上的衝突。他說：

> 中國立祭之心，原相合於天主教人孝順父母之誡矣，唯此一祭之名，特恐有礙於欽崇一天主之義，然亦只是此名相礙，並無傷礙之實。奉祭天主者，奉其為天地萬物之大父母。奉祭祖先者，不過奉其為一家一身之小父母而已耳。19

夏大常指出，祭祖之禮合乎天主教規十誡中第四誡「孝順父母」；然而他也意識到，用祭祀來表達孝心，按天主教這邊的覺識，有可能會妨礙到第一誡「欽崇一天主於萬有之上」。然而，他也指出這種衝突，只是由於「祭祀」此一名義的相似性，因為天主教所獻於天主的彌撒，也稱做「祭獻」。然而，夏大常認為，這只是名目上的，並無實際上的任何傷礙。可見，他區分「名義上的衝突」（nominalist conflict）與「實質上的衝突」（substantial conflict），認為祭祖只是和彌撒有表面上的、名義上的衝突，實質上毫無衝突。他這一分辨，以及對中國宗教的定性，重點放在其內在實質的意義，認為不能只停留於表面，甚至望文生義。換言之，他不贊成唯名論的宗教閱讀。他的主張，是在實際上天主教的第四誡不會與第一誡相衝突；就中國而言，第四誡孝順父母，其實是與第一誡孝順天地的大父母是一致而延續的。他說，「奉祭天主者，奉其為天地萬物之大父母。奉祭祖先者，不過奉其為一家一身之小父母而已耳。」[20]

這樣一種想法，試圖把中國人與父母的關係、甚至家庭的概念，擴張到理解天主教會，理解人與上帝的關係。這是一般中國人比較容易接受的關係性思惟：天主是創造天地萬物的大父母，天主教會是由天地大父母與眾子女形成的大家庭，這樣的想法使得天主教顯得頗有親和性。其實，孝敬父母、祭拜父母，跟彌撒祭拜天主，並不相衝突。一個是祭祀天地大父母，一個是祭祀一個家庭裡的小父母。就此一家庭之愛而言，他認為在父母、愛等名相上，本性與超性並不相反，卻有所契合。他說：

> 況乎本性中之立名者，亦多有合乎超性中之名者矣，言超性者，曰愛天主也；言本性者，亦曰愛父母矣。言超性者曰，敬天主也；言本性者亦曰，敬父母矣。言超性者曰孝天主也，言本性者亦曰，孝父母矣……。[21]

19 同註15，頁91。
20 同註15，頁91。
21 同註15，頁92。

夏大常透過擴大化的「家庭關係」、「父母」、「孝、愛、敬」等概念來看，認為即使在名義上其實也無衝突可言，從祭父母一直到祭天主，在名義上也不相反。表面上，膚淺看，好像名義相反；事實上，本性的立名者，像孝順父母、愛父母這些名稱，也都合乎超性的孝順天主、愛天主。所以他主張：超性和本性可以相合。他用這一倫理論證來講儒家發揮了人本性之義，而天主教進一步發展了超性之義。不應該以超性廢本性，因為本性也是由超性所造；也不該只停留在本性而忽視人有其超性根源。就此而言，夏大常已經訂定了一個天主教與儒家融合的良好理論基礎。他又說：

超性不能相通於本性者，亦非真為超性者也，西洋言超性者，即為中國所言天道矣，天道人道其理一也。謂超性之奧，無過三位一體，然有粗像可比也。論天主全能全知全善，真為人世無可比擬之處。然而朝廷之威莫測，聖人之出類超羣，可比也。超性固當返本報始於天主，本性亦當返本報始於父母矣。22

在此他將西學所講的超性與中國所講的天道相比擬。在中國哲學言，天道與人道是相通而連續的，不是相背反的、相壓制的。他也認知到天主教三位一體的道理最為深奧，「謂超性之奧，無過三位一體。」可見，夏大常是個深於教理的天主教徒。關於三位一體，這是天主教的一個基本教義，極其玄奧難懂。對此，聖奧古斯丁曾講過一個故事，說有一天他在沙灘上漫步，思考三位一體如何可能，看到一個小孩正在沙灘上挖洞，把海水往洞裡灌。他就好奇地問小孩：「挖洞要做什麼？」小孩回答說：「我要把海水都倒到洞裡去。」聖奧古斯丁就問他說，「洞這麼小，海那麼大，怎麼可能都倒到洞裡？」對此，小孩回答說，「人的思想腦袋有限，為何你認為可以解決三位一體的道理呢？」

這故事也許是聖奧古斯丁自己編的，來說明三位一體的奧秘難懂。不過，夏大常認為，天主聖三雖奧妙難明，然也有聖三畫像，雖然畫像粗糙，也粗可獲得類比的了解；對於天主的全知全能，人世雖無可比擬，然亦可在朝廷之威與聖人之超凡獲得類比的理解。類比（analogy）之哲學意義曾在聖多瑪斯那裡獲得深入的發揮；夏大常在此則用於他的倫理論證，使用類比的方式來理解本性與超性的關係。「超性固當返本報始於天主，本性亦當返本報始於父母矣」。

最後，夏大常指出：西方人要了解中國，要好好去讀中國經典；如果不讀中國經典，就不懂中國人在那些深刻文字裡所表達的，人性如何要求成全，而人性的成全與超性可以相接。他甚至指出，西方傳教士若要避免別人無謂的批評，必須先好好讀懂中國經典，開口便要博引中國古書，方能開啟人心。他說：

22 同註15，頁92－93。

若要免人妄證，需先明透中國本性之情。若要明透中國本性之情，須先博覽中國之書籍。……未有不讀中國之書籍，而能視透中國之本性者。亦未有不能視透中國之本性，而能闡揚超性之理於中國者。[23]

對於夏大常來講，中國經典和書籍是聖人之教。聖人體察人的本性而能夠任萬物的面貌睹現，因此知道人應如何發展本性，不但不相反超性，而且可進一步銜接超性。也因此他另外寫了《性說》，綜合了中西人性論，其中銜接了人性與超性，助耶穌會士們發揚超性之理於中國。這其中有一貫串的道理，那就是「追本溯源」，正如同人的生命是來自父母、祖先；天地萬物也可追溯到最初來自天主的創造。

換言之，對於夏大常，本性之理可以直通超性之理，好像是理所當然的。人都有其根源，都是生自父母，可以一直追溯到最早的祖先；同樣的，宇宙總體也可以追溯根源，直到開端。這一想法，就今天來講也仍有道理。譬如說今天關於宇宙的起源，有科學家提出了大爆炸理論（Big Bang Theory）。但是，人總還可以追問：在大爆炸之前又如何？大爆炸理論本身是個宇宙有限論，認為宇宙有一個開端，雖然在最先前三秒大小如豆子般的宇宙猛然膨脹，然後繼續擴張，但是，其最初根源何在？就這點來講，夏大常用以連接本性與超性的「返本報始」概念，仍有其深刻的啟發。

但我必須指出，在《性說》中，夏大常的人性論仍有靈肉二元的框限。靈魂是邁向超性，但身體中的慾望則會墮落，為此，人必須克制慾望以培養德行。人必須透過自己靈性中的理智、意志和記憶三者來接近超性的天主；同時，人必須克制欲望，避免墮落。也因此，夏大常對於有求福、交換式、功利性的祭祀的批評，也有壓制慾望或功利的目的之意。另一方面，他又認為人的孝心要表現在實際的行動上，透過身體的動作來祭祀，徒有孝心的意向是不夠的，必須要能敬養、敬饗。

六、靈肉二元與顏元、戴震的身體哲學之修正

在這裡有一頗值得探討的哲學意涵。夏大常一方面假定了靈肉二元，藉以尋求超越、克制慾望，提心向上，追求德行；另一方面，他也認為孝心應能表現為行動，如同道成肉身。就如同天主之子取得人形，來到人類歷史當中；同樣的，人的孝心也必須透過祭祀行動和祭物實然體現，換言之，在行動中體現心意。這裡可以看出，夏大常的思想裡可能有

23 同註15，頁96－97。

某種不一致性：以他靈肉二元對立的人性論架構，如何能證成身體行動可落實孝心，恐怕會有疑義。

例如，夏大常引《禮記・祭統》方氏註說，「盡其心者，祭之本；盡其物者，祭之末。有本，然後末從之。」[24] 換言之，祭祀主要是為了全盤地展現誠懇心意，至於三牲、四果等供物或奉香等等，只是祭之末。然而，他又說，「心有所感于內，故以禮奉之於外而已。……發于心而形于物者，君子也。故曰，惟賢者能盡祭之義。」[25] 君子既是用祭的行動與祭物來表現孝心，的確有某種落實於身體的意味，心意必須實現為行動，透過祭禮、祭物才能表達孝心，否則孝心無從表達。

既然夏大常堅持要維繫對祖先的祭祀，無論是祭禮或名義，其目的是在維繫人心的實際表達方式。然而，這點與他的人性論、倫理學的二元論之間，的確有某種內在的緊張性。如果繼續將靈肉二元論和禁慾倫理學發展下去，那他應該也可能看輕祭品。他既稱祭品為末，那麼再極端一些，也可以忽略之，僅存心意在即可，不必要有行動和祭品。那麼，為什麼仍然一定要有祭品，且視之為具有敬養與敬饗的意義呢？

在西方文藝復興時期的靈肉二元論與禁慾的倫理學，基本上類似於明末清初時尊崇德性、壓抑慾望，「存天理，去人欲」的倫理學。然而，這樣子的思想框架，無法對於「道成肉身」、「心形於物」，以及祭禮本身提供終極的證成，也無法提供祭祀和倫理行動有力的哲學基礎。可見，靈肉二元論和禁慾的倫理思想，無論在歐洲或中國，都有其困難。

但是，到了十七、十八世紀以後，中國哲學家如顏元（1635－1704）、戴震（1724－1777）等人，他們都批評朱熹「去人欲而存天理」的壓抑性倫理學與宋明理學中靈肉二元的天命之性和氣質之性的區分，更批評他們將氣質之性視為惡之根源。顏元認為，「禮」就體現在身體的動作，所謂「格物」就是要身體力行，親下手一番，確實作出每個動作。他說，「譬如欲知禮，任讀幾百遍書，講問幾十次，思辨幾十層，總不算知；直須跪拜周旋，捧玉爵，執幣帛，親下手一番，方知禮是如此。」26換言之，在清代儒學中已經出現了一種身體的哲學，以克服天命之性和氣質之性的二元論。譬如顏元說：

譬之目矣：眶、皰、睛，氣質也；其中光明能見物者，性也。將謂光明之理專視正色，眶皰睛乃視邪色乎？余謂光明之理固是天命，眶皰睛皆是天命，更不必分何者是天命之性，何者是氣質之性。只宜言天命人以目之性，光明能視即目之性善，

24 同註15，頁94－97。
25 同註15，頁94－95。
26 顏元，《四書正誤》，卷一，（北京：四存學會，一九二三年），頁2。

其視之也則情之善，其視之詳略遠近則才之強弱，皆不可以惡言。[27]

以上顏元以身體（眼睛）的功能為喻，說明氣質之性無須與天命之性分隔，更不必將身體視為惡的。顏元指出，天理就是善之所在，在身體來講，眼睛之所以能看，是靠著眶、皰、睛，既然能夠看見便是善，那麼眶、皰、睛也就是天理所在。如果人的眶、皰、睛不好，也就看不見了。正如同「能看之善」不離於眼睛，同樣的道理，天理與身體不可分。為此，人也不能壓抑身體，主張「去人欲而存天理」。

我想，清代哲學自從王夫之（1619－1692）主張道器不分，道就在器中，器中有道；到了顏元，主張天命之性之善就在氣質之性、身體之中；到了戴震，更進一步認為基本上「理」就在宇宙生生而條理的過程中。換言之，整個宇宙是一生命發展的過程，生命的目的是為了保存生命並發展生命，其中會發展出越來越高層的秩序或理。理也者，條理也。理就是條理萬物的秩序，而器物的世界在動態過程中會發展出秩序。生命由較低層逐漸發展到較高層，會逐漸發展出越來越高層的理。人人都求保存生命、發展生命，也因此每個人自己要保存生命，為此需要生小孩、飲食、男女；進一步還要發展生命（按：例如有科學、藝術，追求更高的智慧，這些都是為了生命的保存與發展）。戴震認為個人要保存生命，也要讓別人保存生命；要發展生命，也要讓別人發展生命，這就是「仁」。至於在世界的動態發展過程中會條理出更高的秩序，人能認知秩序，便是「智」。對於戴震而言，「仁」

與「智」兩者是人可以達到的最高之德。聖人便是在仁與智上達到最高成就。然而,仁與智並不離生命本身的保存與發展。人類雖因擁有仁智而不同於萬物,然所有生命都傾向於保存與發展。在這一點上,人與別的物種仍有連續性。

可以說,戴震在十八世紀從二元論轉化出一套動態發展的形上學、人性論和倫理學,也因此在哲學視野上更有所改弦更張。這點可以說比二十世紀西方哲學在現象學思想引導下發展出的身體哲學,要早出現了兩百年。像梅洛・龐蒂(Maurice Merleau-Ponty, 1908 – 1961)所謂的「己身」(corps propre)、「取得身體」(embodiment),在某種意義下,還是基督宗教的「道成肉身」(incarnation)思想在現象學裡的變奏和俗化。可惜,夏大常當年,在耶穌會引進的靈肉二元論框架下,沒有接受到王夫之「道器不分」的啟發,也未能對於天理、人欲關係作更為正面的反省。雖說他已表示了祭禮要「發于心而形于物」,但其中靈肉二元的張力仍在。其實,王夫之、顏元、戴震等人的思想,若早被近代西方哲學所吸收,或被來華耶穌會士及追隨他們的中國士人所吸收,或許也可早點改正其靈肉二元對立和壓

27 顏元,《存性篇》,卷一,《四存編》,收入楊家駱主編:《中國學術名著》(台北市:世界書局,一九八〇年),頁3。

抑性倫理學的困境[28]，使中西哲學在跨文化交談下早一些臻至相互豐富之境。

28 康德認為德行就是壓制慾望而遵從道德的無上命令（categorical imperatives）或實現道德義務，對我而言，仍然屬於壓抑性的德行觀。

第六講

批判中國哲學：黑格爾與馬克斯

一、從讚頌到批判

歐洲哲學與思想界，發展到了黑格爾與馬克斯，開始從歐洲人對中國的讚頌，返回以歐洲為主體對中國進行批判性的閱讀。原先，從利瑪竇等人引進漢學，到初期傳布於西方，西方都是從讚美、同情與了解的立場來看中國文化。重點在於：在一個非基督徒國度裡，竟然能夠發揮人的自然理性，達到這麼高度的文明和思想境界，這是他們所稱讚的。尤其到了吳爾夫更為明顯，甚至由於一場頌揚儒家與中國自然理性的演講，引起了爾後歐洲啟蒙運動發端。雖然在今天從後現代觀點對於啟蒙運動多所批評，殊不知當年啟蒙運動初期是起自對一個完整理性（而不只是自然科技理性）的追求，以及它能完美實現為人間的善治，因而獲得稱揚。其實，後現代所批評的是啟蒙運動後期，昂揚人的狹隘的理性並把自然科學成就變成是人的理性的表現，更以後者的進步作為人文道德的衡量標準。換言之，後現代對於現代性的批評，應該是針對啟蒙運動後期窄化了的理性，與其所限定了的現代性。

我在前面也講過，在禮儀之爭過程中，馬勒布朗雪在與一個中國哲學家的對話裡，已經開始進行某些批判，主要是從基督宗教的立場，也就是從基督宗教一神論的信仰，來針對中國哲學，尤其宋明理學，所言非位格性的「理」的批評，以顯示位格性的終極實在觀和非位格性的終極實在觀之間的對話。但是，當時還有某種「群峰並立」的想法，基本上馬勒布朗雪仍然佩服中國人，尤其佩服孔子；只不過，從基督宗教的立場來看，終極真實不能只是非位格的，必須要有一無限的位格神、能夠思想、能夠愛，能夠創造，如此才會有宇宙的創造，有愛與智慧的世間，也使世人（包含中國人），能「在神內看見」。不過，這仍只是在理論層面的討論上交鋒。畢竟，馬勒布朗雪作為一個神父，又將論點轉回到了歐洲基督宗教的立場。

可是，到了黑格爾與馬克斯，由於禮儀之爭也暴露出中國本身有不少問題，在跨文明交往一段時期之後，由於康熙、雍正、乾隆的禁教措施，使得在中西交往上，中國也開始採取封閉的態度，而西方的傳教士從檢討利瑪竇的開放政策、外推精神，反而回到基督宗教本身的立場上。於是，從雙方相互的了解，轉為各自的堅持。歐洲從開放學習到返回自己的主體精神，因此開始對中國多所批判。

二、近代哲學集大成者黑格爾眼中的中國哲學

以下我將以黑格爾（1770－1831）的論述為例，討論以上這種轉變在哲學上所顯示的思想內容。我將首先討論黑格爾對於「道」的理解，進一步再討論他所理解的《易經》以及中國的語言的特質，最後再轉到歷史哲學、道德哲學，以及宗教這幾個層面的想法。

黑格爾對「道」的理解

首先，關於黑格爾對於「道」的理解。黑格爾哲學雖說是近代歐洲哲學的集大成，但他生活在十八、十九世紀，已經是歐洲近代性的巔峰；然而，在他之前，中國哲學早已發展了兩、三千年了，而且都關心「道」這核心概念。當然，「道」在中國哲學是一個最重要的概念，無論是在道家或是儒家，連後來的佛教，都使用「道」概念。為此，從黑格爾對於「道」的理解，可以看出他的中國哲學認知，以及他的跨文化哲學素養。

黑格爾在他好幾本著作裡都討論到「道」，例如他在《哲學史講錄》裡說，「道」是導向之意，或理性法則之意，他也提到雷暮沙（Jean-Pierre Abel-Rémusa, 1788－1832）曾經表示對於中國哲學「道」一詞最好的西方表述是希臘文的 logos。這個說法奠下了以後中國人在比較哲學上自己對於「道」的了解，將「道」與 logos 相提並論。另外，他在《宗教哲學講錄》裡又說，「道」一般被稱為路（Weg），可以說是精神的正途，也就是理性；他又

說，中國思想的原理是理性和道，它是一切萬物的基礎，並且也是推動萬物的本質所在。

從以上黑格爾對「道」的說法可以看出，他已經用「路」一詞來詮釋「道」，並且把「路」和精神、理性聯繫起來看。這一想法影響了後來西方哲學家對於中國哲學「道」的了解，無論贊成或反對。例如，在二十世紀，海德格把路、語言聯繫起來思想「道」，也提到了「道」往往被解釋為理性、logos等等，這些說法其實都顯示他曾閱讀黑格爾、並延續黑格爾或針對黑格爾來思考的痕跡。海德格仔細閱讀了黑格爾，清楚認識黑格爾對中國「道」的解釋，雖然說他自己爾後的解釋並不一樣，這點我們將在下一章論及海德格時仔細討論。

基本上，黑格爾認為「道」是理性或精神之路，因為對他來說，存有者的存有（或終極真實）就是精神，所以終極真實並不是道，後者應該是精神所走的正確途徑。但對他而言，精神所走的路子是一種辯證法的路子，也就是說透過肯定、否定、否定的否定來進行的。譬如，邏輯是思想的抽象與普遍的表現，但當邏輯發展到最高峰時，就會覺得自己單只是邏輯，太空洞了，必須走出自己、走到自己的對立面，因此就產生了自然。進而，在自然裡的各種萬物都是個別而殊相的，因此必須邁向具體中的普遍，於是興起了人，任由人去發展精神，於是，精神的發展便是既普遍又個別的，既抽象又具體的。我在我的《形上學》一書裡討論黑格爾的形上學。其中最根本、最值得注意的，就是指出辯證是一個棄而存揚的過程（Aufhebung）。更詳細的說，就是先否定、棄絕原有的缺陷，譬如說否定原有邏輯的抽象性，走向它的對立面，產生具體的自然萬物；然後抽出其中的優長，也就是其中的普遍性加以保存；然後進一步再發揚、提升到一更高的地步，於是發展出既個殊又普遍、既具體又抽象的精神。

順便說一下，德文的 Aufhebung 一詞，中文學界早期採音譯，翻譯成「奧伏赫變」。其後，在馬克斯主義影響下，翻譯成「揚棄」，這對翻譯黑格爾原義而言，是有所不足的。雖然說馬克斯主義比較強調一棄一揚，既棄又揚，否定有缺陷的舊階段並發揚理想的新階段；然而，黑格爾的辯證不只是一棄一揚，還有保存的因素。因為在否定之中拋棄了前一階段的缺陷，但仍要提煉並保存其中的可普性，並加以發揚，以便納入理想的新階段。所以，應該是一個棄而存，存而揚的過程。總之，在否定以後還要加以保存，並且加以發揚為更大的可普性。總之，「揚棄」這一譯法忽略了黑格爾的「保存」這一面。譬如，按照《精神現象學》裡面所言，精神在發展的過程中，從感覺發展到意識；再從意識發展到自我意識；然後再從自我意識發展到精神；在精神層面，從主觀精神發展到客觀精神，再從客觀精神發展到絕對精神。以上每一步驟都對前一階段加以否定，保存其可普性，也就是保存前一階段中可普化的因素，再加以提升、發揚到更高階段。

不錯，在這過程中，有一個很重要力量，是來自否定，必須不斷地否定前一階段的缺陷，才能有進一步的保存和發揚。也因此，在黑格爾辯證法的整個過程中，「否定」扮演極為重要的角色。舉例來說，黑格爾所懂的「無限」，大不同於前此笛卡兒正面積極的無限者，黑格爾的無限其實只是對於有限性的否定。凡是已經展現出來的每個階段，都已經是有限的，必須不斷加以否定再繼續發展下去，繼續對前面有限的階段加以否定。所謂「無限」（Infinite）就是「無—限」（In-finite），也就是否定有限之義。就此而言，在黑格爾的思想裡，有一種我稱之為「否定性的勝利」，並透過否定去提煉出在每一個階段裡所可保存的、可再普化的概念。然而，黑格爾這樣一條精神所走的，以否定為動力的辯證之路，是否可以通到中國哲學那邊呢？在此，我願將他的想法取來與中國哲學比較一下。

首先，中國哲學一定要先肯定生命。生命可以提升，可以昂揚，可以推己及人，推至天下，不斷推而廣之，乃至「為天地立心，為生民立命，為往聖繼絕學，為萬世開太平。」然而，生命本身是不能否定的。也因此，朱熹說「天地之大德曰生。」為此，像西哲蘇格拉底會說「未經檢視的生命不值得活。」然而，就中國哲學而言，生命本身就值得活。只有活下去，才能檢視生命，甚至走出宇宙與人生命的大道，完成生命。然而，為了完成生命，也必須能與終極真實相契合。在此，就由必須肯定的生命，走上生命之道，甚至與終極真實的大道相契合。

須知，中國哲學裡所講的「道」，無論在任何再大、再深的層次，譬如講宇宙的大道、講天道；或說以「道」作為終極真實，視為那能自行開顯的存在活動本身；無論如何，道都不離開與「道作為走得通的路」這個形象相連結。在中國哲學裡對於終極真實的思考，無論是道家名之為「道」，或儒家《論語》所講的「仁」或《中庸》所講形而上的「誠」，或喜怒哀樂未發之「中」[1]；或孟子所說的「心」，或佛家所說的「眾生心」、「一心」，[2]等等，都是與文字上的形象相聯繫的。總之，說「道」，說「仁」，說「誠」，說「心」，說「天」[3]等等，都是與形象不離的。我認為中國哲學裡，即使終極真實也不是純粹的觀念，而是形象化的觀念。

換言之，中國哲學的「形象觀念」不像柏拉圖所講的純粹觀念，後者甚至把觀念轉為哲學概念，再拿概念和概念相連結，形成命題，然後再透過三段論證來加以推論。比較起來，如此奠基的西方哲學精神，與中國哲學不一樣。中國哲學的終極真實，即使表達為哲學的觀念，也脫離不了與形象的關係，而在其形象思維裡，也都展現了某種觀念。為此，

1 「誠」有兩個意思，其一是在形而上層面，指終極的真實；其二在道德心理學上，是指心理的核心之誠，發自內心的至誠，且言行合一。兩層是可以相通的。同樣，喜怒哀樂之未發之「中」是可以與作為終極真實，能使天地位、萬物育之「中」相通的。

2 「眾生心」就是「一心」，雖說「眾生心」的重點在於多數，但為一體，為一心；「一心」雖比較強調統一性、單數，但不離「眾生心」。

3 「天」也與形象不離。因為能夠站立為人；當人的肩膀開始負責任，成其為大，是為大人；而在大人、聖人之上加一橫，那就是天了。

我稱之為是一種「形象觀念」或是「觀念形象」。

中國的形上學沒有純粹的概念，相反地，它要用有圖像的隱喻來說，不同於西方哲學把概念和概念加起來，重視主詞，透過繫詞，形成語句。再在命題中進行大前提、小前提、結論的三段式推論。中國哲學喜歡用隱喻，講故事。往往講個道理，就是講個故事。尤其像莊子，例如在〈逍遙遊〉裡說「北冥有魚，其名為鯤……」，講的是鯤魚變成鵬鳥的故事。這故事要講的哲理是：魚是在水中自由的，牠能進而轉化成鳥，而鳥是在空中自由的，但兩者都是有條件的自由。可見，這故事討論的是自由的問題：魚和鳥雖然都是生而自由的，但都是有條件的自由，魚依賴水，鳥依賴風，雖然地位較水為高，但是鵬鳥仍必須怒而飛，振奮直上九萬里高空。畢竟，九萬里高空也還是有限的，因為它還是由空氣所支撐，莊子所謂「乘風背，負青天」是也。換言之，鳥必須乘風飛行。如果把風拆掉，大鵬也就掉下來了。可見，它還是有條件的自由。為此，〈逍遙遊〉進一步講如何由有條件的自由轉化成無條件的自由。

以上這些都是透過隱喻、故事來講哲理，而不像西方哲學透過概念、論證來討論。就黑格爾否定的辯證法與一直在否定中追求更高的普遍性的精神道路而言，黑格爾已經離開中國哲學所言的「道」甚遠。黑格爾將「道」解釋為理性、規則，並與具有言說意味的logos相提並論，其中的哲學意趣大不相同。對此，黑格爾也不能體會，以致產生誤會。這點更會在他討論《易經》的時候，特別顯示出來。

黑格爾對於《易經》與中國的思想和語言的看法

黑格爾在《哲學史講錄》裡對於《易經》的討論，主要是針對萊布尼茲。萊布尼茲肯定中國的書寫，尤其是六十四卦的卦象，且在卦象的產生順序裡隱含著理性的邏輯，甚至隱含著萊布尼茲所謂「普遍數理」，或「普世語法」的想法，也就是說，在圖像式的文字書寫裡，有嚴謹的邏輯含蘊其中。然而，相反於此，黑格爾在《哲學史講錄》裡批評萊布尼茲，認為他未經批判性思考就肯定了中國的文本、語言和文化。他覺得萊布尼茲這樣講，只注意到形式，其實內容上並不令人滿意。他認為，不但萊布尼茲自己是如此，中國哲學就是這樣。中國的卦象和書寫在形式上看來好像有邏輯可尋，可是哲學家必須注意它實質的內容，看看它有沒有進行自我反省。在黑格爾看來，真正的哲學家在思想上應該透過主體的自覺進行自我反省，以便發展出真正的概念來。他認為中國哲學做不到這點。

所以，黑格爾在《哲學史講錄》的引言中講到東方哲學的部分，批評東方的文化，認為都比不上西方的。他說：「**當人們讓他們自己被形式所迷惑，把東方的形式和我們的平行並列，或者還更愛好東方的形式……**」[4] 這話讀起來很像是在批評萊布尼茲這類中國

4 黑格爾，《哲學史講錄》，賀麟、王太慶譯，北京：商務印書館，一九八三，頁119。

哲學的推崇者。從這幾句話可以見到，黑格爾的態度已經扭轉回歐洲自身的主體性，不像萊布尼茲那樣還有一種跨文化哲學的態度，可以欣賞中國文化，而且從中獲得啟發，達到某種相互豐富的目的。相反地，黑格爾轉回自己的思想觀點，也就是他從檢視希臘以降，以及自己所發展出來的西方哲學觀點，以歐洲為主體，進而批評中國的語言和思想。在他看起來，那些形式性的或抽象符號，譬如說卦象，乃至於中國的文字，的確是有某種意義的可普性和形式上的抽象性，可是他認為這些東西如果沒有主體的自覺是不能成為哲學的。必需要有一些普遍的形式，再加上主體的自覺，才會形成為「概念」（Begriff）。他所謂概念包含兩個層面，其一要掌握某種普遍性；其二要對此掌握有所自覺。譬如說，黑格爾批評牛頓沒有概念，因為他認為牛頓雖然掌握到慣性、有作用必有反作用原理等定理，可是牛頓懂得這些原理只具有抽象性，並沒有他自己的主體自覺。為此，黑格爾認為牛頓根本不知道自己在講什麼。相反的，黑格爾認為康德有概念，因為康德不但講普遍的觀念，而且他的批判意識有內在的自覺。

所以，在黑格爾看來，哲學應該既掌握到普遍的、抽象的觀念，還要加上思想者主體本身的自覺，如此才能夠形成概念。而且，概念不能只停留在概念層面而已，還必須從概念實現為歷史的事實。就好像你只有一百馬克的概念是不夠的，你還必須去賺得一百馬克。康德用像擁有幾塊錢（如：一百馬克）的概念並不等於你就有那些錢，這類的論點來批評本體論證。本體論證說上帝是最偉大的，而有存在要比沒有存在來得更偉大，所以上帝存在。

黑格爾對康德的批評，指出康德雖指出了腦筋裡面有一百馬克不代表你口袋裡面有一百馬克，但是，單這樣想仍是不足的，還嫌太靜態而膽怯了。相反的，人應該採取行動，好好努力去賺得那一百馬克。如此一來，概念才會變成實在。就此而言，黑格爾雖然只是個坐在書房裡思考的哲學家，但他這一積極行動，化概念為歷史的想法，隱含著某種革命思想，主張必須努力行動掙得價值，一直到賺到了才算數。這一想法對後來馬克斯思想有所啟發。其基本的想法是：普遍觀念要經由自覺成為概念；而概念應在歷史中實現，才成為理念，而理念則是實現成為歷史事實的概念。

黑格爾認為《易經》裡已經掌握某些普遍性，譬如說卦象、對人事和自然的某些判斷，但這些還僅只是抽象的普遍性而已，缺少主體的涉入，換言之，其中缺少主體性（subjectivity）；其次，黑格爾認為這些卦象與卦辭也沒有內在性（interiority）可言，換言之，其中缺乏人內在的自覺。

在黑格爾看來，卦象、卦辭、爻辭都僅有形式上的抽象，更何況這些抽象的形式仍擺脫不了某些自然信念，換言之，易卦仍然和占卜與相關的迷信聯繫在一起，而且占卜和迷信都是依賴非常獨斷的偶然性。相反的，哲學應該掌握必然性、普遍性和有自覺的內在性。

在此我要指出，黑格爾忽略了中國哲學提出的是「形象觀念」或「觀念形象」，而且透過這些形象觀念或觀念形象來喻示終極真實，也因此包含了一種隱喻的形而上學。透過這種隱喻或象徵的指向，類似海德格所謂「形式指引」（formal indication），藉以指向終極真實。海德格在《存有與時間》中發展出一種「形式指引」的思想。黑格爾尚未了解到這一地步。海德格的「形式指引」是我們透過形式指引，可以指向存有的體驗。中國哲學裡透過這些形象觀念所要達致的也是實存的體驗。《易經》的實存體驗懷有憂患意識，然其中仍追求著「其道甚大，百物不廢」的可普性，而且與對終極真實在宇宙間生生不息歷程的體驗息息相關。

換言之，中國哲學裡的終極真實，是在人深刻的實存體驗中開顯。由於中國哲學和中國文字的象形性與指事性有密切的關係，凡是在體驗中的開顯與揭露，其表達都與形象有密切的關係，以致無論「道」、「天」、「心」等等都與隱喻的形上學有密切關係。

比較起來，黑格爾所要掌握的就是「概念」，一方面要有普遍性，另方面要有內在的自覺性。這是西方近代性強調主體的覺醒，並從覺醒的歐洲主體性出發，去批評其他的文化與哲學沒有主體自覺，包含中國哲學在內。這麼一來，就忽略了中國哲學裡面的勝義、勝景，更不知道中國歷代對於《易經》的詮釋歷史，已經透過註解方式，把各卦的卦象、卦辭、爻辭，象傳、繫辭傳……等等中的哲學意義註釋出來了。包含萊布尼茲和黑格爾在內，他們所知道的都是來自傳教士所引進的，尤其是索隱派所引進的《易經》詮釋，但他們對於中國歷代《易經》的詮釋、注疏及其中的哲學並不了解。

然而，中國思想史上對於《易經》的詮釋與注疏是有長遠歷史的，且其中都富於哲學意涵，這點正與中國哲學的特質息息相關，[5] 因為中國哲學家往往是在詮釋和注疏之中，表達自己的哲學意見。哲學的思想雖然在思想長流中繼續發展，但它往往扣緊或聯繫著原有文本，做進一步詮釋，並在詮釋中進行建構。這就好像中國哲學的觀念一定脫離不了形象，因為它不願意抽離人們的體驗來思考，相反地，它既願意跟這世界的形象有所聯繫；同樣的，中國哲學也願意跟每一個思想的歷史文本的源頭保持聯繫，為此會從詮釋先哲的文本與言行來建構論述。這樣子的哲思特質，是黑格爾一點也不能了解的。

雖然如此，中國哲學，尤其易經哲學，仍然在思想過程中要保持一種淨空澄明的境界。就以黑格爾所說《易經》與占卜、迷信不可分割來講，東漢的徐幹在《中論》一書裡就曾經表示，《易經》由於能空其心，才能受而能應。說白一點，是因為能淨空其心，占卜者才能接受終極真實的啟發，也因此能有所感應。可以說，像這樣的思想就有某種非主體性的境界，因為既然空其心了，就不再執著於主體性，也因此其中包含了對主體性的超越。雖然在《易經》裡，我們仍可看出主體的挺立，但在類似的注疏裡顯示，主體性必須空

5 以《易經》為例，像王弼《周易註》、韓康伯《周易注》、孔穎達疏《周易正義》等等，都有其哲學詮釋意涵。又，在道家哲學上，郭象注《莊子》，和成玄英疏，便是透過注疏來建構論述的最佳例子。

虛，才能感應神妙。

在我看來，整個《易經》的結構與意義的確是經歷了一段演進的歷史才形成的。在第一階段，也就是最早的時候，《周易》確是占卜之書。然而，在占卜中，若要預知事情的發展，一方面要聯繫到自然的法則，另方面也要聯繫到主體的覺醒，必須兼顧兩者。於是，轉進到第二階段，也就是倫理詮釋時期。依我看，《易經》最早的卦辭、爻辭講的多是根據自然法則與人事關係而言；但是，大約自文王畫卦之後，到了春秋時期，大約公元前七、八百年出現的彖辭，已經演進為倫理的解讀了。到了第三階段，在繫辭傳、說卦傳、乾文言、坤文言等，提出了相當高深的義理，可以說是屬於哲理建構的階段了，其中含有對宇宙和人生的整體思考。

簡言之，我認為《易經》經過了長遠的演進，從占卜顯象，到倫理詮釋，到哲理建構，歷此三階段。黑格爾無知於此，認為《易經》與占卜、迷信、武斷的偶然性密不可分，絲毫不知它在藉占卜而興起之後，朝向倫理詮釋和哲理建構演進，而且黑格爾也對《易經》注疏傳統中的哲理成分毫無所知。話說回來，萊布尼茲對《易經》雖然給予友善的稱讚，甚至受到啟發，但主要仍是經由白晉等傳教士的引介，仍未探索《易經》本身的義理演進與其詮釋傳統。

值得注意的是，黑格爾認為《易經》的六十四卦要和中國文字聯繫起來思考。他認為卦與字是密切相關的，兩者都是對於武斷的經驗現象加以靜態抽象而成的圖畫。他所謂武斷，是因為其中缺乏主體自覺的反省。黑格爾當然也沒有以海德格所言「形式指引」，或我所謂「形象觀念」來看待卦象與文字。所以，黑格爾把卦與字視為參雜了一些自然信念，未經主體省思的經驗，尚未成為概念等等，並從這一思路來批判《易經》的卦象與中國的文字，藉以拉到他自己對於概念、主體自覺，以及應在歷史中實現為理念……等等想法的框限之下。

也因此，從文字學上來講，黑格爾認為西方的文字是由字母所構成的，是屬於語音性的語言，不再停留於物質性的圖像上；由於其離物質更遠，也因此在思想上的純度更高。這一點可以從黑格爾的美學獲得印證。在他看來，繪畫是比較低的藝術，因為它還依賴線條、顏色等等物質性的表達；音樂就屬於比較高的藝術，因為在音樂裡沒有圖像，只剩下樂音的遊戲，其物質性較低。至於最高的藝術形式是詩，因為詩連樂音都不依賴。詩純屬語言創作，不像音樂還有一些聲音的材料，語言卻不需要依賴音料而致力於意義的表達。在語言方面，黑格爾認為語音化的語言要比象形文字更為高級。也因此，黑格爾要批判性地追問：萊布尼茲怎麼可以把中國文字的形式拿來與歐洲文字等量齊觀呢？

我們知道，在二十世紀，德希達反過來批評語音化的語言高於象形文字的想法，認為這是一種邏各斯中心主義（logos-centrism）。不過，值得注意的是，德希達的基本立場還是和黑格爾一樣，認為哲學仍然是屬於希臘的傳統，而且還批評萊布尼茲的學術計畫並沒有真正介入邏各斯中心主義的發展。這些爭執的確有些「理有難明」的情況，但有一件事可以確定的是：無論黑格爾或德希達，他們的跨文化胸襟都要比萊布尼茲差多了。

黑格爾歷史哲學的視野

對黑格爾來講，人類歷史是一部自由的歷史。換言之，歷史所邁向的是自由的實現，其中不但要發展出普遍的觀念，而且要能夠有自覺，進而在實際歷史中體現成為理念。由此可見，黑格爾在每個議題上的思想都是相當一致而系統的。黑格爾的歷史哲學，是從東方開始講起，也就是從他所謂「神權專制」的地區開始，講的就是中國和蒙古。我想，黑格爾在構想上是要從神權專制逐漸講到自由觀念的興起，然而，他把中國和蒙古相提並論，在歷史事實上是混淆了。大概是因為蒙古人在十二、十三世紀時，以強暴的武力攻入歐洲，歐洲人受創記憶猶深，視為黃禍。雖然到了十九世紀的黑格爾，已經過了六百多年了，但他還記得那段痛心的歷史，於是把蒙古帝國拿來與中國帝國相提並論。如果說的是專制帝國，那麼中國早在公元前三、四世紀秦朝之際已經形成帝國了。從秦朝到蒙古，中間有一千五、六百年這麼長的時間距離，不可以同日而語。至於黑格爾所謂的「神權」，在公元前一千七百多年前建立的商朝，的確是一種神權政治，可是到了公元前十二世紀建立的周朝，改用周禮和封建統治，並非神權專制。總之，中國歷史是非常豐富而複雜的，不可以簡單化，以「神權專制」一語帶過。

黑格爾認為歷史開始於東方，因為在東方已經有某種普遍性出現，所以理性開始有某種程度的自由，然而這東方的自由仍缺乏主體的自覺。他以有自覺的普遍性及其體現於歷史為判準，把自由的歷史分為四個時期：一、歷史始於東方，在神權專制下，僅有皇帝一人自由；二、希臘開始懂得自由，但僅有少數人自由；三、基督宗教開始興起自覺的自我意識，使自由成為黑格爾所謂「概念」；四、日耳曼人把自由概念體現在歷史中，成為其所謂理念，因此他以日耳曼為最高文明。關於東方，也就是黑格爾所懂的中國和蒙古，他在《歷史哲學》裡評論說：

> 我們首須討論者係東方，其基礎為未反省的意識……在東方的政治生活裡，我們看到一種理性的自由，逐漸發展而仍未進而成為主體的自由。這是歷史的幼年時期，其客觀的種種形式構成了東方「帝國」的堂皇的建築，其中雖具有一切理性的律令與佈置，但各個人仍然只是偶然的。他們圍繞著一個中心，圍繞著那個元首，他以大家長的地位居於至尊。[6]

6 黑格爾，《歷史哲學》，王造時、謝怡徵譯，上海：商務印書館，頁174–175。

東方人不知道「精神」是自由的，人是精神（精神是有歷史性的，也就是由普遍發展為有自覺，自覺以後又知道在時間中去實現它），因為他們不曉得這一點，所以他們不自由，他們只知道一個人是自由的，唯其如此，這一個人的自由僅是放縱恣肆；魯莽……所以這一個人只是一個專制君主，不是一個自由人。7

可見，黑格爾把中國的文化稱為歷史的幼年期，是因為其統治形式雖開始有小小程度的普遍性，但尚未有自由的觀念，至多只能說皇帝一人是自由的。對他來說，哲學開始於希臘，在那裡開始以理性方式討論「自由」觀念，也因此只有希臘人才開始懂得自由，也就是在哲學上探討了自由觀念。但古希臘仍區分自由人和奴隸。像柏拉圖和亞里斯多德這些大哲學家，他們雖然自由，也嚴肅地討論「自由」觀念，但他們都仍主張要有奴隸，而且古希臘文明是建立在奴隸的服務上的。為此說，古希臘只有少數人自由。

一直到天主教出現，強調人人應有純正意向的自由。尤其對黑格爾來說，基督新教強調個人直接面對上帝，個人信仰不需經由教會中介，這才挺立了個人的主體，有了個人的主體自覺，於是自由的歷史更進到有自覺的「概念」階段。然而，自由的概念仍須在歷史過程中落實，體現為理念。在黑格爾看來，一直要到日耳曼各邦，才知道如何把自由實現在歷史中，也因此他以日耳曼為最高文明，認為是自由的歷史的最高發展階段。他在《歷史哲學》和《法律哲學》中，都有這種以自己的文明為最高的論斷。

黑格爾這種發展式的歷史觀，是與我在前面講的辯證法，也就是普遍性經由主體自覺發展為概念，並在歷史中落實體現，想法是一致的。但這仍然是歐洲中心的觀點的看法，也因此對於中國歷史，以及中國哲學在中國歷史中扮演的角色，有所不知，對於中國人的道德生活與自覺方式也缺乏了解。在中國，孔子早已主張道德的自覺。孔子所謂「仁」，是經由人的自覺而與他人他物相感通。「仁」就是自覺和感通。再「由仁生義」，於是由自覺與感通就生發出對他人、他物的尊重和適宜的對待，所謂「義者宜也」，然後才進而發展出「義」作為義務、該當的一面。再來，「由義生禮」，由於要尊重並適當地對待所有人，所以要發而為「禮」，目的是要人們在制度、儀式、禮儀和行為規範中，顯示「敬」與「宜」，藉此協調起來成為和諧的。所以，「禮」的意義，是「美感與和諧」。

反過來說，人在行禮的時候，必須能「攝禮歸義」，因為禮的目的是為了達致美感與和諧，但若沒有對人、對物的尊重與適宜的對待，是達不到美感與和諧之境的，所以要「攝禮歸義」。然而，如何能對人、對物都有所尊重，舉措適宜呢？這就須要「攝義歸仁」，要有自覺與感通。基本上，孔子所講的道德就是這樣一個由自覺到實現的過程，其意義有

7 同註6，頁28。

雙重：

一方面，就生發的順序而言，要「由仁生義」、「由義生禮」。換言之，由於內心有仁的自覺與感通，才生發出義的尊重與適宜；再由尊重與適宜之義，表達為禮，「禮以行之」，因而生發出和諧與美感。

另一方面，就奠基的順序而言，要「攝禮歸義」、「攝義歸仁」。換言之，在執行禮儀、規範、制度的時候，要回歸到對人、對物的尊重和適宜的舉措；進而，在對人、對物行義之時，要能回歸到仁的自覺與感通。

孔子提倡的道德生活本來就是雙向的，一方面有開顯、生發的順序，要能「由仁生義」、「由義生禮」；另方面對已經生發、已制定的秩序或禮法，要能「攝禮歸義」、「攝義歸仁」。

黑格爾對於孔子這種自覺與實現的道德生活，完全缺乏認識，只用自己的哲學系統和歐洲中心觀點來生搬硬套，以致他在《歷史哲學》裡，有如下這段偏頗的說法：

> 在中國人的心目中，他們的道德法律簡直就是自然律——外在世界積極的命令所強力規定的要求，是相互禮貌上強迫的義務或規則。「理性」的各種重要決定若要成為道德的情操，本非有自由不可。然而他們沒有自由，在中國道德是一樁政治的事務。8

可見，黑格爾只看到外在的禮法，無知於「由仁生義」、「由義生禮」或「攝禮歸義」、「攝義歸仁」等既自覺又實現的道德生活。所以他才會認為中國的道德律只是一種自然律，是外在的規則，必須遷就他人作形式上的呼應。你對我行禮，我也對你行禮，這是一種外在世界的命令、禮貌上的強迫；也因此，黑格爾把「禮」視為不是自由的表現，認為其中沒有主體的自覺。

在以上的偏見下，黑格爾把啟蒙之前引進的理想中國所含有的整全理性與明君善治的理想形象，都用他自己的哲學給除魅了。按照黑格爾的解釋，在中國，皇帝就是大家長，民眾都必須遵守外在的法令，如此一來構成了一個大家都依循禮法生活的群體，它本身就是宗教，不需要再信仰一個最高的上帝。黑格爾以這樣的說法來解讀、了解啟蒙運動初期發起者所推崇的，中國基於自然理性就能有的善治，將它詮釋為一種國家的宗教。也因此，他在《歷史哲學》裡說：

> 中國人在大家長的專制政治下，並不需要與最高的存有（上帝）聯繫或調和，因為他們感到有需要的那一切聯繫或調和已經包羅在教育、道德和禮制的法律以及皇

---

8 同註6，頁116。

帝的命令與行政中了。[9]

換言之，中國的天子既是一國的至尊，也就是宗教的教主，結果使得宗教在中國本質上就是國家宗教了。他用這種方式，解釋掉了啟蒙運動前歐洲所讚嘆的，中國不需要基督宗教的天啟，便能發揮整全理性，擁有明君善治了。在此，他完全忽視了中國人道德生活的本質，完全忽略了「由仁生義」、「由義生禮」，「攝禮歸義」、「攝義歸仁」歷程中的自覺與實現的辯證，更忽略了中國人與天、與終極真實的關係，也忽視了中國人的宗教情操（religiosity）的本意，反而堅持於自己的概念體系，拘泥於膚淺而武斷的誤判，認為對中國人而言，國家就是宗教，皇帝就是教皇，法令就是教規。雖然在黑格爾的哲學體系而言，他能自圓其說。但是，從跨文化哲學的素養看來，黑格爾只是逞其武斷而已。

三、馬克斯：堅持道德原則的半野蠻人將興起中華共和國

與萊布尼茲、黑格爾等人相比之下，馬克斯（Karl Heinrich Marx, 1818－1883）對於中國的哲學、思想和文化本身，並沒有太大的興趣。馬克斯雖然是研究哲學出身，也曾仔細讀過黑格爾著作，也知道中國哲學與黑格爾哲學有很大的差別；然而，他的《資本論》、《共

產黨宣言》等書，基本上是在批判資本主義，並未特別針對中國進行哲學思考。馬克斯主張，資本主義必然會擴張成為帝國主義，並從此一角度批判了西方資本主義對於中國的侵略。尤其是在一八四〇年左右，他在倫敦期間寫了許多社論和評論，批判英國對於中國進行的鴉片戰爭。他所持的觀點也是批評資本主義的帝國主義，批判鴉片戰爭期間帝國主義的作為。然而，這並不表示他曾深刻地同情與了解中國，因為他的目的是在批判西方的道德錯誤。單就批判鴉片戰爭一事而言，馬克斯可以說是西方的良心與先知。他甚至預示：中國將會出現民主共和國。

馬克斯對於中國的討論已為大家所熟知，所以我沒有必要多所著墨。他的社論、評論和其他著作裡，討論到中國的部分，在民國期間很早就引進中國。一九三七年延安解放出版社已經出版了《馬克斯、恩格斯論中國》。後來在一九四九年以後，又重新修訂，並且在人民出版社重新出版。馬克斯對於中國的討論，涉及他對資本主義帝國主義的批判，並在此一角度下，檢討中國與歐洲的關係。此外，他主張東方並沒有私有財產制，認為中國之所以在經濟發展方面一直停滯不前，主要是因為其「亞細亞生產方式」。這一概念也影

9 同註6，頁211。

響到後來馬克斯主義者對於東方經濟型態的分析，成為其理論基礎。這些都是眾所周知，我都不必贅言，也因此不在此討論了。

馬克斯對於中國儒家文化的道德主義也有所了解，只不過他認為：道德主義的實效，再怎麼樣也比不上資本主義帝國主義的侵伐。也因此，他在評論鴉片戰爭的時候說道：

當半野蠻人堅持道德原則時，文明人卻以自私自利的原則來與它對抗。佔人類差不多三分之一，不管時勢如何變遷仍然停滯不前，強行拒絕對外的一切往來而與世隔絕，並由此以天朝盡善盡美的妄想自欺——這樣的一個巨大帝國在一次生死鬥爭的時候，竟然終於被命運所打垮，而在這生死鬥爭中，古老世界的代表顯得是以道德原則來鼓勵自己，而那不可抗拒的現代社會的代表，卻為了取得賤買貴賣的特權而鬥爭，這的確是一個悲劇式的對比。10

馬克斯這段話讀起來令人動容，頗能感動讀者。這並不是說他同情中國的道德主義，因為馬克斯總覺得道德是不夠的。對他來說，道德只是上層建築，取決於下層建築，而下層建築便是經濟與物質生產。下層建築若不發達，上層建築道德、宗教、文化、意識形態再好，也沒辦法拯救自己。他認為中國失敗的主要原因在此。當時，馬克斯對於中國的道德哲學和黑格爾式純哲學的討論沒什麼興趣。他學習黑格爾哲學，但總是把黑格爾的思想顛倒過來，完全注重於經濟。所以，他寫作《德意志意識型態》一書，其實是要與德國訣別，也就是要脫離當時經濟落後的德國，並且指出當時所有的德國哲學思潮，都只是意識形態而已，也就是反映經濟「實情」（Darstellung）的思想「表象」（Vorstellung）。所有的德國哲學學派（包含康德哲學在內），都只是經濟現實的陰影而已。那些自以為具有革命性、批判性的思想表象，說穿了都只是陰影而已，其論述再如何狠毒，也都只是像照相機黑箱中的倒影（camera obscura），都只是顛倒見。用那樣的思想論述去批鬥其他思想論述，宛如用影子去批鬥影子，是不會勝利的。必須要實際上進入到經濟現實，發展經濟，才能革新思想。雖然如此，馬克斯仍然對中國有一種正面的期待，認為中國將會出現一個民主共和國，他在《馬克斯恩格斯全集》第七冊的國際評述中說道：

> 就讓中國的社會主義與歐洲的社會主義，像中國哲學與黑格爾哲學的相差一樣罷，可是有一件事終究是值得我們高興的，就是世界上最古老、最堅固的帝國，因為受

10 引自，劉綱紀，〈馬克斯：以人道的真誠譴責殖民主義〉，收入周陽山、傅偉勳主編，《西方思想家論中國》，台北：正中書局，一九九四，頁86。

到英國資本家紡織品的影響，八年來已處於社會革新的前夜。這種社會革新對於文明無論如何都有非常重大的結果，……安知在他們那裡不會碰到「中華共和國——自由、平等、博愛」（Republique Chinoise—Liberté, Equalité, Fraternité）這幾個大字呢？**11**

由此可見，當時馬克斯已經預言了中國將會因為鴉片戰爭而開始走向革新。如果從波柏（Karl Popper, 1902－1994）點滴工程式（piecemeal engineering）的歷史觀看來，馬克斯這種歷史預測難以成立，可信度不高，而且馬克斯本人也是以「安知？」的問句來提出的。然而，至少從這預言的提出可以看到，馬克斯對於中華道德文明潛藏的可能性的肯定，也可以看到他的歷史辯證法，認為一個道德文明在受到物化暴力侵凌之後，會走向社會革新。實際上，為了因應這歷史性的挑戰，隨後清政府本身就發動了自強運動、維新運動、清末新政，直到中國在孫中山領導下，於一九一一年辛亥革命成功，成立了亞洲第一個民主共和國。以上，可以說有某種程度實現了馬克斯的預測。

大體上，馬克斯如此的期待，曾鼓舞了中國士人在二十世紀初期引進了馬克斯主義。其實，在民國肇造前後，馬克斯主義便已引進了中國，甚至啟發了中國知識分子，並凝聚了龐大的力量，甚至成為一九四九年成立的中華人民共和國的指導思想。不過，究竟到了今天，中國引進馬克斯主義已將近一個世紀，中國有沒有落實馬克斯所言的「中華共和國

「自由、平等、博愛」這幾個大字，仍是一個值得追問的問題。

四、結語

為此，讓我順便談談，馬克斯思想引進中國的歷史意義。在我看起來，中國士人在二十世紀初期引進馬克斯主義，是為了批判資本主義現代性（capitalist modernity），並為中國尋找出路。實際上，近代性或現代性（modernity）的興起除了與歐洲啟蒙運動有關，當然也與資本主義有密切關係，尤其與資本主義所挪用的人的主體性，造成主體性的封閉，變成自私自利的趨勢相關。我把現代性定性在主體性，表象文化，啟蒙理性，以及上述三者濫用所造成的宰制性，使得如此的現代性在強大以後，擴而張之，轉成帝國主義，去宰制別的國土、別的人民，殖民化別的地區。馬克斯在資本主義開始產生問題的時期，便做了深切的反省。基本上，馬克斯是一位對現代性的困弊做徹底省思的思想家。在我看來，中

11 Ibid., pp.87－88。

國之所以引進馬克斯主義，基本上一方面是為了瞭解現代性，另方面也是為了超越現代性的困弊，走出中國的道路。

自從十九世紀末、二十世紀初，無論是尼采或馬克斯，他們都清楚看到西方現代性的困弊，並因此提出各種不同的批判性的反省。我認為：中國哲學家在十九世紀末，二十世紀初，甚至在民國初年以後，無論是引進自由主義、實用主義、進化論、尼采思想和馬克斯主義等等，都是代表了當時的中國知識分子想引進西方思潮來敦促中國進入現代性，並且也已開始反省西方現代性的弊端。

就馬克斯主義的引進而言，一九〇五年國民黨的朱執信在《民報》發表了〈德意志革命家小傳〉，介紹馬克斯、恩格斯（Friedrich Von Engels, 1820－1895）的生平以及《共產黨宣言》和十條綱領，並且開始評述《資本論》。一九一二年孫中山在上海發表演說，也提到馬克斯和《資本論》。然而，緊接著不久，西歐就發生了第一次世界大戰，當中國知識分子，像梁啟超，在赴歐洲訪問期間，看到科學技術文明的濫用造成戰爭與宰制的慘狀，於是引起梁啟超在《歐遊心影錄》裡對西方科學產生懷疑。此外，張君勱講論人生觀不同於科學觀，也是在這種情況下提出的。這些想法都表示，中國知識分子針對西方近代性產生的科學技術和文明弊端，開始有所省思。

就在這個時期，李大釗和陳獨秀對於資本主義宰制下的歐美政治，也開始產生懷疑，進而尋找解決中國問題的新道路，思考並且引進階級鬥爭和由勞動階級佔領權力的想法。

在俄國十月革命成功以後，馬克斯主義在中國得到迅速而廣泛的傳播。民國七年，李大釗發表了〈法俄革命比較觀〉，〈庶民的勝利〉，〈布爾什維主義的勝利〉等等，開始用馬克斯主義的觀點和方法來分析中國問題和世界問題。基本上，我們可以看出，當時的動機是為了要批判資本主義式的現代性，為中國找出路。在今天，若從後現代的角度來反省現代性，我的看法是：現代性是多數的。因為我認為，各民族、文化根據各自不同的歷史和文化背景，可以運用不同的方式進入現代性。資本主義的現代性只是一種現代性的形式之一，而且已經弊端叢生。

不過，現在我們必須區分追隨馬克斯思想者（Marxians）和馬克斯主義者（Marxists），後者是恩格斯以後另外嫁接的結果，雖然說這兩者都包含了批判資本主義的現代性，並對抗西方現代性的種種弊端的意圖。當時的中國知識分子也是看到這種弊端，覺得中國不能照著西方資本主義走，所以才引進了馬克斯思想，希望能學習現代性並超越西方資本主義現代性的困弊。12 然而，中國知識分子從追隨馬克斯思想，轉變成了馬克斯主義者。馬克

12 關於馬克斯引進中國時的思想家如李大釗的思想意趣，最近中國出版了《李大釗全集》，其中可以看到李大釗當初引進馬克斯思想時的不少內在的反省與關切點，值得一讀。

斯思想既是在西方現代性思想脈絡裡興起的，所以具有現代性，可見諸其精彩的經濟學論述；另方面，他又批評資本主義現代性，要避免現代性的困弊。可惜，隨後的馬克斯主義，受到恩格斯對馬克斯主義與辯證唯物論的嫁接，加上後來第二國際的興起，又接受了列寧、史達林主義的影響。中國共產黨也在這條歷史道路上逐漸成長發展，甚至在後來大躍進、文革等過程中，曾一度否定了傳統中華文化，視之為舊社會的殘渣。在此過程中，也可能忘掉了本身原來為了尋找中國的道路，學習健康的現代性並克服西方資本主義現代性困弊的初衷了。

關於西方資本主義現代性的困弊應如何克服，這是馬克斯思想的核心問題，也應該還是今天世局的基本問題。雖然說問題的呈現方式已然有所不同，但應如何擇優去弊仍是要點所在。例如，現代性強調主體性，本意是以人人皆是認知、價值、權利的主體，應避免將此一主體性轉移給少數個人或群體的主體操弄。中國本來就重視正德、利用、厚生，以人民的生活與發展為本，要如張載所言「為天地立心，為生民立命，為往聖繼絕學，為萬世開太平」，而不會強以一套意識形態或所謂「歷史法則」，來宰制百姓。我想，中國人應該常記得原先引進馬克斯思想以批判西方資本主義現代性弊端，尋找中國人的出路的初衷；進而發揮中華文化「仁民愛物」的精神；應常記得馬克斯對於中國的期待：堅持道德原則的中國人將建立一個自由、平等、博愛的中華共和國，在其中發揮原有中華文化傳統生生不息的創造力，形成一個光照普世的中華現代性。

第七講

欲近還遠：馬丁・布柏與馬丁・海德格

到了二十世紀，由於西方的現代性已經弊端叢生，疲態百出，使有識者開始向其他文明尋求更原始的創造力。其方向，或是走向更原始的文明，例如非洲、大溪地；或者探尋更遙遠的地方，例如日本或中國。由於現代性的擴張造成的國家衝突，甚至發生了第一次世界大戰，引發西方哲人、思想家對於西方文明本身的憂慮，再也不能像黑格爾當年那樣霸道地對中國人說三道四。相反的，他們開始向中國智慧討教。以下我將舉馬丁・布柏（Martin Buber, 1878－1965）與馬丁・海德格（Martin Heidegger, 1889－1976）為例，來說明在跨文化脈絡下，中西哲學互動在二十世紀的新境。這兩位馬丁，一位主張「我與你」，願意學習中國的「道之教」，可以說比較強調我標題所言「欲近」的部分；另一位，雖曾試圖了解並意譯部分《老子》文本，引起中國學界興奮喝采，然而，探到底他還是主張只有希臘一脈的哲學，而且他用自己的思想強解老子。他比較近於我標題所言「還遠」的部分。

一、馬丁・布柏：莊子故事與道之教

馬丁・布柏（Martin Buber, 1878－1965）是著名的猶太思想家，尤其他的《我與你》（*I and Thou*）一書影響很大，其中他主張人們應以我與你的關係相待，為世人所傳頌。他跟一些傳統的猶太思想家是有區別的，譬如說雷味納思（Emmanuel Levinas, 1906－1995）主張他者（the Other）的面容與正義，並不是我與你的關係。還有，猶太思想家斯賓諾莎（B. Spinoza）在其《倫理學》（*Ethica*）中，講的是唯一的實體如何經由顯發過程，產生了自然，一直到在自然中有人的興起，而人所擁有最原初的動力便是欲力（conatus），而他所謂的「倫理」也包含了人透過欲力的發展返回唯一實體的過程。斯賓諾莎這種一元論的想法與前兩者都不一樣，既非雷味納思的我與他者，亦非馬丁・布柏的我與你。

馬丁・布柏對莊子的興趣，標示出西方從黑格爾、馬克斯對中國的批判，轉回到從跨文化角度對中國文化的嚮往與學習。他在出版《我與你》之前，曾經在一九一〇年出版了*Reden und Gleichnisse des Tschuang-Tse*（《莊子的言說與寓言》），後來他也將蒲松齡《聊齋誌異》的故事改寫成德文。有關莊子的部分，的確顯示了他研究道家的看法與成果。可見馬丁・布柏是有一種跨文化的視野，是「以他者為你」、「我向你學習」的心情去了解道家思想，無論是老子、莊子還是列子，他都有所論述。其中，他對莊子最為喜愛，我們可以說，馬丁・布柏跟莊子曾有一誠懇的相遇。

《莊子的言說與寓言》大概可以分為兩部分。第一部分有五十四篇，內容並不是對《莊子》的翻譯，因為他對莊子的論述內容已有所轉變，不過仍可稱為是一種改寫，並在改寫之後加上自己所訂篇名。雖然馬丁・布柏的書是用德文寫的，但他也參考了翟理斯（Herbert Giles, 1845－1935）的英文翻譯和理雅各（James Legge, 1815－1897）著作，並承認自己受他們很多影響。他在全書最後承認自己引自翟理斯的書《莊子：神秘家、道德家以及社會改革者》（Chung Tzu: Mystic, Moralist and Social Reformer），該書在一八八九年出版於倫敦。另外，他也承認他用了理雅各的《道家的文本》（*Texts of Taoism*），收在《東方的聖書》第三十九與四十冊（*The Sacred Books of the East*, Vols. 39 & 40）。他自己明言：自己尤其受翟理斯頗多啟發。

不過，馬丁・布柏也明白表示，他所要討論的是道家之教（teaching）。不是宗教的「教」，而是「聖人立教」的教。他討論的是教育之教，而不是宗教。他不追隨西方漢學家，而是按照自己的看法來寫作。第二部分是一篇〈後語〉，是他對於道家之教的討論，鋪陳自己的論點所在。他指出：在自己所翻譯的寓言和後語當中，也許可以找到不是莊子所說的話，但是，根據他所體會的教旨，自己仍忠誠於莊子，而且唯有如此忠誠的方式，才是適當的。就像莊子所謂的「重言」，是一種創造性的詮釋，馬丁・布柏認為自己創造性的詮釋性論述，才真正合乎莊子的精神。為此，我們也不能用漢學家做學問的方式，來檢覈他的論旨。此外，馬丁・布柏還參考了當時剛出版的巴爾福（Frederic Henry Balfour,

1871－1908）對於莊子的英文翻譯。[1]在中文的閱讀方面，他還請教了當時從上海來，在柏林東方語文學院任教（1907－1911）的 Wang Ching-Dao，在中文文本意義的解讀上，給他協助和核對。

馬丁・布柏該書有一英文譯本，名為 *Chinese Tales*，是由 Alex Page 翻譯的，前面附有伊愛蓮（Irene Eber）的引言，對於馬丁・布柏與老子思想的關係做了比較詳細的研究。不過，英文 *Chinese Tales* 一書包含了馬丁・布柏的莊子故事和《聊齋》故事。

馬丁・布柏的《莊子的言說與寓言》一書計收莊子故事五十四篇，其中有二十一篇是來自於《莊子》內七篇，有二十六篇來自莊子門人，分屬外雜篇，也有屬於原始社會論者（primitivists）的篇章。晚近的學者葛瑞漢（Angus Charles Graham, 1919－1991）說《莊子》一書可分為莊子自己的作品內七篇，莊子門人的作品，以及原始社會論者的作品。過去，我在夏威夷的國際中西哲學家會議中見過葛瑞漢，曾與他討論，指出他用結構語言學來研究莊子，可能不會徹底了解莊子。葛瑞漢曾翻譯《莊子》內七篇，也對《莊子》內容做了分類，我想他的分類也可能接受了一點馬丁・布柏想法的影響。可見，西方漢學研究也從馬丁・布柏受到啟發。這五十四篇的英文翻譯，在不同版本中多少有所調整，但他的〈後語〉則從未改變過，可見是馬丁・布柏的定論。至於所譯莊子故事，只是為了說明其「教」旨。

關於他所敘述的莊子故事，舉一些例子來說，內七篇中，〈逍遙遊〉所言，有一棵大樹，名謂之檮，由於太大，無所用之，也因此匠人棄而不顧，說的是因為大而無用，而能全其身。另外，〈齊物論〉說及，大塊噫氣，其名為風，吹在不同形式的洞穴上，發出了不同的聲音，然而整體產生的交響樂則是和諧的。〈齊物論〉結尾所言的莊周夢蝶，是馬丁・布柏最喜愛的故事：莊周夢為胡蝶，栩栩然胡蝶也……不知周也，終然分不清究竟莊周夢為蝴蝶或是蝴蝶夢為莊周。此外，〈養生主〉裡的故事，除了眾所周知的庖丁解牛以外，還有另一故事，是說老子死了，秦失弔之，質問到底哀悼死者是不是要痛哭流涕；旨在指出，死亡是解脫，不必痛哭如喪考妣。人之生，適時而來，適時而亡，所以要瀟灑而來，瀟灑而去。還有，在〈人間世〉中，顏淵受邀擔任重要官職，向孔子辭行，與孔子產生了深刻的有關世間政治生活的對話。

以下我將會集中在馬丁・布柏在〈後語〉裡所表達的思想。他在〈後語〉中說明自己對於道之教的看法。馬丁・布柏認為，整個東方精神有三部分：第一部分稱為「學」，有別於西方的科學，因為東方的學都要關涉到整體存在，無論是天或地，都是無時無處不

1 參見 Frederic Henry Balfour, *The Divine Classic of Nan-hua: Being the Works of Chuang Tsze, Taoist Philosopher*, Shanghai: Kelly and Walsh, 1881.

分離，相反地，全體存在彼此相合，形成一個完整的整體，是東方學的主題。西方漢學常會將之切割，擷取其中一、二，當作知識來看，這是錯誤的。後來，在二十世紀中葉，牟宗三、唐君毅等人的〈為中國文化敬告世界人士宣言〉裡說到，中國學問是一整體，不能分割，與馬丁・布柏有點切近。當然，他們在精神上仍有所不同，因為唐君毅和牟宗三的哲學，旨在學習西方的現代性，返回到中國人的主體性。

第二部分是「法」，並不只限於法律，還包含法則、道德義務等，所以「法」包含一切的義務要求，無論是道德的或法律的，無論是神的或人的法，它們都不分離。在馬丁・布柏看來，東方的超越界的法與此世的法不相分離，而且彼此相合，形成一個整體的法，這才是法的主題所在。

第三部分是馬丁・布柏的重點。「教」不再有別的主題，「教」的主題就是它自身。「教」是指向人生命中必然要有的「一」，所以它超越任何存在和義務，超越「學」和「法」，超越「存在」與「義務」，超越「資訊」與「命令」，其目的只為了實現一個本真的生活。本真的生活不在於天，不在於地，不在於神，不在於人。本真的生活不是「學」的主題，而是「教」如何擁有「一」，而且體驗、實現「一」。它不是義務，也不接受命令，所以不是「法」，並非來自於人或神的「法」。「一」只能在生命中予以實現，而生命的唯一目的便是實現「一」，換言之，以實現生命本身為目的。所以，馬丁・布柏認為，在任何情形下，即使涉及整體存在，「學」也都還立基於實在與認知的二元，而「法」則立基於命令或要求和人的需求之間的二元；然而「教」則立基於統一性，立基於「一」，立基於生命中必要之「一」，而且這「一」可以進而轉化「學」所論的存在以及「法」所論的義務。就在這時刻，「一」超越過任何論述、言說。

馬丁・布柏認為，「學」和「法」無論如何都需要呈現為言說，就這點而言，「學」和「法」有可能變成荒謬的。所以「立教」不只是教育，也不只是宗教，宗教也是包含在「教」裡面。馬丁・布柏說「立教」和「宗教」不像「學」和「法」那樣是屬於局部的，他認為「教」和「宗教」涉及生命的整體性。就「立教」而言，一切的對立、二元最後都要消融於一，而「宗教」中的一切對立、二元最後都要消融於宗教的共融。他用一個比喻來說，就好像七種顏色融於彩虹一般，多元生命相合於共融，則是宗教，或是融於最後、絕對、必然的一，那就是「教」。他一方面講「教」和「宗教」相關，一方面又指出中國的思想旨在「立教」，不同於宗教。

馬丁・布柏喜歡寓言和神話，也因此他要翻譯莊子的寓言，和改寫蒲松齡的《聊齋誌異》，侈談鬼神出現的故事。馬丁・布柏認為寓言和神話正好是居存在「教」和「宗教」之間。寓言歸於「教」，是所謂的「立教」；而神話則是歸於「宗教」。什麼是寓言呢？寓言所講的，都是絕對的一如何進入到這個事物世間的方式；什麼是神話呢？正好反過來，神話講的是事物或人進入到絕對世界的方式。馬丁・布柏講莊子的寓言，其實是要講那必然的「一」、絕對的「一」，如何進入到世間，如何開顯為世間的方式。「教」由於超越言說，也因此需要透過不斷更新地說，不斷透過各種不同方式來說。就此而言，道論是屬於「教」，必須按「教」的方式思考，不能把它當作純粹只是理論的、哲學的，或「學」的一種；也不能當作只是一種規範的、「法」的，像儒家那樣地思考「道」。「教」所論之「道」，並非一種認知上的訓練，而是在講人的生命核心如何達到純粹的實現。

馬丁・布柏認為有三種「教」的開顯方式：中國所講的「道之教」，印度所講的「解脫之教」，和猶太與基督教所講的「上帝之國來臨之教」。馬丁・布柏有一種比較哲學和比較宗教學的視野。他這種想法隱含著把中國的「道之教」，印度的「解脫之教」，以及猶太與基督宗教，都視為是屬於東方的。[2]在這個比較的視野下，他認為「道之教」基本上不會廢棄其他的言說，其重要目的是為了人的生命的實現。他說，就像耶穌說的：「我來，不是為了廢棄法律，而是為了完成法律。」換言之，不是為了廢除猶太人舊約時代所講的法，而是要用愛來完成法。馬丁・布柏認為：老子也是一樣，老子的「道之教」不是為了廢棄其他的教，其重點在於實現、在於完成。老子說：「人之所教，我亦教之。強梁者不得其死。吾將以為教父。」[3]馬丁・布柏是在講莊子之時引用了老子，藉以指出暴力、自我突出、突出主體，都不能真正實現生命，而應多向他教學習，相互成全。

馬丁・布柏也認為，老子的「教」是隱秘的，而且老子本身的一生也都是隱秘的，最後不知所終。老子和莊子的差別，在於老子沒有用寓言故事來表現出絕對的「一」如何臨現在世間；而莊子最善於運用寓言故事。所以，他認為莊子是老子的忠徒和最大的發揚者。莊子生在老子之後，應該可以把莊子視為是老子的忠徒，就像聖保祿之於耶穌一樣。當我們讀林語堂英譯的《莊子》時，林語堂在該書前言裡說到，莊子之於老子，就如同孟子之於孔子，保祿之於耶穌一樣。其實，這話是馬丁・布柏先提出的比擬。我在想，林語堂先生博學多聞，或許曾經讀過馬丁・布柏的《莊子》翻譯。對馬丁・布柏而言，老子把「道之教」傳為語言、成為詩；而莊子的工作更將它轉成寓言故事。馬丁・布柏翻譯莊子寓言故事的目的，就在於講述莊子怎麼體會並發展老子的思想，使「一一」如何臨現於事物的世間。換言之，莊子的工作就在於把「道之教」跟事物的世界聯繫起來，也為此開始使用寓言故事。馬丁・布柏希望人們閱讀莊子的目的就在於此：透過寓言故事體會到「一一」如何臨現於事物的世間。

莊子看到當時世界的混亂，認為必須要能懂得無用於世間，才能體會到「一一」的臨在。莊子第一篇〈逍遙遊〉講到一棵大樹，其名為樗，由於樹太大，沒有合於規矩之用，於是匠人都棄之而不顧，也因此使得這棵大樹可以全其生命。在第十六篇〈繕性〉說

2 猶太教是在西亞地區的游牧民族希伯來人中產生的；基督宗教誕生於羅馬帝國的猶大省，也是屬於近東地區。基本上，猶太與基督宗教的源頭是在東方，在亞洲。

3 老子，《道德經》，第四十二章。見《老子四種》，台北：大安，一九九九，頁37。

到「由是觀之，世喪道矣，道喪世矣，世與道交相喪也。……雖聖人不在山林之中，其德隱矣。隱，故不自隱」4。誠所謂「竊鉤者誅，竊國者侯」，偷竊一釣魚鉤的小偷，會被砍頭而亡；然而竊國的大偷，卻能為王為侯。可見當時政治混亂，所以莊子主張無用於亂世。他認為，世界喪失了道，也因此道也失去了開顯於世界的機緣。在這道世雙喪的時代，「雖聖人不在山林之中，其德隱矣」。即使聖人不住在山裡躲起來，然他的德也是隱藏著的。「隱，故不自隱」，他因為能夠把德隱藏起來，所以才不必隱退山林，表面上好像不隱之時，其實是真在隱；而在隱之時，反而能開顯道而不自隱。所以，表面上是說「無用於此世」，其實他關心的是：如何讓這個世界不會世喪道，也不會道喪世，而能使道臨在於此世，換言之，用隱的方式任道臨現。

馬丁•布柏認為，如果把道理解為對世界的一種解釋，像黑格爾所謂的道、理性，那都是從「學」的角度，或從理性的角度來看的，離「道之教」甚遠。馬丁•布柏說：其實「道之教」最根本的道理，是在說出存在的整體意義，也就在本真的生命中實現「一」。只有體驗到「一」，才能體驗到存在整體的意義，而這「一」，是絕對的「一」。

至於道為什麼會隱了呢？道應如何體現在這個世界呢？馬丁•布柏引用〈齊物論〉的話說：「道惡乎隱而有真偽？言惡乎隱而有是非？道惡乎往而不存？言惡乎存而不可？道隱於小成，言隱於榮華。」5可見，道下墜成了真假的分辨，那就是把它當作對世界的解釋，有真有假，此時道就不見了。若言說變成了是非的論斷，此時言就失去了揭露「一」的意義。所謂「道隱於小成，言隱於榮華」，如果只見事物，那就不見於道；如果修辭過度，也就見不到言語的真正目的是在揭露道。我想，後來海德格說的存有者與存有本身的「存有學差異」（ontological difference），以及言說旨在「任存有以自己的方式開顯或揭露」，其實已經在馬丁・布柏的道之教的論述中顯露出來了。

莊子在〈秋水篇〉裡指出，道超越過有限的時間與空間；反過來，必須將時間與空間變成無限，擴至無窮，才能真正揭露並開顯道。也因此，如果人只想依戀在天地時空之中，就好像「學」只能講論天地之間的知識，然而，在天地時空之間，尋道不可得。但天地、時空、以及這世界的眾多事物，都是因著「一」的臨在才獲得力量。所以，馬丁・布柏指出，老子所說「天得一以清，地得一以寧，神得一以靈」，已經清楚指出「一」在這世界臨在的方式。至於莊子，更進一步指出：一之開顯，要與本真的存在聯繫起來，所以他說：「天地與我並生，萬物與我為一」。

4 郭慶藩，《莊子集釋》，台北：世界書局，一九八二，頁245。

5 同註4，頁30－31。

由此可見，馬丁．布柏先生很仔細地讀了莊子。他體會到：只有懷一之人，才能跟這個世界合而為一。所以，絕對的「一」，仍然要進入、得到、並體合多元中的「一」。聖人能體會到這點，因為他能理解並真正實現「一」。就像〈齊物論〉所講：「**大塊噫氣，其名為風**。」大塊（自然大地）之風吹在不同形式的洞穴，發出不同的聲音，但加起來總體仍是一個大合唱、一大交響樂。合唱與交響的「一」，是多元中的「一」，也是「一」在多元中，而且在多元中呈現「一」。一個能夠具有本真生命而守一的人，就是聖人或真人，或至人、神人。至此，才能夠體會到這境界，並且使這「一」進入世界而形成多元中「一」的統一。這「一」就宛如聖人對這個世界的禮物。

這點很有意思，因為早在海德格所言存有之贈禮（Ontological gift: Es Gibt）之前，或者，更早在雷味納思（Emmanuel Levinas, 1906 – 1995）贈禮的倫理學（ethics of gift）之前，馬丁．布柏早就透過對莊子的理解、欣賞與體會，掌握到贈禮（gift）的概念。馬丁．布柏解讀莊子〈大宗師〉「**道可傳而不可受**」，也就是說，道是可以給予，而不能個人擁有的。他理解為：道是一種禮物而不是佔有，而聖人的傳道，其慷慨就像是給予不求還報的禮物一樣。在此，馬丁．布柏說的真精彩！其意涵，真是深遠！而且更早於海德格和雷味納思，我不知道後兩人是在無意識中欠了馬丁．布柏的債？或是明知有此債而不說？或只是心同理同？

馬丁．布柏這其中的想法，也包含了一個意思，那就是說：道是體現在完美的人身上，無論是稱為聖人、神人、至人、或真人，皆是已經掌握到「一」並展現「一」，而且能夠度一個本真生活的人。就此而言，道必須經由聖人來返回自身。道生萬物，遍在萬物，遊於萬物，但仍要經由聖人的掌握、體會與展現始得重新返回自身，成為真正的實現，這時的道才是真正的永恆。由此看來，馬丁・布柏對於莊子的哲學有非常深刻的體會。

馬丁・布柏進一步說，既然只有「一」才是真正的力量所在，所以，得一者才是真正的治理者。只有當聖人任憑「一」像禮物一般，分散給大家，又透過聖人使「一」返回它自身，這一雙向的過程，就像老子所說的「天得一以清，地得一以寧，神得一以靈，侯王得一以為天下貞」。在此，馬丁・布柏將道之「教」擴張到政治哲學，認為政治思想必須法「一」、與「一」為伍，才是真正的統治力量。同樣，將他的贈禮概念發揮到政治哲學，也可以有一慷慨的政治哲學了。相反的，一如老子所言「強梁者不得其死」，若統治者想用暴力、強力手段去統治百姓，一定會失之、毀之。且讀《老子》：

> 天下多忌諱，而民彌貧；人多利器，國家滋昏；人多伎巧，奇物滋起；法令滋彰，盜賊多有。故聖人云：「我無為而民自化，我好靜而民自正，我無事而民自富，我無欲而民自樸。」6

6《老子》五十七章，見《老子四種》，台北：大安書局，一九九九，頁49－50。

我們可以如此解讀：包含法律和政令，甚至連科技的操控，都可能成為暴力統治的工具。所以，馬丁・布柏主張：讓「一」的力量贈禮於人人物物，讓人人物物都接受「一」，讓人人物物都分享「一」。這裡面也蘊含了後來海德格所說的：「任物物各成其自身」。馬丁・布柏又引《老子》七十五章說：「民之饑，以其上食稅之多，是以饑。」藉此指出：統治者或在上者吃老百姓的稅，造成老百姓飢餓，這種暴力本身就毀掉了統治、治理的正確意義。

馬丁・布柏在結論中說明自己的義理所關心之處，是在於透過寓言的方式顯示「一」、那絕對者如何臨在於世界，而神話所講的，則是世間要怎樣接近那絕對者。他主要關心道之「教」裡的「一」，人的本真生命必要之「一」及其實現。所以，旨不在討論「教」的歷史發展。為此，他也指出，莊子之文，尤其在美妙之時，已然是「道之教」在其筆下變成了詩。莊子把老子之教陶煉成詩，是寓言之詩，然詩中仍蘊含著哲學。馬丁・布柏覺得，莊子可以取來和柏拉圖相互比較，因為他們都是哲學的詩人。他認為自己在講「一」及其實現過程中，才真正忠誠於莊子；他在「道之教」的概念下真正與莊子相遇相知了。

所以，馬丁・布柏寫的，是一個與莊子相遇的經驗。他也把自己的猶太傳統列為東方之一，也因此，他大不同於他之前的黑格爾或他之後的海德格那般，認為哲學基本上只是希臘的傳統。馬丁・布柏願意與莊子相遇，並受教於莊子的「道之教」。我認為，當馬丁・布柏主張不能從「學」的角度來討論「道之教」，就某種程度來講，這想法已然具有一種跨文化的向度。

馬丁・布柏的跨文化向度不同於萊布尼茲。萊布尼茲雖能夠欣賞中國的卦象、語言，並受啟發於其中的邏輯構造，然而，基本上，這在馬丁・布柏來看，那只是一種「學」的進路而已。馬丁・布柏的特色所在，就在於能體會並實踐「道之教」，就類似於後來牟宗三所說的「生命的學問」，不同於「分解的學問」。馬丁・布柏說的是道之教或生命之教如何體現「一」，並且實現「一」為本真的生活。這一點既富有深刻的道理，然也不止於理論的關心而已。相反的，它包含了整全之一的體現以及整體的本真生命的完成。雖然，在馬丁・布柏之後的馬丁・海德格也講人對存有的開顯，並且也設法去詮釋一些老子篇章。不過，在我看來，馬丁・布柏對老子和莊子的道之教的體驗、篤行與忠誠，遠勝過海德格對於老子鳥盡弓藏式的利用。在我看來，海德格雖然也詮解老子，並受其啟發，然而並不公開承認，甚至遮掩其跡。至多，老子只是他自己思想中所謂的「可用之物」（Zuhandensein）之一，或其所謂「工具整體」（Zeugzusammenhang）中的工具之一而已。這點將在以下討論海德格時再論。

二、海德格與老子

當代大哲海德格曾受老子影響，雖然說他並未公開承認此事。然而，由於蕭師毅先生在德國《鏡報》（*das Spiegel*）的文章刊登，揭露此事，其後該文的英譯收錄於夏威夷大學派克教授（Graham Parkes）編輯的《海德格與亞洲思想》（*Heidegger and Asian Thought*）一書，引起學界注意。只不過，海德格對此從未公開承認，而他的後代也三緘其口，所以研究者要提出證據，多少有些困難。有關蕭師毅先生的文章，大家可以在 *das Spiegel* 或 *Heidegger and Asian Thought* 書中讀到，為此我不擬多言。我倒是願意說說蕭師毅先生親口跟我說的這段學術公案。

蕭師毅先生生前曾來訪我在木柵的家，與一群研究德國哲學的朋友聚會，帶來一瓶他自己做的酒送我，取名 aletheia，希臘文「真理」，可能取意來自拉丁諺語 in vino veritas，「在酒中有真理」之意。聚會中，他講了不少自己與海德格交往的事情，其中有些收在他的文章中，有些則沒有。我以下先從海德格與東方學者交往的故事起頭，再轉述蕭師毅與海德格的合作；再進一步檢查他的思想，尤其盼能找出他已出版全集中的蛛絲馬跡，雖然他自己不願意公開自己對於中國哲學的欠債。

早在蕭師毅先生之前，已經有不少的日本人，如九鬼周造（Kuki Shuzo, 1888 – 1941），與海德格交往。九鬼周造原先遊學法國，本來要寫柏格森（Henri Bergson, 1859 – 1941），時當法國學界正關心研究偶然性或適然性（contingency），為此他進而研究偶然性與時間的關係。於是，法國友人勸他去接觸胡賽爾（Edmund Husserl, 1859－1938）的現象學。所以，他早在海德格以《存有與時間》成名之前就去了德國見到海德格。我記得曾在胡賽爾的一份筆記裡看到一份記載，在一九一一、一九一二年左右的某一天，胡賽爾寫到：「今天我介紹 Kuki 給海德格。」可見，九鬼周造先拜訪了胡賽爾，胡賽爾知道他對時間有興趣，就介紹他給海德格。胡賽爾並不是好交朋友的人，而海德格接待九鬼周造並跟他深談甚多。後來海德格在〈與一位日本教授關於語言的談話〉文中就提到九鬼周造教授。海德格的思想本來就是在特定的時間空間展現存有，九鬼周造回到日本以後，將海德格 Dasein 的概念，及其所含在時空定中開顯存有之意，放在日本文化的脈絡中加以發揮，寫了一本書《意氣的構造》（*Iki no Kozo*）。「意氣」較接近中國哲學所說的「元氣」。該書把日本的精神，也就是在日本時空定在中開顯的意氣結構分為三層，從（一）、歌舞伎的愛美、美感精神；到（二）、武士道的勇敢、朝聞道夕死可矣的精神；一直到（三）、僧侶的空、心無所住的精神。這書可以說是研究近代日本思想的重要文獻。[7]

7　這書後來影響哈佛大學研究日本思想與九鬼周造的 Arthur Golden 寫的小說，後來拍成電影「藝伎回憶錄」（*Memoirs of a Geisha*），對這三層精神皆有著墨。另，在九鬼周造之後，像和辻哲郎（Tetsuro Watsuji, 1889－1960）也曾列海德格門牆。傳言說海德格最怕的批評者是日本人，日本人了解他，海德格當胡賽爾助教的時候就有日本學生跟著他唸胡賽爾的《邏輯研究》。

蕭師毅先生跟我說，他是二戰之前由當時在北平的輔仁大學，派他先到義大利，本來是要學習編撰哲學百科全書。在義大利期間他以義大利文翻譯了《老子》，由義大利哲學家、美學家克羅齊（Benedetto Croce, 1866 – 1952）作序。二次大戰結束，他轉到德國弗萊堡，認識了海德格。由於當時中國是戰勝國，蕭師毅以戰勝國留學生的身分，分配到香煙和 Vespa 摩托車。當時馬歇爾計畫還沒開始，德國尚未重建，物資缺乏。於是，他將香煙分送給海德格，有時騎機車帶海德格太太赴菜市場買菜。

海德格有個讀書習慣，他讀任何人的著作都讀全集或閱讀所有作品，不漏過任何一篇。於是，他讀到克羅齊作序、蕭師毅翻譯的《老子》義大利文譯本。當時德國有四本德文翻譯的《老子》。讀了蕭氏譯本，他就很有興趣地，主動提議和蕭師毅先生一起翻譯《老子》為德文。於是，在一九四六年夏天，按照蕭師毅先生的回憶，他們一起翻譯了將近十章。然而，海德格在《存有與時間》出版之後，已經是非常有名的世界級哲學家，對於思想有其定見。至於蕭師毅先生，人比較像是位儒家，其儒家氣味和海德格並不投合，反應在對老子文本的解讀上各異其趣，所以到後來兩個人就合譯不下去了，只好戛然而止。過了幾年，海德格曾寫信給蕭，表示懷念他們過去一起合譯《老子》的時光。蕭師毅先生也給了我一份該短箋的影印本。大體說來，當時已經有好幾本《老子》的德文譯本，海德格之所以要與蕭師毅先生一起翻譯，是因為他不懂中文。然而，對於海德格來說，語言是存有的安宅，而特定的語言有特定的揭露存有的方式，為此他希望能讀懂中文《老子》的意思。

三、濁與清

其實，在所有《老子》的章節裡，海德格最喜歡的是《老子》第十五章。在一九四六年分手之後，一九四七年十月九日海德格寫信給蕭師毅先生，提到要求蕭師毅用中國書法把第十五章的句子寫成對聯，掛在他的書房。這兩句話的左聯是：「孰能濁而靜之徐清」，右聯是「孰能安而動之徐生」，蕭師毅先生在寫了兩聯之後，加上了橫披「天道」兩字。事實上《老子》十五章原文裡並沒有以「天道」作為對兩個「孰能」的答案或主詞。但也許因為加上了這兩字，就因此誤導了海德格。因為海德格在他對這段文字的德文翻譯的最後一句，加了Himmelsweg（天道）。可見海德格是把「天道」理解為兩個「孰能」的答案。海德格喜歡《老子》第十五章，在別的地方也還繼續引用，覺得心有戚戚焉，很受到啟發。原來第十五章的原文是這樣的：

古之善為士者，微妙玄通，深不可識。夫唯不可識，故強為之容。豫兮若冬涉川，猶兮若畏四鄰，儼兮其若容，渙兮若冰之將釋，敦兮其若樸，曠兮其若谷，混兮其若濁。孰能濁以靜之徐清，孰能安以動之徐生。保此道者，不欲盈。夫唯不盈，故能蔽而新成。8

或許由於全章最後一段有「保此道者」一語，為此海德格將「此道」理解為「天道」。不過，我們若細讀原文，按照上下文脈絡，原文的意思應該是說「孰能」指的是「古之善為士者」，而不是指「天道」。「保此道者」可以說是在講「善為士者」，不是在講「天道」。

這段話為什麼會深刻地啟發海德格呢？海德格理解的重點是：原先有「濁」的狀態，然後可以靜而能清，海德格把濁懂成是黑暗不明，但由於濁裡能靜，於是漸漸展露光明。他將「靜」（still）理解為此有（Dasein）的內在性，並且透過此有使存有漸漸揭露出真理來，這是顯示了思想與存有之間的關係。須知時當一九四六、一九四七年間，海德格已經對存有之思（Seinsdenken）做過一番反思，且在存有（Sein）一詞上面要再打個叉，意思是：一方面哲學家若不說存有，沒人會知道存有；然而，另方面，一旦說出來就已然不是了，所以必須打個叉，劃掉。我記得，在過去排版印刷的日子，若在字上打叉是表示刪除，會被手民拿掉。或許因為如此，海德格在德文裡另外創了一個字 Seyn。總之，他認為存有是透過此有來揭露真理，然而一旦揭露，一方面雖有了開顯的示意，可另方面馬上就有撤退。所以說，存有本身一定是留在黑暗與混濁中，至於光明只是個暗示、示意而已，並沒有純粹的光明。也因此，所有的光明都是跟隨著黑暗，光明的顯現就像在森林中的空地，令人一下子驚豔，在空地裡看到月亮朗然在天，可不要忘了：朗然在天的明月是在整個黑暗的森林陪襯之下，才愈顯得光明。所以，光明中有黑暗，黑暗中有光明；濁而能清，可是清不離濁。

中國人常說「水清則無魚」。換句話說，在哲學上如果講得太清楚，內容往往就沒有深度。濁要能清，給出光明；但同時又會撤回黑暗與混濁。這在海德格哲學的術語稱為 Ereignis，可以譯為「原初朗現」，意即在根源上的呈現。存有（Seyn）在揭露之時呈現，但同時又立即撤退。在此，海德格同時講兩個道理，其一是在存有論上存有本身的揭露；其二是就思想方式而言，人在思想上有所了悟，當下開悟，是從渾沌、黑暗中揭露出光明。由於有了這原初開悟的經驗，才會進一步更清楚去思想。也因此，濁而能靜之徐清，是從海德格的 Ereignis 來講的，不是在講老子。

話雖如此，海德格在〈與一位日本教授關於語言的談話〉文章裡面明白表示，「靜之徐清」接近日文的「意氣」（Iki）。按照他的體會，「意氣」是指在寧靜中吐露出的光芒。

8 《老子》十五章，見《老子四種》，台北：大安書局，一九九九，頁12。

關於第二句「孰能安以動之徐生」，在此，海德格把「生」翻譯為 zu Sein bringen，「帶入存有」，或說「帶到存有界」。換言之，這已經是透過他的存有論和思想論這兩軸來詮釋了，因為對他而言，存有和思想是密切相關的。其實，我必須指出，在思想的模式上，海德格比較接近古希臘先蘇時期的思想方式：從混濁當中，因著人和宇宙之間的密切關係，經由古希臘人的源初體會，因而朗現出一些思想的光明。

對於海德格，這樣的思想還沒有經過後來巴爾曼尼德斯（Parmenides）或柏拉圖（Plato）那樣轉變成觀念（Ideas），然後又把觀念轉推到可以定義的概念（concepts），再進而使用邏輯推理，追求概念的明晰性與論證的清楚性。在我看來，海德格對於「孰能濁以靜之徐清，孰能安以動之徐生」的解讀，基本上是融合了先蘇時期思想的海德格式解讀。其實，老子原典的意思並不是這樣。老子的意思是說：因為寧靜而使濁能漸清，因為動而能在安中孕生萬物。老子這樣的思想和海德格存有論的解讀之間，以及後者對於先蘇思想的解讀之間，還有一些差距。

我個人覺得，海德格在存有論上比較接近《莊子．大宗師》所謂「攖寧」之意：宇宙原初狀態既「攖」又「寧」，一方面在擾動中有能動性，可另一方面又本體寧靜。也就是說，道在開顯宇宙、產生萬物的初時，是靜中能動，動中能靜。海德格很少引述《莊子》，據聞他早期的日本學生建議他讀《莊子》第四章〈人間世〉，也因此有人認為，海德格的 in-der-Welt-sein（Being in the world）「世間存有」以及其中的「間」概念，是來自

《莊子》〈人間世〉的啟發。

不過，在我看來，莊子的「人間世」是講人間世界的複雜性，不同於海德格的「世間存有」。莊子的「人間世」仍在人間，是立基於其關係的存有論，涉及人間關係的複雜性與權力的宰制性之中的處世之道，不同於海德格那般強調齊克果式的個人以本真開顯存有，反而視人們為墮落（falling）之機緣。舉例來說，海德格的日本弟子和辻哲郎（Tetsuro Watsuji, 1889－1960）回到日本以後，擔任哲學教授，出版了《倫理學》，該書深受蔡元培推崇，後者並受其啟發寫了一部《中國倫理學史》。和辻哲郎說得很清楚，倫理是在人與人之間，人不可脫離社會。但海德格的「間」不一樣，他認為人在時間中不斷躍出，由出生躍出到未來之「間」，是在生與死之間，或說是由「已是」到「能是」之間，人若不達成本真，總是在邁向死亡。海德格把社會或人間當作「人們」（das Man）、非本真的存在；然而和辻哲郎所懂的「人間」，還是東方倫理所鍾愛的人間。至於早期海德格把「間」解釋為生死之間或從已是到能是之間，其所謂「共在」（Mit-sein）要以個人本真的在為前提，並沒有多少倫理的關懷。

從以上可看出，海德格雖然受到老子第十五章的啟發，把「天道」當作存有揭露之道，然而他的解讀方式，希臘哲學意味較重，或許也有西方密契論者如艾卡特大師（Meister Eckhart, c. 1260－c. 1327）透過「黑暗之雲」體驗上帝的意味。但在西方哲學的理性傳統脈絡，並不強調「濁而能靜」、「光明生於黑暗」的想法。或許在這地方海德格有較大的開啟性，近似於東方，但其思維仍屬古希臘傳統。

四、光與暗

海德格一九五七年在弗萊堡演講，講題為「思想的基本原則」，裡面討論思想的三原則，也就是一般所謂的同一律、矛盾律和排中原則。他指出，我們常以為一定要按三原則思考，思想才算清楚。然而，隨著上一節所講的「濁與清」，其中存有論和思想論相關，現在就思想原則來講，海德格認為這三個思想原則好像是要講出一個使思想光明的邏輯，然而事實上世間到處充滿著矛盾。在此，海德格跟隨黑格爾，後者認為宇宙中到處充滿矛盾。為此，海德格特別引述賀德齡的詩句：「生即死，死即生」。單就命題而論，這詩句就觸犯矛盾了。但是，海德格引述這詩句，用來說明矛盾正是運動和生命的根源，如此一來，就不完全等同於黑格爾了，因為黑格爾所謂生命與運動的方式必須在精神層面來懂；他認為精神（Geist）都是在走出自己、否定自己之中運動。黑格爾說的是：精神本身是按照矛盾來運動。

至於海德格則認為，人在運用同一律、矛盾律和排中律來思想以前，若想要清楚思想，便是要在光明中思想。然而，思想的根源應該是矛盾。海德格引諾瓦歷斯（Novalis,

1772－1801）的話說：努力去否定矛盾的邏輯法則或許就是邏輯的最高任務。海德格認為這思想三原則好像是清清楚楚、光明無陰霾，然而思想的基本原則仍是遮蔽在黑暗中。這就和上一節所言的濁與清有關。思想家有任務去探尋思想的光明，是在黑暗中出現的光明，也是在出現之後仍有黑暗的光明。思想三原則最重要的是不可以矛盾。然而在海德格來講，真正深刻的思想是要克服矛盾，也就是產生辯證，然而並不同於黑格爾的辯證。海德格認為思想家要探尋的光明，正是根源於黑暗，與黑暗同在的光明。

在這脈絡裡，海德格說到《老子》第二十八章，主要是針對「知其白，守其黑」一句。海德格將「白」理解為清或光明，而「黑」就是濁或黑暗之意。他說：人在思想的時候，就好像要見到天上的星星，必須進到深井裡面才看得到。這倒不像我們中國人嘲笑「井底之蛙」。按照海德格，思想這件事是非常困難的，只有少數人做得到。西方哲學一直在探尋光明，從巴爾曼尼德斯（Parmenides, c.515－450 BC），經過柏拉圖、亞里斯多德的邏輯，對於任何概念，務求清清楚楚定義、推論、分析。對此。海德格認為是一種不適當的光明，主要是因為在他看來，同一律、矛盾律和排中律三原則都是過度清晰而再無任何黑暗背景。他認為最適當的、真正的光明應該是與黑暗同行，在光中帶著黑暗，也是人的思想之光開顯之處，就好像星空要在深井才得看見，或是有如林中空地，使人走在森林的黑暗之中突然眼睛一亮，眼前朗現一塊空地，而空地也更在森林的黑暗襯托之下愈益凸顯光明。

按照我的經驗，我曾欣賞過在海德格之前的歐洲畫家，深能體會及此，像法國畫家葛羅（Jean-Baptiste-Camille Corot, 1796－1875）畫的一幅森林空地，畫中顯示在森林深處有一空地，突然有一隻鹿躍然而過，讓人心中一陣驚奇。我想，當人在思想中有所得的時候，就好像在黑黑暗暗的森林中行走，突然眼前一亮，有一空地朗然出現，有一隻鹿跳躍過去，帶來一陣驚喜。海德格講的道理就是這樣，真正的光一定是根源於真正的黑暗，而真正的黑暗也不是無光可言，卻總伴隨著、孕育著深刻的光明，如此才有真正開悟或開顯的經驗。這就如海德格所說，真理作為揭露遮蔽（a-letheia）的經驗。他曾在《存有與時間》一書裡表達出這意思。他更在《老子》的言語裡明白找到「知其白，守其黑」。其實，《老子》裡面有三項對比：「**知其雄，守其雌，為天下谿**」、「**知其白，守其黑，為天下式**」、「**知其榮，守其辱，為天下谷**」。我們可以假定海德格讀通了這三句，而不只是「知其白，守其黑」而已。可惜，海德格並未論及雌雄、榮辱兩段文字。

總之，老子在此講的，應該和修道者的體驗有關。老子用「谿」、「谷」、「式」說的是謙虛為懷，像溪谷一樣低下，像山谷一樣能容，也因為虛而能容，因此可以回歸到最原初的存在狀態，像嬰兒一般；知其白，守其黑，能夠復歸於無極；知其榮，守其辱，復歸於樸。老子說「**樸散則為器**」，樸是原初的整全；當原初整全分化（散），就成了萬物或有限之物（器）。老子這段話的目的，是要引申出他的政治哲學，「**聖人用之，則為官長，故大制不割**」。

可見，海德格對於《老子》是有所選擇的，他把「知其白，守其黑」當作思想的根源，是光與暗的辯證運動。我感覺到，海德格這想法，或許也與《莊子》有些關係，如〈齊物論〉所說：「滑疑之耀，聖人之所鄙。」如果思想的光芒太過顯露，而沒有一點幽暗深沉與背景的圓融，聖人會鄙視如此鋒芒畢露、過度張揚的光明。聖人不會推崇那些雖然把話講得清楚，但什麼內容都沒有的閃耀才華。在此，莊子是在批評惠施。惠施的論述邏輯分明，論辯清楚，可是雖能服人口，而不能服人心。

我個人覺得，從上一節的「濁與清」到這一節的「光與暗」，看來海德格的思想與日耳曼族的阿利安族根源有關。阿利安人原來在古波斯（今伊朗）高地，至少有一點可以說，在伊朗早期未信奉回教之前，像索羅亞斯德（Zoroaster, c. 628－551 BC）或祆教講的是光明與黑暗相連。有一年，伊朗教育部所屬資訊研究所請我去德黑蘭開會，曾帶我參觀一位伊朗畫家的畫展，畫家本人親自接待。我看他的畫描繪伊朗人生活世界裡的場景，光與暗的運用非常好，我馬上指出：你這畫表現的是索羅亞斯德式的光與暗，不是回教思想，這位畫家立刻點頭。我體會到，伊朗雖然已然變成回教國家，但回教並沒有完全吸納了他們的全部心靈。伊朗人的原初心靈還是索羅亞斯德式的。我那年參加的那個會議中，有一位建築學者，是伊朗古蹟修復專家，曾邀我去拜訪他家，並贈送我他的著作。我在他家看到許多回教以前的波斯神明雕像。我跟他說，在他的論文裡用到梅洛・龐蒂的「雙重性」（ambiguïté），可見（visible）連著不可見（invisible），光與暗相連，而光就在黑暗中透顯。我看了一眼，就了解了他心中的想法。他的建築原則也是建立在光與暗的辯證上。

以上我用我個人對於現代伊朗人殘存的古波斯信仰的經驗，來說明我為何覺得海德格這部分比較接近古波斯光與暗的思想。這點大不同於猶太與基督宗教所講，天主或上帝造物之時最先造了光，且在每創造一物之後，都說是善的；而且在造物的最後，人是依據神的肖像來創造的，當然也是善的。在此時，所言的「善」，還沒有人的道德意味，而是存有論上的積極性。原則上，存在是善的，而人的本性原初也是善的。海德格雖然也是天主教徒，但他自己的思想基本上是光暗相混的。當然，這種思想在後來基督宗教的密契論中也是有的，密契者必須在黑暗之雲中經驗到神。不過，這說的是人的密契體驗，不是說的神本身。對於天主教，雖然人只能在既開顯又遮蔽的方式經驗到天主，但天主本身則是純然光明，而無黑暗；另外，就天主對於宇宙與人的揭露言，在開顯中仍有遮蔽，但天主自身則是純粹精神光明體，而且祂第一個創造的，也就是首先在所要創造的世界中揭露的，就是光明。也因此《聖經・創世紀》的首造是光。上帝說：「有光」，於是就有了光。

海德格所持光與暗同在的想法，可以聯繫著存有論上的善與不善同在的思想來一起考量。如果用佛教唯識宗的思想來講，阿賴耶識是善不善因，這是由於阿賴耶識裡有一切種子，有善有不善，可以顯發出來而經過薰習，變成善或不善果。從前方東美先生說過，如此善與惡同在，光與暗同住，宛如上帝與魔鬼同在一般。早期引進中國的「地論」（地就是後來講的境界）要提出「第九識」，並以之為純然是善的。後來的天台、華嚴、禪宗、淨土都要講一性清靜心、一心、心淨即土淨等。至於強調「有情無性」的唯識宗，傳沒幾代就斷傳了。說來中國哲學還是喜歡講純然是善或本善或向善[9]，無論孟子所講「四端」，或朱熹所講的「德性」，[10]都是強調人的本有善性。也因此中國佛學也較為強調眾生皆可成佛，甚至在禪宗裡說「眾生已然是佛」，都是強調本有的善根或善的本心。這點不太同於海德格或索羅亞斯德，光與暗同源同根的想法。

實際上，單就海德格與老子而論，海德格光暗同源的想法也不同於老子。就老子而言，由於道的慷慨走出，才產生了宇宙萬物，於是「**道生一，一生二，二生三，三生萬物**」，

9 阿賴耶識是第八識，善不善因，有善有惡，主要是強調因果。因為如果你一直行惡後來就永不得翻身，在印度也要解釋為什麼有第四個階層永不翻身，是因為他們前世行惡太多，所以因果造成這樣。此處說「有情無性」，按照佛家來講，眾生皆有情，但有情而沒有佛性，是因為過去作惡太多連接長遠的因果關係，所以你不能成佛，其實是為了勸人不要作惡的意思。玄奘在中國當然知道「地論」，中國人喜歡全然是善的第九識，可是他要回國的時候其師戒賢諄諄告誡不可以忘記「有情無性」的理論。由於相反國情，也因此唯識傳了沒幾代就中斷。

生生不息。而且，「天道無親，常與善人」。針對海德格強調的「知其白，守其黑」，就老子來說，在道分化為有無、陰陽、動靜、黑白……等之前，道的本身是超越黑白及其他種種對立元，不能說以道為黑暗的根源，也不能說道就是有無、陰陽、動靜、黑白。這點和海德格的思想還是有所別的。在老子而言，因為「道生一，一生二，二生三，三生萬物」，之後並存在於萬物之中，使萬物各有其德，都有其本然的創造力。可見，無論道本身或萬物自己，都有內在的本然善性。在我看來，海德格不能只引老子一句話「知其白，守其黑」來為自己思想作證。他所想的黑暗與光明互為根源，光根源於黑暗，黑暗暗示並走向光明，雖然深刻，也有其根據，但仍與老子或中國哲學相距甚遠。

五、本真與他異（外地風光）

前面講海德格所理解的「清與濁」，「光與暗」有其一致性，但我也指出了，他那種古希臘哲學式的、以及他自己的閱讀方式，遠遠有別於真正老子的思想；海德格有些地方接近莊子，可是他還是從人的思想體驗來講，而不同於莊子是從道、從宇宙來看，有一宇宙論背景。我現在想進一步看看，海德格究竟是迷戀於本地風光，或者是對他鄉的風景，或者更明確的說，對中國哲學這個他者、差異，有沒有真正的嚮往，或只列為他的工具整體（Zeugzusammenhang）之一，加以利用而已，缺乏跨文化的素養與眼光。

一九六五年五月二十九日，海德格寫信給老朋友恩斯特·雲格爾（Ernst Jünger, 1895–1998），當時後者正將有亞洲之行，海德格在信中引述了《老子》第四十七章全章：「**不出戶，知天下；不窺牖，見天道。其出彌遠，其知彌少。是以聖人不行而知，不見而名，不為而成。**」[11] 海德格使用的是 Ulenbrook 的德文譯本，然略微改動了一點：將其中「見天道」改譯為 um den Himmel ganz sehen（見整全之天）。「天道」本來是 Himmelsweg，但海德格此譯，變成「見天」之意了。雖然「道」這個概念在老子而言非常重要，可是海德格此一改變，轉為見到天。可以看出，他沒有把「道」或 Weg 當作關鍵概念（key concept）或核心概念（core concept）來看待。當然，他自己也說過，老子的「道」不能翻譯，若勉強要講，只好用 Weg 或 Way 表之。

---

10 朱熹不同於孟子，因為他認為你一定有仁義禮智等性，才會表現出來有惻隱之心，羞惡之心，辭讓之心等。孟子是說，你可以觀察到每個人都有惻隱之心，羞惡之心等，讓它如火之始燃，泉之始湧，可以擴而張之，那就變成德行了。朱熹講的是形上的德性，人的本性，而「性即理」，也就是仁、義、禮、智、信。

11 見《老子四種》，頁40。

海德格在一九六五年這樣的改動，主要的原因可能是配合他晚年時提出了天、地、人、神四相合一的想法，也因此只稱「天」，不講「天道」。不過，海德格引述的第四十七章全文，其中有「不出戶，知天下；不窺牖，見天道。其出彌遠，其知彌少。」可見海德格的這封信之所以引述老子文，是意在譏諷雲格爾：為什麼要老遠跑去亞洲呢？「其出彌遠，其知彌少」，如果不是表示譏諷，至少也表示朋友雖有亞洲之行，但自己則對此種遠行絲毫沒有興趣。

這裡面有很多值得思考的問題。首先，就文字來講，海德格用的 Ulenbrook 翻譯本，最後是「不見而名，不為而成」。然而，在很多其他版本則是「弗為而成」，就是不必做什麼比較具體的細節，事情就成了，這個意思可能比較妥當。海德格引的「不為而成」，可能被他懂成「無為而成」，其中「無為」是個一般性的哲學概念，而非特定的概念（不作個別具體的事）。所謂「無為」並不是什麼都不做，而是要有普遍的作為，不是做偏私的作為；要有自然自發的作為，而不是意識控制、算計的作為；是任事物顯現其自身本性的作為，而不是干預、介入的作為。但是，海德格引述《老子》第四十七章，卻嘲諷即將遠行的朋友。可見，老年海德格會讓人感覺到一股酸味，雖得到全世界大哲學家的名望，但並不能使他心胸開闊、心眼豐富，對於朋友即將遠行訪問異域文化的勇氣表示讚美或祝福。

我想，這其中除了顯示海德格缺乏跨文化的眼光與胸襟之外，也顯示他對與己不同的他者尊重不足，他者至多可以成為他自己本真的「工具整體」之一。我覺得，心中若無他者，或更好說，若無多元他者，是毫無倫理可言的。一般學界的評價是：海德格的道德情操不足，尤其他一生中曾跟納粹合作，犯了很大的錯，我想也是出自這工具使用的心理。海德格的思想不重視倫理，內心也沒辦法因著倫理道德情操而得到充實。他甚至強烈指出，那些嚮往異國情調以及外國趣味的人，那些探險者，都是為了平息自己的良心而遠赴他鄉。他暗示雲格爾就是這樣的一個人。在他看起來，人應該專心集中於屬己的世界，而不應該走向遙遠的、異國情調的外在世界。我覺得，海德格的思想由濁到清、由暗到明，是在黑森林砍木頭、散步等這個他所熟悉的世界裡形成的。他缺乏對其他文化、對多元他者的慷慨。他的慷慨只表現在自己思想的傾吐，寫成作品。這是一種本真、創作的慷慨，可是並沒有倫理上的慷慨。不像老子「既以為人己愈有，既以與人己愈多」，換言之，你為別人越多做，你越慷慨贈與他人，你的生命越豐富。這種道德實踐和倫理思想上的慷慨，海德格非常缺乏。

海德格不太出國，一生大概只去了兩個地方。其一是應他的作品的法文譯介者包佛瑞（Jean Beaufret, 1907－1982）之邀，去訪問法國，以便在法國推展自己的哲學思想。其二是，他也去了希臘，因為對他來講，希臘是一切哲學的根源，而且他甚至清楚地講，其他地方雖有思想，但只有希臘有哲學。這一論斷深深影響了當代哲學家，包括德希達和呂格爾（Paul Ricoeur, 1913－2005），他們即使是偉大的哲學家，但他們仍認為只有一個希臘哲學，沒有其他的哲學傳統。中國也許有思想，但沒有哲學。這點也是在海德格籠罩之下的同一想法。對此，他也許會這樣講：有一種本真的他者與外國；和一種膚淺、無意義的他者與外國。對他而言，所謂「本真的外國」就是希臘，因為哲學傳統的根源在於希臘。在《佐立空講習會》（*Zollikoner Seminare, Protokolle- Gersprache- Briefe Herausgegeben von Medard Boss*）[12] 一書中，刊出海德格在講習會中的談話原始紀錄（Protocols）、對話和他與心理分析家梅達特・鮑斯（Medard Boss, 1903－1990）的信件往來。其中，他曾提到：「有一點名氣是非常可怕的事，甚至連外國機構都會來找我，他們派一位日本人邀請我明年離開這裡（信裡面特別強調）去日本幾個月。」但是，海德格拒絕了。可見，海德格自己也是一個時空定在，依戀並思考於本地風光，不願意離開本土遠赴異域。

在我看來，海德格只有思想上和寫作上的原初慷慨，但他沒有倫理上的原初慷慨，也就是走出自我，走向他者，用他者能懂的語言來說自己的主張，或是把自己的思想放到多元他者的社會組織或實踐脈絡看它會不會繼續生效，或者經由對終極真實的迂迴去理解他者的生活世界與宗教世界。總之，海德格沒有外推的精神。他雖然在《存有與時間》中講「躍出」，說人的存在本身就是自我躍出。其實，他所謂自我躍出是自己在時間中躍出，也就是在這個剎那和下個剎那之間中躍出，而不是躍向他者，更不是走出自我封限，邁向多元他者。所以，海德格所謂躍出只是在時間裡躍向未來，此外，就其晚年而言，也是在思想中帶出存有的光明，或說從黑暗中帶出存有之光，是存有的思想。

比較起來，老子晚年見周之衰，西去而後出關，雖經太史公司馬遷載之於《史記》，畢竟只是個傳說。不過，這也說明，在道家眼光中，他們開宗祖師爺老子是向異域開放的。晚年老子在寫下五千言之後，不知所終，可能是西出關外，走向異域了。這表明了老子思想不但強調道和聖人的慷慨，而且他本人就慷慨走出家園，邁向異域，走向多元他者。相形之下，海德格的思想雖然緬懷古希臘先蘇時期的思想，而且他的心態也類似道家，可惜他並沒有老子慷慨外推的精神。在某種意義上，海德格迷戀於本地風光，沒有對於他鄉異地的嚮往與慷慨，更缺乏全球化與多元文化的視野，甚至有著對於科技的恐懼症，不能做為全球化、跨文化的哲學家。

六、有與無

海德格在一九四三年時寫了〈詩人的獨特性〉（*Die Einzigkeit des Dichters*）一文，其

---

12 *Zollikoner Seminare, Protokolle- Gerspräche- Briefe Herausgegeben von Medard Boss*（二〇〇一年出版英譯本），其中刊出海德格的 Zollikon Seminars，包含他的 Protocols（記錄）、對話和他與心理分析家梅達特・鮑斯（Medard Boss, 1903－1990）的信件往來。

中的「詩人」一詞是多數，但我覺得他心裡面想的只是很少數幾個詩人，應該是賀德齡（Friedrich Hölderlin, 1770－1843）和特拉寇（Georg Trakl, 1887－1914）等人吧。在我的《物理之後——形上學的發展》一書中曾選譯了這兩人的詩。〈詩人的獨特性〉一文是收在他的《全集》第七十五本，第三十五到四十四頁。在這篇文章裡，海德格引述了《老子》第十一章的全文，他的思路是這樣子的，他追問：詩人不同於別人的獨特性究竟何在？

海德格認為，答案大概有兩種。第一是歷史的，可以透過文學史上的比較和與別的文學類型的比較，來看詩人的獨特地位；第二是非歷史的，透過詩本身的性質來說，就像黑格爾認為，圖畫與美術是最低的，因為它仍依賴於顏色、線條和形式；至於音樂只有形式沒有顏色，非物質化程度高；到了詩，則是最高的，因為詩的獨特性來自它的純粹性，絲毫沒有物質依賴。

然而，對於海德格來說，這兩種答案都是不夠的，因為它們都離開了詩人之所以為詩人，詩之所以為詩的原初朗現（Ereignis），因而使得無論是歷史的比較得到的結論或黑格爾那種非歷史的研究，都變得膚淺、外在而且武斷。海德格把「歷史」區分為「史實」（Historie）和「史理」（Geschichte）。Historie 是講事件的發生與比較，例如：哪一年發生了什麼大事，或什麼人寫了什麼東西，其彼此關係如何？至於 Geschichte is Geschick，史理就是命運。然而，什麼是命運呢？它能說出那能開顯者最原初的開顯，正是人類的未來。這就是詩人的獨特地位。其實，就海德格思想而論，那要來的，也就是《存有與時間》

所說的「能是」（Seinskönnen），那未來將要來到，我將成為的能是，綜合了我所有的過去和現在。海德格心目中最偉大的詩人，像賀德齡，在他看來，是命運派遣來的，因為賀德齡的詩是呼應了存有的召喚而寫的，使得存有在渾沌當中由濁而清，由暗而明，因而揭露出來。

可見，詩是存有的語言，存有的語言在詩人心中揭露了。在成為語言之前，詩人就早已掌握了；然而，詩人也是後於言語，因為言語說出了，還有要來者、還有其他能來者。也就是說，詩人說出存有如何獲取自身而成為一種命運。存有在成為存有者之時揭露、開顯出來。海德格要我們留意到存有的根源性揭露。在我們單純思考存有和存有物的存有學差異時，我們就能單純地體會到歷史之為命運之意。也就是說，在「存有學差異」中，揭露出存有不同於存有物；如果你只注意到存有物，那你再如何使用隱喻去描寫或建構，也仍沒辦法了解。於是，人必須回到原初世界裡存有的揭露，才會知道存有本身，而不是存有物。

講到這裡，海德格說：要知道存有與存有物的差異，就像《老子》第十一章所言（在此，海德格用了Ular的德文譯文）：「三十輻共一轂，當其無，有車之用。埏埴以為器，當其無，有器之用。鑿戶牖以為室，當其無，有室之用。」並將Ular的譯文略改，主要就是針對「用」一詞。Ular譯「用」為Wesenheit。與此不同，海德格把「用」譯為Sein，不過他仍依照Ular，把「無」翻譯成Leere。老子的結論是「故有之以為利，無之以為用」，然而，海德格改過的譯文整個變了，依他看：「有之」是指Seiendes（存有物），於是，按照他的讀法：看到存有物（beings）就可以得利。對於「無之」，他懂成Nicht Seiendes（非存有物，否定存有物），才會顯示出存有（Sein）。

海德格這說法當然是個錯誤的解讀，或更好說是利用老子來講自己的思想。其實，「用」並不是Sein。很有可能，在此海德格是想把「用」解為zu Sein bringen的意思，也就是「帶到存有」之意。於是，對他而言，「用」和「生」類似，都是把某物帶入存有界。為此，海德格把《老子》第十一章當作是在區分存有與存有者的差異，也就是所謂「存有學差異」的想法。

其實，《老子》講的是：三十輻共一轂，當著三十輻的空無，而能有車輪的用途；扭埴陶土為器皿，當其空無之處，才能盛水；造房子時，開窗戶，造門，是由於房間的空間之無，才可以住在其中，「有室之用」。所以「有之以為利，無之以為用」，老子說的是，用物的時候，要有「無」。

老子所說的「無」有三層意思：其一，是形器（ontic）的無，像是杯子中空之無，車軸之間的無，房室空間之無。其二，精神之無（spiritual），是在我們內心裡體會到的「無」，也就是空靈與自由。至於儒家道德的實踐，可以獲得內心的充實。但老子要講的是：人內心不執迷於某個定在，而能懷想可能性的奧妙，於是得到自由。其三，存有學的「無」，指的是可能性。在存有學層面，「有」指的是實體、萬物、臨現；但「無」指的則是可能性、無窮、超越任何實現。這是由下往上說的順序。

若由上往下說，須先說存有論或本體層面的有、無。在此，「無」是指可能性，「有」是指實現性或實體。當老子說道的創生過程時，他指出：道是原初的、能生的動力，它在生的過程中首先展示無窮的可能性。由於可能性不是一般可見、可碰觸的存在，所以稱之為「無」，指奧妙的可能性。至於「有」，說的是「道生一，一生二，二生三，三生萬物」，生生不息所生不測之物。從「無」奧妙的可能性裡，只有一小部分的可能性實現為實際存在，為身體。可見，身體是比較稀少的，而「無」的可能性無限。

第二，就靈修來講，「有」是指價值的實現與內心的充實，儒家所強調的成德之教，歸這一類。至於「無」則是內心的虛靈自由。

第三，就形器層次說，「有」就是臨在，「無」就是不在，像房間裡沒有別的東西充塞其中，使人可以住於其中。如果有物充塞，人就沒法在裡面居住了。換言之，「有之以為利，無之以為用」是因為萬物皆因其有，而有其利便；但用物之時，不要執泥其有，卻要想到各種可能性，且心中常有自由。換言之，老子真正的智慧，在指出身體是稀少的，所以你要珍惜此身，並以身為天下；物也是稀少的，所以要珍惜已有之物，並常設想那奧妙的可能性。

就人而言，人存在於此世間，先見到的是有形之物，例如先見到杯子、房子和車軸，其中有臨在也有不臨在，人發現了形器中有無，才能自覺而返回內心，感受到內心中的無和自由。因著心中無所執、自由，進而才能發現宇宙雖然紛紜有物，但還有更多無限的可能性。在此更要進而默觀無限的可能性來自那終極真實——道。

就這點來講，老子的「道」是在「有」、「無」之先，因為「萬物生於有，有生於無」，至於無則是來自於道。換句話說，道先揭露為無窮的可能性，其中有一部分落實成為萬物；在萬物當中興起了人；人可以辨識、賞析「有」與「無」，甚至透過「無」而懷想自由，以致透過無而觀想「道」。

相較之下，海德格所理解的「無」只是 Nicht Seiendes 或 Leere。他說：希臘的甕之所以能夠站立，是代表了大地裡面有中空。海德格這樣理解的「無」，有點接近老子的「三十輻共一轂，當其無」或「埏埴以為器，當其無」或「鑿戶牖以為室，當其無」的「無」字，只是形器層面的有無，並沒有講到精神層次的虛靈與自由。不過，海德格在〈與一位日本教授關於語言的談話〉裡曾表示，他所說的「無」很接近日本佛教說的「空」。我覺得海德格對於佛教比較沒有研究。佛教講空，按照我的分析，「空」（sunyata）有三層主要的意思：

其一，在本體層次，空是指「緣起性空」，所有的存在物此生則彼生，此滅則彼滅，彼此相互依賴、互為因果，所以沒有任一物有其實體或自性，也因此緣起性空，凡物皆無自性，不是實體。

其二，在靈修層面，「空」意指不執著、無所得，比較接近老子心靈層面的「無」。

心中無執、不執著，既不執著於感性層面眼耳鼻舌身等，也不執著於心理層面，譬如不執著於喜怒哀樂等心理狀態，不以其中任何狀態為自我。此外，也不執著於先驗的自我，在唯識言是第七識。既不執著於法，也不執著於我。無法無我。心不執著，心就自由了。甚至不能執著於「空」，若一定要執著於空，那就成了「頑空」，因為人若非空不可，也是不自由。

其三，在語言哲學層面，「空」是意指「名不當實、實不當名」。人所使用的語言名相都是人構造的，並沒有實際的指涉。譬如我說「桌子」、「杯子」，並沒有實際的桌子和杯子來作為它的指涉（reference）。佛教認為，語言是人所建構，包含「身體」。當然，對我而言，就人的存在來講，人先有身體才進而學習語言，「身體」一詞作為語言當然是空的，不過人真正的身體則是由於父母所生，有「緣起性空」之意。換言之，「身體」一詞可以名不當實，然身體本身則是緣起所生，先於語言而生，並非空無。有了身體，才可以進而建構語言。換言之，在存有學上，身體有對於語言建構的優先性。

比較起來，海德格的「無」較接近道家的無，不像日本佛教的「空」。可以說，心靈上對「無」的體驗比較接近道家所言心靈的自由，與存在的可能性。不過，當海德格舉希臘的「甕」為譬喻，他的意思比較是從形器（ontic）層面來講。雖然如此，我也同意海德格在精神上應能體會道家所講的「無」，且可以因著心向可能性展開而得到自由。海德格應也可以體會佛教的靈修層面的「空」，心不執著之意。例如他所謂的 Abgründ 頗類似「無所住」之意，接近《金剛經》所言「應無所住，而生其心」之意。總之，海德格應所言的「無」，除了形器之空以外，也可以有不執著的自由之意，但無論如何，它並沒有佛教所言「緣起性空」之意，也沒有老子以「無」作為「可能性」的意思。

海德格引述老子第十一章，把「有之以為利，無之以為用」當作存有物與存有的區分；之後，他提出了一個想法，認為「空」或「無」是在「之間」（in between）。他舉希臘的甕中空隙為例來說明，他說所有物的之間都有空隙，就是它「無」的所在，就像有開口、中空的甕站立在土地上所顯示的那樣。海德格指出：物與物之間（das Zwischen）都有空隙，而「無」就是在「之間」展開的。「之間」首先展開自己，並且在距離和領域揭露的部分降臨，然而，此時你和領域之間仍有個距離，還沒揭露成為領域，那就是「之間」。對我們來講，太過熟悉、太過容易者，經常會被忽略，因而顯得無意義。然而，海德格認為，「無」才是最重要的。

海德格的「間」有點像莊子庖丁解牛「以無厚入有間」的「間」，所有筋脈骨骼都有「間」，解牛者若能夠順著這間，輕微一撥就開了，也因此庖丁的刀，用了十九年還如初發於硎那般銳利。不過，海德格的「間」比較不像〈人間世〉的「間」。〈人間世〉講的人間是政治社會的複雜性，從顏淵要去衛國任官，向孔子辭行，孔子和他講伴君如伴虎的道理。不過，不同於海德格的是，我認為，無論是〈人間世〉的「人間」或〈養生主〉的「以無厚入有間」的「間」，都有一個基本假定，我稱之為「動態關係的存有論」：存有界是由動態關係形成的，在關係中有自由，在自由中有關係。也因此，庖丁解牛能達到「以無厚入有間」的自由，能夠「官欲止而神欲行。依乎天理，批大郤，導大窾，因其固然。技經肯綮之未嘗，而況大軱乎。」可是另一方面，每一大郤、技經、肯綮等等……其實仍然都是彼此相連起來，成為整體，只是在整體之中仍有間隙，容許庖丁「以無厚入有間」。

在我看來，〈養生主〉也可以視為是〈人間世〉的引言，先以寓言講出現實存在（包含政治社會存在），就如同庖丁所解之牛體那樣複雜，然而，經過一段時間，了解了動態的關係的實況並能在其中自由實踐，就可以優遊其中，在關係中有自由，在自由中仍有關係。至於〈人間世〉更進一步由孔子之口，講政治社會體系中的複雜性，若拚命致力其間，將如「以火救火，以水救水，名之曰益多。順始無窮，若殆以不信厚言，必死於暴人之前矣。」[13] 於是，孔子教顏淵以心齋：「若一志。无聽之以耳而聽之以心，无聽之以心而聽之以氣。……氣也者，虛而待物者也。唯道集虛。虛者，心齋也。」[14]

13《莊子集注》，頁64。

14 同註13，頁67－68。

總之，我在前面檢討海德格對於老子第十一章的理解，從比較的脈絡看出，他的詮釋觀點仍是在強調自己的思想，雖有些地方接近莊子，且也受老子的啟發，然而說到底，他只是利用他們來講自己而已。海德格的心靈還沒真正進入東方。他缺少外推的精神，也無法真正以物付物。他雖然會說「任其存有」（Seinslassen），但他自身缺少自我走出，接納多元他者，並讓多元他者成其自身的慷慨。針對於此，後來雷味納思和德希達提倡慷慨，也就是接待客人到家裡，使客人感覺好像回到自己的家一樣。這我稱之為「被動的慷慨」，意不在於給予，而在於接納。

我另外提出「主動的慷慨」概念，也就是主動贈送，不求還報的贈與，而不是強迫贈送。就像耶穌為了拯救世人而死亡，贈送世人他自己的生命。這是基督的精神。又如利瑪竇等人，九萬里而來，帶來西方的科學、哲學、宗教，把自己最好的贈送給中國。相比之下，海德格一點都沒有自我走出，缺乏贈送而不求還報的主動慷慨。從利瑪竇到海德格，或許哲學增加了深度，但卻少了慷慨。當然，我也認為，海德格的思想本身也是一種對於二十世紀世界哲學的贈送，不過這是他在思想與寫作上的贈送，雖然他本人不一定有慷慨贈送之意，或許他只想把自己所思所想表達出來。不過，海德格顯然只願意留在自己的家園，不願走出，也無意與中國或日本交往。

七、科技與藝術的鬥爭

除了以上的引述，海德格還引用了《老子》第九章「功遂身退，天之道」。一九六五年八月七日，海德格的老朋友西格弗里德・博斯（Siegfried Böse）慶祝七十歲生日，第二天組織了一場中國藝術展覽，請海德格講話。海德格就在那天做了一個簡短的演講來表示慶賀之意。海德格演講一開始就引用老子的一段話：「功遂身退，天之道。」該章老子的整段話是這樣的：

> 持而盈之，不如其已；揣而銳之，不可長保。金玉滿堂，莫之能守；富貴而驕，自遺其咎。功遂身退，天之道也。[15]

原文的意思是說：凡事不要過火，若想持而盈之，終會消失；揣而銳之，想越硺磨越銳利，也不能常保。所以說，功成身退才合乎天之道。在文本脈絡中，老子本意應該是將

15《老子四種》，頁7。

人事與天道作類比，講功成身退之道。話說回來，海德格用這一段話在一個壽誕之後的中國藝術展慶祝會上，也許隱含了對於老友的勸誡，多少含了點酸意：不要太得意。若果如此，海德格總缺少一點人情上的體貼、缺少倫理上的敦厚與敏感。不過，他接著又說，這個中國的藝術展之所以能夠成功演出，是因為從四千年以來（按：中國藝術傳統其實不只四千年）的傳統，累積深刻的歷史經驗，然後在這場合湧現出來。然而，海德格指出，此四千多年的歷史傳統，早在十九世紀開始，已經進入了科技時代。而且，這次的展出本身就發生在科技已宰制人的經驗的時刻，顯示出藝術與科技的鬥爭。

我想，海德格更喜歡欣賞那站立著——或更好說橫躺著在那裡——的希臘古甕。然而，這次中國藝術展覽可能有燈光照明、保險、科技之類的配套。於是他就說成是藝術與科技之間的鬥爭。對此，海德格建議藝術不應該追隨科技，不斷地追求創新發明。他認為：藝術應該是濁、暗、寧靜，而在寧靜中透顯光明，可光明仍不離黑暗，並藉此來與吵雜瘋狂的科技世界抗衡，要不然藝術就會輸掉這場戰爭，反被科技化了。他認為《老子》的思想「功遂身退，天之道」，已經用自己的方式預先思考了中國文化現在面對的一場戰鬥。

我認為，海德格在此真想要說的，不只是功遂身退、天道與人道的類比，或是人應該保留與黑暗的關係而已。他真正想要說的，其實是他自己對於科技的思想：科技的本質是Gestell，「上架」，所有東西都會被科技變成資源，可以隨時取用，「上架列陳」。他批評科技的「上架列陳」，欲長保勝利與宰制的態勢。他認為人應該學習藝術，任其存有，保持與寧靜、黑暗和混濁的關係。就如同莊子批評「滑疑之耀」，像惠施那般耀眼的聰明，然僅會耗費生命在辯論上；海德格認為人應該要有濁、有清，有明、有暗，如同藝術，要能止於暗示，隨即撤退。

在這次演講中，海德格隨後又引述了《老子》第十五章，意思也是志在清濁之間，「孰能濁而靜之徐清，孰能安而動之徐生」。這時海德格完全按照 Ulenbrook 的翻譯。不過，我在前面曾提到，另一版本是「孰能濁以靜之徐清」，意思與此不同，「濁而靜」的意思是先濁而後靜；「安而動」的意思是先安而後動。但如果是「濁以靜」，那麼意思就變成：原來是混濁的，再透過靜來把它沉澱下來；「安以動」，是說原來是安止的，於是透過動因而能徐緩而生。蕭師毅的思考，比較屬於這個意思。

八、道與路

以上所講，最後應凝聚在老子對於「道」的概念的理解，所以我拿這一節當作總結，來檢查海德格對於老子的理解以及他的詮釋思路。記得海德格在一九五七到一九五八年之間，曾在弗萊堡大學總共做了三次演講。按照他的說法，這三次演講的目的是為了帶聽眾面對面體驗語言的可能性。在此一主導路線下，他的第一講主要是聚焦在斯特凡・格奧爾格（Stefan George, 1868－1883）的詩，主要是貫串於詩與思想之間，透過詩來思想，思想如詩。

第二講是把「方法」（Method）和「路」（Way）加以對比，海德格有一種想法，認為科學和技術使用的「方法」是衍生的、次等的。《存有與時間》是這樣想的。不過，「方法」的意思並不一定不好。我們不必把科學和技術使用的方法，視為是對更原初的思想的敗壞。海德格認為方法（Me-thodos）更原初的意思，是走出路來。無論如何，人的反省和思想，應該先能走出路來，而且由於能走出路來，才能推展出思想和科學，乃至科學和技術的有用性，都是如此衍生出來的。所以，在某種意義下，方法和道路結合起來了。方法本身就是在引出路來。海德格用一個德文語詞來說「引出路來」（Be-wegung）。

海德格更深入地說：引出路來是在存有開顯的領域當中，既釋放又覆蓋的歷程。這一思維和前面講的濁、清、光、暗，存有的開顯與遮蔽……等思想，是聯繫起來的。原初的開顯一方面釋放出領域，同時也會不斷地遮蔽，這是一個引出路來的經驗。正因為能引出路來，路才可能讓人去達到其所關切的領域，也能呼應對他的召喚，而且才能夠在路上走向召喚。在引出路來的過程中，語言就是那最原初的開顯，所以他說：「語言是存有的安宅」，而那最原初的語言就是詩。語言就是那推動一切使其存在者；推動一切者以其所說來推動。在這裡，「路」與「說」是海德格所懂的最基本的經驗，也因此，他說要帶我們面對面體驗到語言的可能性，而語言的可能性與引出路來有關。

總結起來，海德格所想要理解的道，也就是路與說。基本上，這是古希臘哲學對於路的經驗，可是仍然沒辦法涵蓋老子所說的「道可道，非常道」，因為道還有超越言說的其他意義。不過，在此仍可以看出海德格的思想方向。對於人「存有在此」（Dasein）來講，語言的意義來自於那推動一切的言說，所以海德格把道路和話語連結起來，道路就是有關人體驗到推動一切的話語。一方面，他有古希臘人對於logos，legein（說話）的經驗，但另方面，也有基督宗教像〈若望福音〉裡所說「太初有道」的經驗。「道」就是說話，在基督宗教稱為「聖言」。〈若望福音〉已經是把希臘思想和基督宗教結合的結果。無論如何，道與言也是基督徒的根本經驗。海德格在此還是走在同一條路子上，並未背離。

海德格在第三講一開始，就討論「道」。他解釋說，Be-wegung的意思應該是許許多多的路的原初給予者和奠基者。緊接著他說，「路」一詞或許是言語中的原字（Urwort），原字會對有反省之心的人說話。他認為老子詩的思想的主導詞（Leitwort）就是「道」，原指「路」的意思，但人們在思考路的時候，往往傾向於膚淺，視「路」為聯繫兩地的中間延展線，也就是所謂的「路徑」。所以，有人會認為「路」不適合表達「道」之所說，為此「道」就被翻譯為理性、精神、理由、意義、邏各斯等等（《邁向語言之路》第三章）。

海德格在兩段重要的話裡討論道，他在第二段說「道」：然而，「道」可以視為是使一切的路成其為路的原路，藉此使我們能有可能去思考理性、意義、邏各斯，有可能適當地說話，也就是按本性而說話，或許這思維之說（denkenden Sagen）的奧秘之祕，是隱蔽自己在道的語詞中，我們只能讓這些名稱返回其所未說。若我們能如此，且能任它們如此，或許今天「方法」之所以統治學界，其神秘能力也是特別明顯地來自此一事實：各種方法無論如何有效，都只是隱蔽地推動萬物於其所勾勒之路的大洪流的種種渠道之一而已。換言之，為什麼方法在今天那麼吸引我們？其實也是因為透過各種方法，存有能不斷地推動湧現，而方法只是種種推動萬物向前的渠道而已。至於那原初的推動者，是跟著話語聯繫在一起的，也就是「道」（Weg）。

從以上所說，我們可以看出，老子的「道」，在海德格來講，是「話語」和「路」在原初的結合。因為在他看來，話語的揭露，不僅是語言性的，而且是存有性的。存有的揭露，同時也就是引出路來；重點在於引出路來、說出話語，即使說引出路來與話語同時有開顯和遮蔽兩個面向。也正因為如此，「道」被翻譯為理性、精神、理由、意義、邏各斯等等。這裡可以想到過去哲學史上的德文翻譯，當黑格爾在講老子的道時，就說「道」就是理性、精神、邏各斯。海德格在這樣講的時候，他說「路」不就是「道」，而「道」被翻譯為理性、精神、理由、意義等，他是意指前此德國的翻譯傳統。另方面，他也想表明，他自己所懂的是更為原初的，因為引出路來、或「成路」，要比了解為理性、精神，更為原初。

這使我想到海德格對「原初朗現」（Ereignis）一詞的講論。當他在一九五七年講〈論同一性原理〉時，講到以 Ereignis 當作為思想服務的主導語詞。他說，若一定要翻譯的話，只能將之翻譯為希臘文的 logos 或中國的道。由此可見，他心裡真正想的是將原初開顯作為語言，同時引出路來，他就在這個意義下，用 Weg 一詞來理解道。雖然其中已經增加了語言的意思，但他心裡真正想的，是自己提出的 Ereignis 作為主導語詞，而不是把「道」作為主導語詞。當他說「Ereignis 可以翻譯為中國的道」之時，他並不是想以「道」作為主導語詞。

就此而言，海德格有可能是故意的，也有可能沒有完全意識到，無論如何，他的思想基本還是原初希臘思想的延伸和發展。在希臘思想裡，logos 是來自 legein「說話」。當人在說話的時候，要說得讓別人能夠懂，能開顯出有意義的話語和世界，就得把它說得有條有理。也因此，「揭露」本身應是更為原初的，且為了揭露，就必須要有邏輯，說得有條理，為此「邏各斯」和「語言」是聯繫起來的。海德格這個想法還是古希臘經驗的延伸。至於在中國哲學方面，儒家遵循孔子所言「詞達而已矣」，重視的是語言的表達性。在道家，則要思考語言的侷限性，所以老子說「道可道，非常道」，或莊子所說：言只能用來說物，至於「道」則是不可言說的，所以「言而不足，則終日言而盡物；道，物之極，言默不足以載。」這想法也是老子精神的延伸。也正因為言語的侷限性，在《老子》文本裡說的都是「恍兮惚兮」、「惚兮恍兮」，或說遮撥式的言語，用否定方式來說，「正言若反」，如此一來，所表達的不是語言的開顯性，而是語言在開顯上的限制性。

在中文裡，「道」一直都有「路」的意思。《說文解字》說，「所行道也」。此所謂「路」，並不只是物理上的道路，也可以是社會、文化、國家、民族和世界可走的道路，總是可以走出一個方向的路。「道」這個字在字源上是由「首」和「辵」構成。「首」字本是某種神的圖騰，後來轉變成人面，至於「辵」旁表示走、走向，加起來表示人首可以走出一個方向來。中國文字因為它的形象化，圖像是與思想聯繫起來的。中國沒有純粹抽象的概念或理念，所思考的都是圖像式的觀念，或觀念型的圖像。也因此，中國人在思考「道」的時候，不會拋棄「路」這個意思。可以說，「道」雖然不就是「路」而已，然而「道」總要走出個方向、走出個出路來。「道」也有說話、言語的意思，不過，道家對於說話、言語，都是遮撥式地說，用否定方式來說。如老子言「**強為之名曰道**」，是勉強說它是道。對於這層意思，海德格並沒有充分了解。

更重要的是，以上這兩層意思其實都是就經驗上的「道」而言，可還不是「道」的哲學意義。「道」作為老子思想的術語，其意義有三：

其一、「道」是指宇宙的規律，或說自然的規律。尤其當「道」和「天」或「天地」合成複合詞，如「天道」、「天地之道」時，講的就是自然的規律。前面我曾提到海德格請蕭師毅用書法寫出《老子》第十五章：「**孰能濁而靜之徐清，孰能安而動之徐生。**」蕭師毅加上橫批「天道」（Himmels Weg）。從此，海德格就把「天道」當成存有的開顯本身，其實，那只是自然的規律而已，這是「道」一詞的哲學意義最起碼的層面。對此我們可以追問：為什麼宇宙會有法則？這時，我們就必須想到，必須先產生宇宙，然後在宇宙中才會有法則可言。那麼，是誰產生了宇宙呢？

這個問題把我們帶到「道」更高一層的意思。道就是那能生宇宙者，道是原初能生的根源。這意思有點像海德格所要講的根源開顯，只不過老子講的是在宇宙論上，道開顯為宇宙，一如老子所說「道生一，一生二，二生三，三生萬物。」換言之，道是能生的根源，它生出宇宙來，然後又內在於宇宙之中，成為其規律，這時才有「天道」的意思出現。可見，「能生的根源」要比「自然的規律」更高一層。在我看來，「能生的根源」是從本體論到宇宙論之間的過渡。但在哲學上，我們還可以追問：為什麼能夠生發出宇宙來？為什麼會有能生的根源？顯然，在由本體論過渡到宇宙論之前，應該先有個本體在，換言之，「道」有其存有學上的意義。這就是道的最高、最原初的意義。

在存有論上，「道」就是指那能夠不斷自行開顯、生生不已的存在活動本身。這是「道」的最高層的意思，以道作為終極真實，由於這存在活動能不斷地自行開顯，為此它在開顯過程中它才能變成能生的根源，首先開顯出種種可能性，稱之為「無」；然後在種種可能性裡面有一部分實現成為存有物，稱之為「有」。在生出萬物之後，道又內在於萬物之中，成為其所遵守的規律，因此而有了「天道」。

以上三個意思：自然的法則、能生的根源、終極真實作為生生不息不斷自行開顯的存在活動本身，這三層意義構成了老子作為術語的「道」。至於海德格所說的「天道」，其實只是其最起碼的意義，是將老子所講的「道」與「天」或「天地」合起來，成為「天道」、「天地之道」，指的是宇宙裡面的規律、法則而已。海德格由於不熟悉中文，對以上幾個層面都沒有進一步分辨和統合，沒能在原典脈絡裡去讀出雖相關而不同的意思。這是他與老子的距離之一。

其次，海德格忽視了道家語言的可遮撥性，如老子所言「道可道，非常道」、「強為之名曰道」等所表示的。海德格所懂的原初語言或引出路來，忽略了老子哲學語言的嚴格意義，例如「道」作為哲學術語的嚴格意義，也因此他把老子當作詩性的思想。其實，《老子》是一部很嚴謹的哲學論述。有如此誤會的原因之一，是海德格認為只有希臘哲學傳統才堪稱為哲學，其他傳統只堪稱為思想。進而他將老子視為詩性的思想。

關於老子思想裡以「道」作為能生的根源或生生不息、不斷開顯的存有本身，我們不能完全肯定說海德格沒有意識到這兩層。不過令人不解的是：海德格硬要把最原初的根源和語言的原初朗現（Ereignis）的結合去思考，想成原初的語言，或說出話語就是引出路來，這並不是老子的本意。海德格的重點是放在說出、開顯出、原初開顯等意思，至於「道可道，非常道」的部分，他或許只懂成有開顯就有遮蔽了。

相較起來，在老子那裡，道開顯出種種可能性，而所有的可能性都只有部分被體現，而且不斷地複雜化、分殊化。老子的無或可能性是更為豐富的，而所有的開顯都仍然是有限的。海德格所理解的只是開顯的那部分，而且所有的開顯，同時是既開顯又遮蔽。老子說：道首先開顯出來的是無，是無窮的可能性；其中能實現為有的只是很少的一小部分。所以，有是稀少而罕有的，因此值得珍惜；無是奧妙無窮的，因此常需加以觀想。人要常珍惜既有的開顯，也要常思考無的可能性，這正是老子的智慧所在。

海德格講的是既開顯又遮蔽，就好像夜間開車，燈光照在前面，同時不斷留下背後那一大堆黑暗。海德格說的「引出路來」，就好像車燈一面向前照亮，同時會一面遮蔽。有如我們在森林裡開車，便有如此的體驗。

老子講的，是有來自於無，已經體現為有的部分，是來自無窮奧秘的可能性；而無限的可能性又是來自那生生不息、自行開顯的存在活動本身。就此而言，實況並不是即開顯即遮蔽，而是無窮奧妙的可能性只能開顯一部分，且已開顯者終究又要復歸於道。

海德格在〈邁向語言之路〉一文裡，把存有理解為是《老子》二十五章所講的「有物混成」，只能說有某物，不能說它是什麼。他用法文 il y a 來表達此意，而所謂「有物」就是在開顯中有遮蔽，一如前面說的濁與清、光與暗。在〈邁向語言之路〉中，他說：

> 此一未知而又熟稔之某物，言說所指向那迅然鼓動於其間的一切，對於在現前和不在現前存有者而言，有如黎明的第一道曙光，日夜循因之而成為可能，它既是最早近亦是最古舊者。吾人無以名之，它亦無緣討論，因它正是一切場所所在之境域，一切時空場域之場。……何謂道？道常使吾人能達到某物。言說，若加以傾聽，則能使我們達到語言之所說。16

可見，海德格把「道」懂成引出路來和言說。在另一段文本中，他又指出，關於賦予這一切的源頭，我們至多只能稱之為「有物」，至於此「有物」的顯化，只能體驗為其禮物。他說：

（存有與人的）共同隸屬，由言說所顯所見，不能當做一發生／事件般提呈出來，只能體驗它是由言說所生恒久之禮物……其賦予者為一「有物」（Il y a），此「有物」即便存有本身亦需藉以呈現自己。17

換言之，若連「有物」都不說，就不知道到底能說什麼了。可見，海德格為什麼重視原初的語言、詩的語言，那是因為詩可以用最原初的方式來揭露，總不能不說，因為「語言所缺少之處，無物能是。」海德格這話雖然非常艱奧，有某些意思是頗接近老子，可是也有些意思離開了老子。兩者最大的差別，在於老子不認為道就是言說，對他來講「道可道，非常道」，道也並不就是「路」，即使是最原初的路，引出路來，都不是老子所想的道。雖然說，老子也很願意把「道」稱之為「有物」——「有物混成」，可是，對於海德格來說，道就是那最原初的言說，它所指向的是一迅然鼓動於其間的一切，因為道可以揭露出其他一切。

16 M. Heidegger, *On the way to Language*, translated by P. Hertz, San Francesco: Harper & Row, 1982, p.127.

17 Ibid., p.127.

第八講
結語

在前面各章裡，我從跨文化互動的脈絡，討論了中西哲學自利瑪竇等人引進亞里斯多德哲學以降，直到二十世紀海德格試圖翻譯並運用老子思想，其間中西哲學相互翻譯、相互詮釋、相互接近或遠離的演進情況。在這結語裡，我想針對跨文化哲學再做些探討，間或也對中國哲學做一些自省。

跨文化哲學有一個假定，就是哲學是出自於文化；也因此不同的文化會有不同的哲學，或至少各個文化皆有能力發展自己特色的哲學，也因此沒有哪一個傳統的哲學可以霸占哲學論壇；相反的，不同的文化傳統皆應明說自己的哲學，並透過相互外推，以便達到相互豐富。

然而，這似乎並非我們當前所見。追溯起來，可以說，在西方現代性成熟、開始宰制世界各地，同時也就逐漸宰制了世界的哲學論壇至今。換言之，從衍生了資本主義的經驗主義和自由主義對其他文明傳統漠不關心開始，[1]到了黑格爾以降的西方哲學界，似乎認為唯有秉承古希臘哲學傳統的西方哲學才是哲學。尤其明顯的是，從我在第七講所論海德格對於老子思想的理解與挪用，可以看出，雖然海德格的確從老子思想獲得啟發，但他的解讀還是依據自己所理解的先蘇時期的哲學，以及西方哲學傳統，加上他自己的原創思想，來對老子的文本和思想加以翻譯、改訂、理解和利用。換言之，他並不留意中國哲學的原意，也不在乎對於中國經典的基礎了解，只圖按照自己的思想關切，從濁與清，暗與明，技術與藝術，乃至於道路與言說加以解讀，並在如此的背景下形成思想的張力。海德格本人曾經在〈什麼是哲學〉裡表示，哲學的存在本身就是希臘的，而且當他講到老子時，他認定老子屬於詩意的思想，而不是哲學。對他來說，哲學仍屬於希臘傳統。這一態度也繼續出現在爾後接受他思想滋潤的思想家，包含德希達（Jacques Derrida, 1930－2004）和呂格爾（Paul Ricoeur, 1913－2005）。現在讓我簡單地說一下。

德希達的思想頗受到海德格的啟發，算是海德格思想在法國的延續與變奏。我在講到黑格爾時，已經提到德希達對邏各斯中心論（logocentrism）的批判。其實他所謂的「邏各斯中心論」，意在指出西方語言的口說性、聲音和字母型語言的優位性，以及在論述

1　如洛克欲將一切傳統納入「白板」，或如今羅斯欲將之納入所謂「無知之幕」。

上主詞與名詞的優位。回溯到前面我對於萊布尼茲思想的討論，萊布尼茲因為受到索隱派（figuralist）的啟發，在中國《易經》和文字的書寫，以及易卦的二值邏輯，找出中國的書寫方式本身就具有其理性和邏輯，藉以印證並發展他所謂的普遍數理（mathesis universalis）計畫，甚至想做出一世界性的普世語法（universal grammar）。他所側重的，不是口說，而是書寫，並且認為即使圖像也有其理性在。

然而，德希達對萊布尼茲這種想法加以批判，認為萊布尼茲本質上不屬於西方以口語或聲韻優先的傳統。在德希達看來，西方的語言都是按照字母順序，以拼音方式（如 mama, baba, 等等）來發音，可謂聲韻優先或說話優先的語言。然而，在德希達看來，無論如何，萊布尼茲並沒有能夠干擾邏各斯中心主義在歷史上的發展。我認為德希達這一批評或許是受到黑格爾對萊布尼茲批評的影響，也可以說是一種偏見。其實，萊布尼茲不但引發了爾後普遍邏輯的納入電腦與擴充，也因此是實際上介入了西方科技文化史，只不過這點到底有沒有深刻介入西方哲學史，則是可以討論的；畢竟，電腦語言的確是整合了圖像語言與數位語言，且哲學必須與時俱進，否則終必被時代所淘汰。

不過，萊布尼茲另有一個長處，那就是他有一種恢宏的跨文化視野，他能理解別的文化。誠然，在萊布尼茲、吳爾夫時期，中國思想仍深深影響歐洲，甚至引發歐洲的啟蒙運動。可以說，在當時他們是中國哲學的讚頌者。雖然如此，這並不是時代的偏見而已。因為萊布尼茲的確相信，天意如此，使得同一塊陸地的兩端，歐洲和中國，代表著世界最好的文明，理當結合西方近代的理論之知與中國古代的實踐之教。總之，最好的文明應該彼此拿出自己的最佳所長，相互濟補，相互豐富。

當然，誠如我隨後的討論所指出的，黑格爾和馬克斯等人可以說從中國的讚頌者轉變為歐洲中心主義，並以歐洲為主體對中國進行批判性的閱讀。無論他們在某些個別議題上對中國有所同情，譬如馬克斯對於鴉片戰爭時中國文明的地位與命運頗有同情，然而他這是基於批判資本主義的立場，並不代表他們在思想上曾經探究中國文化的深度及其可能影響。基本上，黑格爾和馬克斯都是以歐洲為主體來批判中國，他們都是不折不扣的歐洲中心主義者。

在我看來，萊布尼茲具有跨文化關懷，不是前述的歐洲中心主義者。他有一種在更高度、更普遍的計畫之下，不同文化（或至少中、西文化）可以相遇的想法。雖然普遍數理或普世語法的計畫，是在普遍性（universality）的計畫下，讓不同的文化相逢。這樣的計畫當然會有困難。我認為在有限而發展的時間之中，並不存在一個純粹的普遍性（universality）。人類的建構物至多只有可普性（universalizability）。人類追求的可普性，並不代表在歷史中已經呈現某種普遍之物。在歷史性的世界中，是沒有任何東西是純粹普遍的，所有的至多只是越來越高程度的可普性。大家都努力擺脫殊相、個別相，盡量提出彼此能夠相互分享的更高的可普化性。無論如何，我們可以說，萊布尼茲有跨文化的氣度，願意接受中國所有更大的優長，雖然他的目的是要建立一套普遍數理、普世語法，而這點是可以接受挑戰的。

我認為：人至多只能提出可普性，而沒有普遍性。

德希達批評萊布尼茲的普遍數理計畫並未以任何方式干預邏各斯中心主義，我認為這失之於偏。可以說，德希達的基本精神和黑格爾、海德格一樣，都是歐洲中心主義者，即使德希達志在批評歐洲中心論，但他自己也是不折不扣的歐洲中心論，沒有足夠的跨文化視野。這就讓我們想到黑格爾對中國語言的批判，認為中國的語言並不是精神的歷史性，它是屬於自然感性與直覺的，因為他看中國的象形字，魚字就像魚，鳥字就像鳥，這種象形的符號和自然感性與直覺關係太過密切，於是認為中國語言屬於自然感性，還沒有精神性的發展，而唯有精神才具有歷史性。所以，中國語言還沒有到達精神自由的地步。中國的語言還沒有能形成概念。所謂「概念」（Begrif）一方面具有普遍性，另方面具有主體的自覺。然對他來說，中國的語言沒有什麼主體性可言，沒有主體的自覺。這是黑格爾的偏見，認為中國語言文字沒有經過概念和主體的中介，因此沒辦法產生辯證性的思想。其實，對於我而言，中國哲學裡是有辯證性的思想的，像《易經》的「陰陽消長」，老子的「正言若反」等，只不過是不一樣的辯證。無論如何，我要指出：德希達雖然對邏各斯中心主義、歐洲中心主義多所批評，但終其一生仍認為哲學是屬於希臘的、西方的，這跟海德格是一樣的，非常可惜。過去紀卜靈（Rudyard Kipling, 1865－1936）曾經說過：「哦，東方是東方，西方是西方，永不相遇。」雖含著文明互動的悲觀主義，至少他還承認有東方、有西方，雖然他們永不相遇。然而，單就哲學而言，海德格斷言哲學只屬於希臘，而這態度也被德希達所繼承，於是，我們甚至都不能說東方、西方永不相遇，因為西方哲學根本沒有對手可以相遇，哲學就是西方的，其他的文明傳統只有思想，沒有哲學。德希達說：

> 今天有一種眾所周知的現象，說是有一種中國哲學，有一種日本哲學等等，我要抵抗這種爭論，我想哲學中有太多特殊的歐洲性，特別是希臘的東西，不能簡單地說遍在都有哲學，我說了這點，我可以說每一種思想多少都有一點哲學，然而我要區別哲學和思想，哲學是一種思想方式，但我要指出，哲學與歐洲有一種特權的關係，當我這樣說，我不是歐洲中心主義地說，而是說我們要嚴肅地看待歷史。至於說遍在都有哲學，那只是一種誘惑。[2]

可見，德希達仍然承襲了海德格「只有希臘的才是哲學」的偏見。雖然德希達在別的地方似乎對東方有所讓步，對圖像式的語言，非邏各斯中心主義的文字，像埃及和中國的象形文字，另有肯定。但是，無論如何，他仍然繼續黑格爾以降、一直到海德格的「唯有

2 Derrida, J, *Ethics, Institutions and Right to Philosophy*, Lanham: Rowman & Littlefield, 2002, p. 22.

希臘哲學」的想法。雖然德希達拐彎抹角地說，他不是歐洲中心主義者，他只是嚴肅地看待歷史。但是他如此看待歷史，其實並不是嚴肅地，更不是公平地，看待世界歷史。其實，各文化傳統皆有它的歷史；至於德希達所看的，仍然只是西方主導的歷史，而且用西方哲學的定義來界定什麼是哲學。在這樣的界定之下，當然毫無其他哲學可以來與西方哲學相遇。可以說，西方哲學提劍四顧，獨立自雄於天地之間；雖然說這支劍已經慢慢在生鏽了，但它在茫茫視野當中，仍然是沒有對手的。

這種獨尊希臘哲學的態度，即使在心胸開闊的呂格爾言，也是一樣的。呂格爾的著作都是西洋哲學的著作，當然我們也不能要求他有中國著作，但他在態度上也沒有覺察到西方哲學有必要放在跨文化脈絡來重新評估，因為他也認為：哲學就是希臘的。我在貝當古（Raul Fournet-Betancourt）所編《哲學何處去：哲學家的答覆》（*Quo Vadis, Philosophie: Antworten der Philosophen*）一書中讀到呂格爾同樣的言論，很令我感到失望。3

貝當古在二十世紀末邀請近百位哲學家來就以下五個問題做個人的回答。第一個問題是：在二十世紀中，哪些歷史事件曾影響了哲學發展？哪些歷史事件應該成為哲學反省的主題？第二問題是：二十世紀有哪些事件最影響你的哲學發展？有哪些事件改變了你的哲學立場？第三，你認為哪些議題、觀念、流派或作品對二十世紀最為重要？第四，你認為本世紀有哪些哲學傳統應該在未來繼續發展？第五，你認為在二十一世紀初期哲學應該有哪些優先性？

呂格爾也是在百位哲學家被邀請之列，雖然他的心胸很開放，但他在這書裡面明白表示，從古希臘誕生的哲學，是唯一曾經構成完整的信念與批判，而且對所繼承的過去思想不斷進行重新詮釋的傳統。呂格爾強調的是唯有古希臘以降的哲學不斷發展、詮釋與批判。對照起來，海德格在〈什麼是哲學〉裡也曾表示，哲學存在本身就是希臘的。而像呂格爾如此開放的人，也採取同樣的想法。

該書給予答覆的西方哲學家雖有幾位能夠態度開放的，[4] 但主要的西方哲學家都守著從黑格爾到海德格的路線，認為哲學僅只是希臘的。

---

3 拉丁文 Quo Vadis 本來是《聖伯多祿軼傳》中，暴君焚城，羅馬大火，聖伯多祿怕被逮受十字架刑，正要逃離羅馬，在路上碰見已復活的耶穌，就問他 Quo Vadis，「你要往哪裡去？」耶穌回答說 "Romam vado iterum crucifigi."（我正要回羅馬再被釘上十字架），於是聖伯多祿勇敢留城，照料教友。故事後來被波蘭作家希克維琪（Henryk Sienkiewicz）改寫成小說暴君焚城錄（Quo Vadis: A Narrative of the Time of Nero in 1895），後來改拍成電影。

4 像杜賽爾（Enrique Dussel）便是非常開放的哲學家。他批判西方主義、資本主義，有一個非西方的視野，他跟貝當古一樣，有著對非西方傳統的尊重，我很佩服他。只不過，他反對西方的意識太強，雖有其歷史背景，但平心而論仍應平等相待。

這本書後來在德國的Concordia系列出版，其中的受訪者包含二十世紀下半葉之後，世紀之交，尚存的代表性哲學家所提供的答覆，其中包含了Apel、Biemel、Bunge、Cauchy、Coreth、Dussel、Hans Lenk、Panikkar、Passmore、Ricoeur、Schaff、Wadenfeld等人，我本人也在受邀之列。該書選擇的標準是對象的作品曾經指出本世紀哲學的方向。[5]當然，該書本身便是將來研究或評論的對象。讓我在此重述我在當時針對最後一個問題所提供的答覆，總共包含三點，其中第二點是這樣的：

應該思索並提出一套跨文化的哲學，藉著它多元的文化和宗教的交談可以有哲學的構想和方法來進行，更重要的是，在多元文化的脈絡下，每個文化傳統既可以保存自我認同、彼此相互尊重，而且透過語言的習取、學習、外推和對比使彼此相互豐富。[6]

貝當古後來出版了一本《跨文化哲學》專書，從拉丁美洲的觀點來講跨文化哲學。我猜也有可能是回應我的提議並加以落實。該書在二〇一〇年譯為法文出版，我曾對該書做過書評。我的回答還包含了將科技人文化、深刻化，而不是膚淺化；此外，也應對人在自然中地位的重新界定。不過，我基本的想法和杜賽爾、貝當古一樣，認為哲學並不只是希臘的傳統，像中國哲學便有其淵遠流長的傳統。很可惜的是，西方一些重要哲學家，如海德格、德希達、呂格爾，即使有一點向其他文化開放之心，甚至向中國學習獲得啟發，然而這些專業的西方哲學家，仍有著唯一的哲學傳統就是希臘的偏見。如今，從跨文化哲學的高度看來，這並不是健康的想法。

今天，全世界的人都應該承認：不同的文化裡面各有不同的思想，甚至會發展出哲學，就像印度哲學與中國哲學，不能再像德希達那樣說「只有些許的哲學」，這種話是在客套之中抹殺別人。在我看來，中國哲學、印度哲學都是很嚴肅的哲學傳統。當然，我也必須表明，全球化不就等於普遍性，我只主張一種可普性（universalizability），而不同意在有限的時空中有現成的普遍性（universality），甚至以某個傳統，例如西方哲學、中國哲學或印度哲學，作為普遍性的獨佔者。杜賽爾（Enrique Dussel, 1934－）和貝當古是從拉丁美洲歷史上曾受殖民和剝削的經驗出發，也就是遭受資本主義剝削的慘痛經驗，所以他們具有批判的態度，尤其是解放神學的背景。可見，他們之所以反對西方，是有其創傷的歷史背景的，也因此影響他們會採取二元對立的看法。

5 Raul Fournet-Betancourt, *La philosophie interculturelle- penser autrement le monde*, Paris: Les Editions de l'Atelier/Editions des Ouvrieres, 2011, p. 13.

6 Raul Fournet-Betancourt, *Quo vadis, Philosophie: Antworten der Philosophen*, Aachen: Concordia, 1999.,p. 298.

我認為，世局刻正邁向全球化，然全球化不就等於獲取了普遍性。我認為必須區分「普遍性」和「可普性」。在人類的歷史過程當中，哲學不能宣稱它擁有普遍共相或普遍性。西方哲學雖然對此也有所反省，不過，像萊布尼茲提倡普遍數理、普世語法的計畫，而海德格和德希達則提倡歐洲哲學的特權地位，雖然一方面說普遍性，另一方面說特權地位，說來他們都是在霸佔哲學。我認為，無論是中國哲學或西方哲學，都是一種追求可普性、甚至邁向更高可普性的努力。

記得亞里斯多德曾在《形上學》裡指出，哲學從「經驗」到「理論」到最高的「存有論」的追尋，是要打破在物理、數學的藩籬，走出物理或數學裡的不足或特殊性。他說真知（episteme）要打破意見（doxa/opinion）的偏私。所有的人都會有一些意見，但意見不就是哲學，因為意見裡面有特殊性。亞里斯多德指出：為什麼不要只停留在行動（praxis）層面，而要進而進入理論（theoria），主要就是為了追求更高的可普性，因為在行動中都不得不受限於某種特殊性。例如，在行動中都必須扮演某個角色，於是就受限了。當老師的，行動上須盡師職；當父母的，行動上須盡父母之職。可見，在行動中都有個殊性的限制，為此，理論（theoria）要脫離角色行動的限制，要無私地觀看。但這並不代表理論就可以獲取普遍性。其實，理論的作用只是獲取更高的可普性，跨出較低的特殊性。如果大家都停留在某種個殊性裡堅持己見，大家就會不斷彼此衝突。為此，要轉而追尋共同可分享的可普性。

在中國哲學裡，《易經．繫辭》說：「作易者，其有憂患乎。」按照〈繫辭〉所說，《易經》的興起是在中古之世，作易者有憂患，所以不像亞里斯多德講的，哲學開始於安逸，不必為生活而奔忙。相反地，中國哲學始於憂患，起於一種關懷個人和群體的命運。譬如文王囚於羑里，會擔心自己和族群的命運。所以並不是一種超然的、與世無關的事業。在這點上，中國哲學的確是與希臘哲學不同。然而，《易經》又說：「其道甚大，百物不廢。」換言之，易之道有必要擴大，要能夠包含所有萬物，百物不廢，皆可適用，也就是說它也要具有最大的可普性。然而，這是一種實踐上的可普性。人在關懷當中，要能實踐以優化命運，必須知道自己的命運，而其實踐之道應具有可普性。

換言之，希臘哲學開始於知的驚奇（wonder），其所追求的是理論上的可普性；中國哲學開始於情的關懷（concern），追求的是實踐上的可普性。可見，它們所關注的都是可普性，而不能說有現成的、純粹的普遍性。雖然說旨趣不同，西哲在理論，中哲在實踐，但他們都追求最大的可普性，則是一樣的。

在尋求更高普遍性的視野下，我們也須調整自己的歷史意識。譬如說，從我們的討論中，我們可了解到，中、西的文化與哲學的互動，是中國自十六世紀末自利瑪竇帶來西方哲學、科學與宗教以來的一件大事。我寧願視之為中國哲學開啟了一個新的時期。所以，從這個論點看來，中國哲學的分期，可也一定要將這一時期列入考慮。為此，我提議，在現有的第一時期，先秦的經典與諸子的形成，以及第二時期佛家的傳入與發展，乃至第三時期宋元明的新儒學的發展之外，列入第四時期，也就是西方哲學的引入與融合互動時期。這一時期仍在進行之中。要到哪一天，中國哲學足夠意識到跨文化哲學重要性，於是進入了第五時期，也就是中國哲學的跨文化發展。本書只是提議：當那一天到來，我們與世界各文化哲學傳統，應以平等友誼相待，從相互的外推，走向相互的豐富。我盼能為此中哲新境，做一謙虛的開端。

所以，我願意以跨文化的思維來作總結。我們是從中西相互的互動與交談來看，從利瑪竇主動來華，引進文藝復興時期的亞里斯多德主義於中國，也把中國的經典翻譯到西方，從此開始的整個過程，一直到海德格及其後，都應該要有一跨文化的視野來重新看待。在跨文化視野之下，各個文化中都有其思想的傳統，尤其中、西、印等這些哲學思想傳統，都應該彼此互動、交談，共同追求更高的可普性。

在我看來，互動的原則，在其最基本面，應該讓每個文化和哲學傳統、宗教傳統都能保存自我認同，彼此相互尊重，進而透過相互學習彼此的論述和語言，透過相互外推，在既差異又互補、既斷裂又聯繫的對比當中，彼此相互豐富，邁向更高的可普性前進。然而，也不要自囿於特殊的歷史、政治的文化背景所引發的對抗和批判意識。像貝當古和杜賽爾，他們雖然有跨文化視野，令人欽佩；但是他們在拉丁美洲也是採取對抗的策略，對於西方的一切，他們都要反抗。我想，相互豐富和對更高可普性的追求，假定了一個動態關係的本體論，這也是面對今天新的宇宙論的本體論視野，是今天人類生存與發展的基本要求。

我們不能再把人類的地位與發展放在孤立的狀況，只思考人跟人之間的文化差異和對立。相反的，不同文化傳統的人都必須一起來共同思考共同隸屬的整體，將人的地位放在整個宇宙與自然的脈絡中去思考。因為顧及整體，所以才會講理（reasonable），而不只是講究結構嚴謹和立竿見影的理性（rational）。如果缺乏講理的整體思考，而偏入理性的一邊，就會認為哲學只在西方。但如果主張跨文化卻又心存對抗，這樣的跨文化哲學也會只是偏於一隅，甚至自我封閉在浩瀚宇宙中渺小的地球角落。在今天，各大小文化傳統都必須百尺竿頭，更進一步，以更大的外推努力，跨出界域，擴大各自的歷史視域和宇宙的視域，在「相互外推」的過程中追求相互豐富之境。

十五劃

劉述先 12
劉應（Claude de Visdelou）129
劉蕺山 61, 62
德日進（Teillard de Chardin）64
德希達（Jacques Derrida）I, III, 2, 233, 234, 282, 292, 307, 308, 310, 311, 312, 314, 316
德沛 II, 182, 189, 190, 191, 192, 193, 194, 195, 196, 197, 203
德雷蒙先生（Monsieur de Rémond）172
德勒茲（Gilles Deleuze）2, 43
歐幾里得（Euclid）66, 67, 68, 198

十六劃

衛方濟（François Noël）128, 178
穆尼閣（Jan Mikołaj Smogulecki）61
蕭師毅 264, 266, 267, 295, 300
諾瓦歷斯（Novalis）273
賴醉葉（Jean Ladrière）71
霍布斯（Thomas Hobbes）29, 172

十七劃

龍華民（Nicholas Longobardi）128, 165, 172, 173
戴震 213, 215, 216, 217
謝和耐（Jacques Gernet）75
謝林（F. W. J. Schelling）133

十八劃〔及以上〕

韓康伯 231
薩依德（Edward Sai）1
顏元 213，215，216，217
龐迪我（Didace de Pantoja）73，180
羅光 112，189
羅明堅（Michele Ruggieri）37～40, 78, 86
羅素（Bertrand Russell）140
羅斯（John Rawls）307, 134
蘇格拉底（Socrates）42, 98, 146, 224

284, 285
陽瑪諾（Emmanuel Diaz）41
雲格爾（Ernst Jünger）279, 280, 281
馮友蘭 59
黃一農 203
黑格爾（G. W. F. Hegel）I, III, 4, 27, 32, 133, 174, 219, 220, 222～224, 226～236, 238～241, 243, 249, 250, 258, 262, 272, 273, 284, 298, 307～310, 311, 313

十三劃

塞內卡（Seneca）38
楊廷筠 9, 48, 55, 77, 180, 182
義淨 12
聖多瑪斯（St. Thomas Aquinas）45, 52, 53, 58, 71, 78, 80, 82, 87, 92, 93, 94, 95, 102, 103
聖伯爾納德（St. Bernard of Clairvaux）106, 107, 108, 112, 113, 326
聖奧古斯丁（St. Augustinus）45, 98, 99, 103, 106, 112, 113, 118, 139, 141, 142, 144, 159, 211
葉文忠 68
葛瑞漢（Angus Charles Graham）252
葛羅（Jean-Baptiste-Camille Corot）274
葛羅修斯（Hugo Grotius）162, 163, 174
董仲舒 118
達爾文（Charles Darwin）64
雍正 220
雷孝思（Jean Baptiste Regis）129
雷味納思（Emmanuel Levinas）3, 250, 260, 292
雷暮沙（Jean-Pierre Abel-Rémusa）

十四劃

榮格（Carl G. Jung）10
管仲 11
箕子 9
翟理斯（Herbert Giles）251
蒲松齡 250, 255

康德（Immanuel Kant）15, 27, 31, 32, 73, 110, 133, 140, 163, 175, 228, 229, 243
張西平 89, 91
張君勱 246
張誠（Jean-François Gerbillon）72
張騫 17
梁宏仁（Artus de Lionne）159
梁啟超 246
梅洛·龐蒂（Maurice Merleau-Ponty）246
梅達特·鮑斯（Medard Boss）282, 283
理雅各（James Legge）251
畢方濟（Francesco Sambiasi）II, 51, 58, 61, 92, 104, 105, 106, 109, 108, 110, 112, 113, 115, 116, 118, 180, 183, 326
笛卡兒（René Descartes）27, 70, 71, 132, 135～142, 147, 163, 164, 223
莊子 I, 62, 96, 101, 184, 226, 231, 250～253, 255～262, 271, 275, 279, 291, 292, 295, 299
郭納爵（Inácio da Costa）128, 129
郭象 96, 184, 231
陳榮捷 13, 59
陳獨秀 246
麥哲倫（Fernão de Magalhães）162

十二劃

傅柯（Michel Foucault）33, 109
傅偉勳 13, 243
博斯（Siegfried Böse）293
斯賓諾莎（Baruch Spinoza）149, 156, 161, 164, 173, 250
普魯塔克（Plutark）38
湯尚賢（Vincent de Tartre）130
湯若望（Johann Adam Schall von Bell）41, 61
萊布尼茲（Gottfried Wilhelm Leibniz）I, II, 127, 131, 12, 143, 148 162～178, 227, 228, 230, 232～234, 240, 263, 308～310, 316
菲希特（J. G. Fichte）133
賀德齡（Friedrich Hölderlin）272,

唐力權 13
唐太宗 10, 18, 19, 21, 22
唐君毅 13～15, 254
哥白尼（Nicolaus Copernicus）40
夏大常（夏瑪第亞）II, III, 59, 89, 93, 114～122, 182, 183, 185～190, 192, 193, 196, 197, 200～206, 208, 210～214, 217
夏敬渠 167
孫中山 244, 246
徐光啟 48, 55, 58, 65, 67, 77, 104, 105, 109, 180, 182
恩格斯（Friedrich Von Engels）241, 243, 246, 247, 248
格奧爾格（Stefan George）296
殷鐸澤（Prospero Intorcetta）128, 129
海德格（Martin Heidegger）82
涅格利（Antonio Negri）35
特拉寇（Georg Trakl）284
班超 17
秦家懿 13, 177
索羅亞斯德（Zoroaster）275, 276, 278
翁紹軍 19, 21
荀子 94
馬克斯（Karl Heinrich Marx）III, 32, 133, 219, 220, 223, 229, 240～248, 250, 309
馬利丹（Jacques Maritain）160
馬建忠 66
馬相伯 66, 69
馬若瑟（Joseph de Premare）130, 165, 66, 168
馬勒布朗雪（Nicolas Malebranche）I, II, 132, 138～144, 146～150, 152～156, 158～161, 164, 220
高母羨（Juan Cobo）44～46, 125
高達美（Hans-Georg Gadamer）31

十一劃

乾隆 167, 182, 220
康熙 72, 127, 129, 165, 172, 174, 179, 182, 198, 220

亞歷山大大帝（Alexander the Great）49, 130
刻卜勒（Johannes Kepler）54
和辻哲郎（Tetsuro Watsuji）265, 271
周敦頤 44, 45, 120, 157
孟子 16, 17, 73, 94, 97, 100, 102, 112, 116, 118, 128, 157, 158, 185, 190～192, 194, 195, 205, 225, 257, 277
房玄齡 18
松筠 182
波柏（Karl Popper）70, 244
法顯 12
邵雍 169
金尼閣（Nicolas Trigault）128
阿克敦 182
阿爾舵（Antonin Artaud）29
阿羅本（Alopen）18, 19, 20, 22

九劃
保祿（St. Paul）257
哈伯瑪斯（Jürgen Habermas）26, 30
哈特（Michael Hardt〉35
柯雄文 12
查爾斯‧泰勒（Charles Taylor）4
柏克萊（George Berkley）132
柏拉圖（Plato）27, 97, 98, 103, 106, 108, 112, 115, 117, 118, 120, 141, 144, 146, 147, 225, 236, 262, 270, 273
柏格森（Henri Bergson）264
柏應理（Philippe Couplet）128, 131, 162, 168
派克（Graham Parkes）264
洛克（John Locke）28, 33, 70, 71, 132, 134, 307
耶穌（Jesus）18, 19, 21, 22, 49, 51, 165, 166, 256
胡適之 59, 69
胡賽爾（Edmund Husserl）265
范曄 17
范縝 94

十劃
韋伯（Max Weber）31
倭仁 182

七劃

克莉絲汀（Christine Wasa, Quen of Sweden）136, 138

克萊孟十四世（Pope Clement XIV）198

克羅齊（Benedetto Croce）266

利瑪竇（Matteo Ricci）I, II, IV, 8, 23, 24, 34, 36～44, 46～48, 56, 62～75, 77～83, 85, 96, 103, 120, 123～125, 128, 138, 144, 145, 148, 159, 161, 164～166, 172, 173, 180, 183, 189, 193, 197, 199, 219, 220, 292, 306, 317, 318

吳爾夫（Christian Wolff）I, II, 132, 142, 143, 148, 174～179, 219, 308

呂格爾（Paul Ricoeur）I, III, 282, 307, 312, 313, 315

宋君榮（Antoine Gaubil）130

庇護七世（Pope Pius VII）198

沈清松 IV, 3, 35

沈榷 23

李大釗 246, 247

李之藻 9, 23, 39, 48, 49, 51, 55, 57, 58, 77, 92, 180, 182

李白 19

李光地 127

李約瑟（Joseph Needham）63

李歐塔（Jean-François Lyotard）32

杜維明 12

沙茲伯里公爵（Earl of Shaftesbury）134

狄爾泰（Wilhelm Dilthey）32

貝拉民樞機（Cardinal Bellarmine）41

八劃

亞里斯多德（Aristotle）I, II, 21, 27, 36, 38, 40～42, 47～49, 51～60, 62, 71, 73, 74, 80～82, 84, 86, 87, 89, 90～99, 101～121, 128, 139, 142, 143, 148, 150～155, 158, 163, 180～184, 188, 194, 199, 236, 273, 306, 316, 317, 318

亞維森納（Avicenna）102, 103

亞維羅（Averroes）102, 103

玄奘 10, 12, 277
包愛秋（Boethius）165
包佛瑞（Jean Beaufret）282
白乃心（Jean Gruer1）129
白晉（Joachim Bouvet）72, 127, 129, 164, 165, 168, 169, 172, 232
皮柯特（Claude Picot）137

六劃

伊莉莎白公主 137, 138
伊愛蓮（Irene Eber）252
休姆（David Hume）132
列寧 248
吉爾松（Étienne Gilson）136, 160
安波羅修（Sanctus Ambrosius）38
安祿山 19
成中英 13
成玄英 231
托勒密（Ptolemy）40, 41
朱士行 12
朱執信 246
朱舜水 12
朱維錚 65
朱熹 9, 11, 17, 42, 44, 45, 56, 75, 81, 99, 126, 144, 145, 148～161, 164～167, 172, 187, 188, 192, 215, 224, 278, 279
牟宗三 15, 61, 189, 254, 263
老子 III, 12, 43～45, 81, 83, 94, 161, 176, 177, 249, 250, 252, 253, 256, 257, 259, 261～264, 266, 267, 269, 270, 272～275, 278, 281, 283, 284, 286～290, 292～295, 297～304, 306, 307, 310
艾卡特（Meister Eckhart）87, 272
艾良德（Mircea Eliade）10
艾思及 58, 92
艾儒略（Giulio Aleni）II, 8, 9, 23, 48, 49, 51, 58, 69, 91～103, 110, 115, 116, 118～120, 130, 132, 180,
西莫尼德斯（Simonides of Ceos）124
西塞羅（Cicero）38

中西人名引得

二劃
丁先生（克拉維歐〔Clavius〕）40, 66, 67

三劃
九鬼周造（Kuki Shuzo）264, 265

子路 126

四劃
孔子 II, 10, 12, 48, 50, 58, 75, 90, 94, 96, 112, 126～131, 138, 143, 144, 145, 147, 148, 161, 162, 166, 170, 174,178, 179, 185, 194, 197, 198, 199, 200, 204, 207, 220, 236, 238, 253, 256, 291, 292, 299

孔穎達 231

巴斯卡（Blaise Pascal）132, 138

巴爾曼尼德斯（Parmenides）270, 273

巴爾福（Frederic Henry Balfour）251

方以智 60, 62

方豪 57, 68, 104, 106

方濟各・沙勿略（Francis Xavier）125

牛頓（Issac Newton）28, 81, 183, 228

王夫之 61, 62, 216, 217

王孫賈 126

王浮 12

王弼 43, 231

王陽明 61

王豐肅（又名高一志）（Alfonso Vagnoni）53, 58

五劃
伽利略（Galileo Galilei）40～42, 54, 63, 64, 79, 80

古耶（Henri Gouhier）149

司馬遷 127, 283

史達林 248

尼采（Friedrich Wilhelm Nietzsche）76, 133, 246

左伯好郎 19

布柏（Martin Buber）III, 206, 249～263

中西對話

從利瑪竇到海德格

跨文化脈絡下的中西哲學互動

作　　者：沈清松
叢書主編：汪　琪
發 行 人：王春申
副總編輯：沈昭明
編輯部經理：葉幗英
責任編輯：王窈姿
封面設計：吳郁婷
校　　對：趙蓓芬

出版發行：臺灣商務印書館股份有限公司
10046 台北市中正區重慶南路一段三十七號
電話：(02)2371-3712　傳真：(02)2371-0274
讀者服務專線：0800056196
郵撥：0000165-1
E-mail：ecptw@cptw.com.tw
網路書店網址：www.cptw.com.tw
網路書店臉書：facebook.com.tw/ecptwdoing
臉書：facebook.com.tw/ecptw
部落格：blog.yam.com/ecptw

局版北市業字第 993 號
初版一刷：2014 年 9 月
定價：新台幣 390 元

ISBN 978-957-05-2956-2

從利瑪竇到海德格：跨文化脈絡下的中西哲學互動
/ 沈清松著, -- 初版. -- 臺北市：臺灣商務,
2014.09
面； 公分. --（中西對話）

ISBN 978-957-05-2956-2（平裝）

1.中國哲學 2.西洋哲學 3.跨文化研究

107 103014088